逆説の地政学

——「常識」と「非常識」が逆転した国際政治を，
英国が真ん中の世界地図で読み解く——

上久保 誠人 著

晃 洋 書 房

目　次

序　章 …………………………………………………………………… 1

第1章　地政学とは …………………………………………………… 10
1.1.　海洋国家の視点に立つ「英米系地政学」とは　10
1.2.　英米系地政学は「平和のための勢力均衡」　12
1.3.　地政学で見る，国家間紛争の歴史　14
（1）日露戦争——日本奇跡の勝利の要因／（2）第一次・第二次世界大戦が起きた理由／（3）東西冷戦期（1949年～1991年頃）／（4）キッシンジャー外交の失敗／（5）レーガン政権による英米系地政学の復活／（6）ウクライナ問題の真の勝者とは——地政学をベースにした英米の国際戦略の完成／（7）地政学で考える中国の「核心的利益」とは／（8）習近平の「太平洋二分割論」と米国／（9）米国のスービック基地撤退が何をもたらしたか

第Ⅰ部　アメリカ・ファーストと新しい国際秩序

第2章　米国が築いてきた第二次世界大戦後の国際社会体制 ……… 28

第3章　石油を巡る国際関係の歴史 ………………………………… 32
3.1.　石油の時代の始まり　32
3.2.　第二次世界大戦まで——石油の戦略物質化とセブンシスターズによる支配の完成　35
（1）英国による石油の戦略物質化と中東への進出開始／（2）第一次世界大戦と英国の「三枚舌外交」／（3）第一次世界大戦後の中東諸国とセブンシスターズの台頭
3.3.　第二次世界大戦後，産油国の「資源ナショナリズム」と覇権国・米国の戦略　40

（1）「イラン危機」／（2）「スエズ危機」／（3）エンリコ・マッテイとイタリア国営石油会社（ENI）／（4）東西冷戦期のロシアのエネルギー政策／（5）石油輸出国機構（OPEC）と石油ショック／（6）米国の戦略と第二次石油ショック／（7）ソ連崩壊と石油価格暴落の関係

3.4. 冷戦終結後の新石油秩序の形成　47

（1）国際経済のグローバル化と新しいアクターの登場／（2）「湾岸戦争」を契機とする米軍の軍隊派遣の拡大と「新石油秩序」の構築／（3）国際金融界のグローバル展開の開始／（4）メガバンクによる国際石油資本の再編／（5）産油国側の戦略転換——国際石油資本の「排除」から「提携」へ／（6）国際石油資本のロシア進出とプーチン大統領の登場／（7）国際石油資本のカスピ海・中央アジアへの展開と地政学的意義

第4章　天然ガスの地政学　57

4.1. 天然ガス——知られざる実力者　57

4.2. 天然ガス・パイプラインを巡る国際政治　58

（1）天然ガス・パイプラインを巡る国際政治の概略／（2）需要国 vs. 供給国——長期売買契約の獲得ゲーム

第5章　原子力の歴史　63

5.1. 第二次世界大戦後の原子力の平和利用の始まり　63

（1）ソ連の原爆開発，同盟国の原発開発とアイゼンハワー大統領の「原子力の平和利用」演説／（2）日本における原発推進／（3）原子力発電の世界的な広がりと反原運動

5.2. 原発事故と核兵器削減の動き　70

（1）原発事故の発生／（2）「反原子力」「反核兵器」への動き

第6章　原子力の地政学　75

6.1. 「原子力産業の衰退」から「地球にやさしい原子力」へ　75

（1）原子力産業の衰退／（2）「原発は地球にやさしい」へ／（3）2000年以降の原子力産業の再編と各国の動き／（4）フクシマ以降（2011年〜　）／（5）日本の原子力産業の苦境

6.2. 原発輸出と地政学　85

（1）原発を輸出する理由／（2）原発を輸入する理由／（3）日米が原発輸出に積極的な理由／（4）原発輸出を巡る地政学

第7章　シェール革命とアメリカ・ファースト … 92

7.1. シェール石油・シェールガスとは　*92*

7.2. 「シェール革命」と米国　*93*

7.3. 「シェール革命」の国際社会への影響　*96*

7.4. 「アメリカ・ファースト」と「生存圏」を争う国際社会へ──「アメリカ・ファースト」による，世界の新しい潮流　*99*

第8章　「EU離脱後」の英国を考える … 101

8.1. 英国の「EU離脱」　*101*

（1）ボリス・ジョンソン前ロンドン市長がディビッド・キャメロン首相に挑んだ「権力闘争」としてのEU離脱／（2）ジョンソン氏はただのポピュリストではなく優れた実務家であり現実主義者／（3）次期首相候補大本命だったジョンソン氏の突然の不出馬表明／（4）テリーザ・メイ首相の誕生／（5）英国総選挙2017──メイ首相は権力強化に失敗した／（6）民主主義の優位性──悲観論だけとはいえない英国の将来

8.2. 英国が持つ巨大なリソース　*110*

（1）英国と新興国企業──新しい特別な関係／（2）英国の多国籍企業体の実力は「日本の常識」では捉え切れない／（3）金融──EU離脱で中長期的にはむしろ英国に資金が集まるようになる／（4）「英連邦」が凄まじく巨大な経済圏として出現する／（5）「UKの大学」──大学を中心とした人材還流システム

8.3. まとめ──EU離脱は英国に不利にならない可能性がある　*124*

第9章　ドイツの「生存圏」確保のために存在するEU … 128

9.1. そもそもEUが創設された理由は「ドイツ問題」だった　*128*

9.2. 「ドイツを封じ込めるため」から「ドイツ独り勝ち」へ　*130*

9.3. EUは，ランドパワー化したドイツの「生存圏」確保のためにある　*132*

- 9.4. 「ドイツ独り勝ち」に対する不満が爆発する　*133*
- 9.5. ドイツ経済が抱えるリスク　*134*
- 9.6. EU は「エネルギー自給」に問題があり，「生存圏」を築けない　*136*

第10章　ロシア——停滞と復活の間で　*138*

- 10.1. 英米系地政学で考えるランドパワー・ロシアの戦略的敗北　*138*
  （1）ウクライナ情勢を巡るロシアと西欧の対立／（2）東西冷戦後の地政学的敗北／（3）石油・天然ガスの単純な輸出に依存する経済／（4）天然ガスビジネスは，ロシアにとって深刻なリスクになった／（5）ロシアの支配層は資産凍結により大打撃を受ける／（6）欧州での天然ガス・パイプライン・ビジネスが，ロシアのリスクとなったこと
- 10.2. プーチン大統領が掲げる「大国ロシア」は虚構に過ぎない　*144*
- 10.3. 「生存圏」確保のためにロシアとドイツは接近する　*145*

第11章　急拡大する中国とどう対峙するか　*148*

- 11.1. 中国の軍事的拡大，経済発展と民主化を考える　*148*
  （1）英米系地政学による対中国戦略／（2）シーパワー・日本の対中国「積極関与戦略」——「海上」を守り，「陸上」に関与する／（3）日本が参考にすべき，英国の AIIB 加盟による「積極的関与戦略」／（4）中国の「市場主義化」促進のために，共産党の意思決定に積極的に関与する可能性／（5）ロビイングの理論／（6）華人ネットワークはロビイストたり得るか／（7）中国共産党幹部の「噂」——華人社会は中国共産党の「弱点」を握れるか／（8）共産党がコントロールできない，若手ベンチャービジネス／（9）太子党が身に着けるコスモポリタンな思考
- 11.2. 将来の民主化につながる学生という名の「政治アクター」　*159*
- 11.3. 第Ⅰ部のまとめ——アメリカ・ファーストの時代を生き抜くために　*162*

第Ⅱ部　地理で考える政策科学

第12章　国際通貨政策の地政学 …………………………………… 168
- 12.1. 経済学における「円の国際化」「人民元の国際化」の先行研究　169
- 12.2. 日本の「円の国際化」の取り組み　169
  （1）「円の国際化」の始まり／（2）経済の最盛期での「円の国際化」の挫折／（3）「失われた10年」／（4）「アジア通貨危機後」の円の国際化推進／（5）日本の国際金融・通貨政策の「ダブルスタンダード」
- 12.3. 中国の「人民元の国際化」の取り組み　176
  （1）輸出振興による高度経済成長達成のための為替管理／（2）将来の「人民元国際化」への布石
- 12.4. 2008年の世界的金融危機以降，中国の影響力が拡大している　179
- 12.5. 分析——日中国際金融政策過程の比較　181

第13章　成長戦略と地政学 …………………………………… 185
- 13.1. 日本の成長戦略は，日本企業の成長とイコールではないはず　185
- 13.2. 革新機構による産業再編は「国家による斜陽産業の延命」の再現だ　186
- 13.3. 日本は外資導入が経済成長につながる好条件を備えている　187
- 13.4. 外国製造業の「アジア地域向け研究開発拠点」や「高品質部品の製造拠点」を日本に誘致せよ　189
- 13.5. 経営学を専門的に学んだアジアの若い経営者が日本企業を経営することの利点　190
- 13.6. 例えば，トランプ政権とシリコンバレーの摩擦解消に一役買う　192

第14章　エネルギーから福祉の循環型地域ネットワーク形成と紛争回避 …………… 194
——ロシア・サハリン州を事例として——

14.1. 「紛争」に焦点を当てた，従来の石油天然ガスを巡る国際政治学　*195*
14.2. 「エネルギーから福祉の循環型地域ネットワーク」の構想　*195*
14.3. 「エネルギーから福祉への循環型地域ネットワーク」建設の事例
　　　──ノルウェー　*196*
14.4. ロシア・サハリン州　*197*
14.5. サハリン州「発展戦略2025」　*199*
14.6. サハリン州の福祉政策・教育政策　*200*
14.7. サハリン州の様々な建設プロジェクト　*201*
14.8. サハリン州を巡るロシア，中国，韓国の動き　*201*
14.9. 日本はどう動くべきか　*203*
14.10. ま と め　*203*

第15章　民主主義を考える　*206*

15.1. 日本のテロ対策は英国流・フランス流のどちらにすべきか　*206*
　　（1）英国のテロ対策は情報網・監視体制を駆使し水際で防ぐ／（2）平均的なロンドン市民は1日に約300回監視カメラに写っている／（3）フランスのテロ対策は軍隊・警察の武装強化が中心／（4）フランスのテロ対策を困難にする民主主義の厳格な運用／（5）英国で権力の乱用を防ぐジャーナリズムと政権交代のある政治／（6）「テロ等準備罪」の国会論戦の争点はテロが頻発する世界での日本社会のあり方

15.2. メディアは国益に反する報道を控えるべきか？──英BBC・ガーディアン紙の矜恃に学ぶ　*212*
　　（1）「報道機関は国益に反する報道をしないもの」は「内弁慶保守」にしか通じない，世界の非常識だ／（2）英国のメディア：BBC①──チャーチル首相に抵抗し，不利な事実も報道し続けた／（3）英国のメディア：BBC②──イーデン首相の圧力に屈せず，公平な報道を貫いた／（4）英国のメディア：BBC③──英国軍を「わが軍」と呼ばずサッチャー首相を激怒させた／（5）英国のメディア：BBC④──イラク戦争「大量破壊兵器」の有無を巡るブレア政権との対決／（6）英国のメディア：ガーディアン──スノーデン事件，キャメロン政権による情報ファイル破壊の強硬手段に屈せず／（7）日本の報道機関は海外報道機関とのネ

ットワークを築き「国益」を超えた「公益」を追求すべき
　15.3. ロシアとの共同研究で改めて知る，日本の「学問の自由・独立」の価値　*219*
　　　（1）サハリン国立総合大学との共同研究の協議で感じた，日本とロシアの学術研究の「文化」の違い／（2）サハリン州経済開発省との面談——政府が決めた問題だけ，研究を承認する／（3）サハリン訪問で感じた，学問の自由・独立を享受できることの有難さ

第16章　未来の地政学 ………………………………………………… *225*
　16.1. 「空間」における国家間の「動的」な距離感を説明する「4D地政学」　*225*
　　　（1）「4D地政学」で北朝鮮のミサイル開発と米国の軍事行動を考える／（2）「中国主導の北朝鮮問題解決」が米国のファーストチョイス／（3）「アメリカ・ファースト」の姿勢は不変　日本は最悪事態に備えるべきだ
　16.2. 人工知能と地政学　*229*
　　　（1）AIの発達で人間の限界と機械の優位が明らかに——「人間にしかできない仕事」がなくなっていく／（2）「仕事の半分がなくなる」が「死ななくなる」社会を政府はどうコントロールしようというのか／（3）AIと地政学①——未来の自動車を巡る中国と日本の攻防／（4）AIと地政学②——人口問題で先進国と新興国の関係が大逆転する／（5）「新自由主義」も「社会民主主義」も全く通用しない「完全失業」社会の出現／（6）ナショナリストのヘイトスピーチがロボットに向けられる未来図

終　章 ……………………………………………………………………… *239*

あ と が き　（*243*）
人 名 索 引　（*249*）
事 項 索 引　（*251*）

序　章

　本書は，国際政治・経済を巡る様々な問題を中心に，様々な国家間の相互関連を考察することによって，国際関係を包括的に理解することを目指すものである．

　本書は「逆説の地政学」というテーマで，「頭の体操」を行ってみたいと思っている．本書では「逆説」を「通説」の反対語として使う．つまり，世の中の多くの人が疑うべくもない当たり前のことだと考えていることの逆を考えて，その論理的な説明を試みるというのが，本書のミッションである．

　本書には，多くの「逆説」が登場する．各章を読み進めていくと，これでもかというくらい，通説への挑戦が出てくる予定である．筆者オリジナルの逆説だけではない．他の学者が主張してみたものの，日本社会独特の「空気」というものに押しつぶされたものもある．また，それなりに世の中で議論されてきたが，マイノリティの意見として扱われてきたものも登場する．「世界の常識は，日本の非常識」的なものも取り上げてみたい．

　本書は，「逆説」が正しいのだと強く訴えたいわけではない．ただ，「そういう考え方もあるのかな」と思ってもらえるくらいには論理を構築し，展開してみたいと思っている．そして，読者の皆様にわかってほしいのは，世の中には「多角的なものの見方」「多様な価値観」があるということだ．

　今，世界には，なにやら得体のしれない不安が広がっている．その背景には，「何が本当のことかわからない」ということがあると思う．インターネットの発展により，膨大な量の情報が世界中を駆け回るようになった．そこには，いわゆる「フェイク・ニュース」「オルタナ・ファクト」と呼ばれる「偽ニュース」が氾濫している．それは，米国大統領選挙の結果を左右したと言われるほどの巨大な影響力を持つようになってきている．

　我々の日常では，さすがにそこまでのスケールで情報に振り回されることは

ないとしても，メディアで流れるニュースや，そこに登場するコメンテーターの言葉を，果たしてどこまで信じていいものかどうか，迷っている方は多いのではないかと思う．

本書がまずもって訴えたいことは，「批判」できることの大切さである．それは，筆者が英国ウォーリック大学（University of Warwick）の政治・国際学大学院で学んだことだった．筆者の指導教官は「学問の基礎は批判ができることだ」と，繰り返し説いた．「批判ができてこそ，従来の研究の問題点を明らかにできるし，自らのオリジナルの考えも練り上げることができる」という考えだった．そして，「学問の場では，自分の元々の考えと反対の立場にあえて立ち，それを論理的に説明する訓練をしなさい」と，日本の常識では考えがたいような指導をしてくれた．

7年間生活した英国の社会では，日常的に「批判」がとても重要視されていることを知った．しかし，批判するから社会がギスギスするということはない．批判をする方もされる方も，相手の意見を尊重する．相手との「違い」をリスペクトすることを日常的に重視する．そうすれば，世の中には多様な考えがあり，いろいろな人がいることを理解できるようになる．自分と違う相手の立場を尊重できるようになれば，相手の人格否定をすることはなくなる．次第に「やさしい人間」になっていくのだ．

今，社会の「分断」が広がっていると言われている．生まれ育ち，性別，宗教や思想信条，社会的立場の違う人たちが「感情」をぶつけ合っている．筆者が学んだ英国でさえ，あの時とは変わってしまっているようだ．

しかし，そういう時代だからこそ，本書が行う「通説の批判という頭の体操」を通じて，「感情」で凝り固まった頭が少しでも柔らかくなり，他人にやさしくなれる人が，1人でも増えてほしいと思っている．

本書は，頭の体操のツールとして「地政学」の発想をベースとしたい．地政学では，ある国が存在する場所が，その国の国際社会における行動を規定するという考え方をする．あるいは，国家はその国が置かれた地理的条件を考慮して，国際社会における戦略を立案するものだとする．

例えば，日本の隣国である韓国のことを考えてみる．韓国は人口約7000万人．サムスン電子という世界のトップ企業があり，高い産業競争力を持ち，世界ト

ップクラスの経済力を誇っている．教育水準も高く，優秀な民族である．スポーツもレベルが高い．オリンピックでのメダル獲得数は上位にランクされるし，サッカー・ワールドカップは9大会連続出場を決めている．それなのに，いつも不安定な国という印象がある．それは，韓国が中国，ロシア，日本，米国という4つの大国に囲まれていて，それらの国際政治における駆け引きに常に翻弄されてきたからである．だが，もしも韓国が，東南アジア地域にあったとしたらどうだろうか．近くには4つの大国はない．おそらく，ASEANで第一の地域大国となり，国際社会でより大きな存在感を示すことができるはずなのである．

　国家戦略が地理に影響される事例としては，中国が設立したアジアインフラ投資銀行（AIIB）を巡る日本と英国の対応の違いが挙げられる．2015年4月，中国のAIIBへの参加呼びかけに対して，英国は参加を表明した．国際金融の世界で百戦錬磨の経験を持つ英国の参加表明は，それまで参加するかどうか決めかねていた多くの国が，参加を決めるきっかけとなった．

　しかし，日本は不参加を表明した．日本も英国同様，国際金融では経験豊富な国であり，中国は協力を求めていた．その日本が参加できなかったのは，中国と日本が地理的に近く，ライバル関係にあったからだ．日本は，アジア開発銀行（ADB）を主導し，アジア地域の開発プロジェクトに投資してきた．中国がAIIBを設立したら，同じ地域の開発プロジェクトで競合関係になることを恐れたのである．要するに，アジアから遠く離れた英国にとっては，AIIBはビジネスチャンスの拡大に過ぎないが，アジアにある日本にとっては，AIIBは強力なライバルの登場であり，協力には慎重にならざるを得なかったのである．

　また，本書では，「グリニッジ標準時から見た国際社会」という，日本ではあまり一般的ではない視点で国際社会を見つめてみたいと考えている．日本では，日本を真ん中に置いた世界地図が使われている．もちろん，世界のどの国も，自国が真ん中の世界地図を作り，使用しているものである．一方，世界には，どの国にも共通して使われるもう1つの地図がある．それが「グリニッジ標準時を中心にした世界地図」である．

　この2つの地図で見る国際社会は，全く違うものに見える．まず，日本を真

ん中に置いた世界地図を使ってみる．日本が中心にあり，海に囲まれている．太平洋という巨大な海洋が世界の中心に見える．その太平洋の向こう側に「隣国」として米国がある．オーストラリアがあり，中国があり，韓国，北朝鮮，ロシア，ASEAN諸国が隣接である．中国の向こうにあるのが欧州であり，最も遠いところに英国がある．中東，アフリカ，南米は，地の果てにある．太平洋の東西に位置する日米関係が世界の中心だという印象を与える．現在は，中国が日本を飲み込む印象があるかもしれないが，欧州，中東，アフリカ，南米は脇役に見える．

　ところが，グリニッジ標準時を中心とした世界地図を置くと，国際社会の構図は全く違うものに見えてくる．世界の中心には大西洋がある．その両端には，アングロサクソン系の二大大国，米国と英国が位置し，英国の背後にEUが控え，更にその先にロシア，中国，インドという巨大な大国が存在して，欧米に対峙している．中東，アフリカは，米国，英国，欧州と近い位置にあり，国際政治に強い影響がある存在だとわかる．スペイン語・ポルトガル語圏である南米も存在感を示している．ASEANはやや脇役という感じだ．そして，日本は

図序-1　グリニッジ標準時中心の世界地図

（出所）〈https://www.worldvision.org/hunger-news-stories/top-nine-countries-fighting-child-malnutrition〉

東の果てにある．太平洋中心の世界地図では，日米は極めて関係の深い隣国という感じに見えるが，大西洋中心の世界地図になると，日米は最も遠い関係の国ということになる．

　世界では，日本のある北東アジア地域のことを「極東」と呼んでいる．世界の標準的な見方では，日本は「東の地の果てにある国」なのである．筆者が英国に在住していた時，フィナンシャル・タイムス，ガーディアンのような新聞，エコノミストのような経済誌，BBCのようなTVニュースでは，中東・アフリカの情報が溢れているのに驚かされた．何より興味深かったのが，英国では「政治家のスキャンダル」が，アフリカを舞台に起こることだった．日本では，政治家のスキャンダルは，当然日本で起こるのだが，英国では南アフリカの資源など「アフリカの利権」を巡った汚職事件が報道されていた．いまだに，英国とアフリカの人脈・金脈が深くつながっていることが窺われた．

　「グリニッジ標準時の世界地図」を使って世の中を見ていくということは，言い換えれば，英国に住んでいるつもりで世の中を見るということであろう．本書の執筆に際して，筆者は7年間の英国時代を思い出して，その時に日本や世界がどう見えていたかを考えたいと思っている．

　それは，こういう感覚ではないだろうか．例えば，日本では，「日本は凄い国」と考えている人が少なくないように思う．「ものづくり」の伝統，高い技術力による日本製品の品質の高さ，勤勉と礼節を重んじる民族性，世界で人気の日本文化など，もちろん世界から高い評価を受けてはいる．しかし，英国にいると，実は世界の人が日本にそんなに関心を持っていないことがわかる．「日本から来たの？　地の果てには，そういう国もあるな．別に嫌いじゃないよ」という感じだ．その時，日本は世界の中で別に「特別な国」ではない，世界の約200ある国のうちの1つの普通の国だと気づくのだ．そして，それがわかると，妙な先入観に縛られることなく，「日本は特別な国」と誤解していた時には見えなかったことが，よく見えてくるようになるのだ．

　本書の構成は以下の通りである．まず，第1章では，本書の分析枠組となる「地政学」の考え方を概観する．英米系地政学の祖であるマッキンダー，スパイクマンの理論を端的に説明し，地政学が「勢力均衡による平和構築」のための学問であり，それを「世界征服の理論」に悪用したハウスホーファーを批判

する．そして，日露戦争から今日まで，英米が基本的に地政学に基づいた国家戦略を遂行してきたことを概観する．

その後，本書は2部構成で様々な国際問題を解いていく．第Ⅰ部は，「アメリカ・ファーストと新しい国際秩序」である．米国にドナルド・トランプ大統領が登場し，「アメリカ・ファースト（米国第一主義）」を訴えている．しかし，「世界の警察」をやめることは，前任のバラク・オバマ大統領によって決められており，これは党派を超えた米国の新しい国家戦略である．第Ⅰ部では，米国の国家戦略の転換の背景に，米国のエネルギー自給を可能にする「シェール革命」があるという考え方に立ち，それがもたらす新しい国際社会はどういうものかを考える．

第2章は，第二次世界大戦後に米国が築いてきた国際秩序を概観する．それは一言で言えば米国が「世界の警察官」を務め，自由にアクセスできる「世界の市場」を開いたことだ．それは日本，ドイツのみならず，多くの国に歴史上「奇跡」と呼ぶべき豊かさと安全をもたらしたという見方を提示する．第3章は，米国の国際戦略の背景にある石油を巡る国際関係を理解するために，石油を巡る国際関係の歴史を振り返る．第4章は，天然ガスを巡る国際関係を再考する．ロシアなど産出国が圧倒的な政治力を誇っているようにみえるが，実際は一度パイプラインが建設されると売先を変えられない産出国は，欧州，中国など需要国に対して必ずしも強い立場にあるとはいえないことを示す．第5章は，原子力を巡る国際関係の歴史を振り返る．これは，シーパワーVSランドパワーの地政学の構図そのものであり，その背後に国境を越えて動くウランカルテルの存在があったことを指摘する．第6章は，原子力の地政学である．90年代に原子力は「地球にやさしいエネルギー」として復活する．福島第一原発事故で，原発建設はコスト高になり，原子力産業は危機に陥っているが，米国は原発輸出をやめられない．ロシアの原発輸出が増えれば，核拡散のリスクが高まる．原発輸出は地政学的課題だということを提示する．第7章は，シェール革命と米国の変化を検証する．アメリカ・ファーストは，トランプ大統領の思い付きではなく，党派を超えた米国の国家戦略である．シェール革命で世界最大の資源大国になり，製造業が復活した米国は，中東など世界への関心を失い，「世界の警察」をやめて徐々に撤退を始めている．それがもたらす新しい

国際秩序を考える．

　第8章からは，アメリカ・ファーストを受けて，「生存圏」を築こうとする各国の動きを検証する．第8章は，EU離脱で揺れる英国である．EUの単一市場を失う英国は衰退するとみられているが，実は英連邦という巨大な経済圏を持ち，EUから自立できる潜在能力を誇っている．第9章は，EUの中核であるドイツである．元々「ドイツを封じ込める」目的だったEUは，いまやドイツの「生存圏」確保のためにある．しかし，輸出主導のドイツが単一市場で独り勝ちしている状態は，他の加盟国の衰退をもたらすことになる．それらの国の経済が破たんし，ナショナリズムが爆発すると，ドイツは危機に陥ることになる．第10章は，ロシアについて考える．「大国ロシア」の演出とは裏腹に，ロシアは地政学的に負け続けてきた．かつてベルリンまであったロシアの影響圏は，クリミア半島まで後退し，中央アジアも失った．石油・ガス輸出主導の経済は脆弱であり，ロシアはドイツ（EU），中国，そして日本への接近を図っている．第11章は，急拡大する中国にどう対峙すべきか，シーパワーの戦略を考察する．軍事的拡張路線と市場経済への適応の2つの国家戦略が交錯する中国に対しては，経済面での積極的関与戦略によって，市場経済化，民主化を促す「中国の経済リムランド化戦略」の重要性を示す．また，中国政府に直接働きかける「ロビイング」の可能性や，民主化における大学の重要性も考える．

　第Ⅱ部は，「地理で考える政策科学」である．21世紀の複雑で多様な政策課題に対して，地政学を用いて「逆説の解」を出してみたい．第12章は，「国際通貨政策の地政学」である．従来，経済学で研究されてきた課題だが，日本・円と中国・人民元の国際化は，地理的に近接し，通貨が流通する範囲も競合するため，経済理論だけでは見ることはできない．第13章は，「成長戦略と地政学」だ．台湾・鴻海によるシャープ買収を事例に，外資導入を肯定的に捉える．成長戦略は日本企業を防衛する策ではなく，アジアからの経営者や資金を受け入れて，経済を大きくすることである．日本はそれができる条件が揃っている．

　第14章は，筆者のロシア・サハリン州フィールドワークを通じて「エネルギーから福祉の循環型地域ネットワーク形成と紛争回避」という提案をしたい．サハリン州は天然ガスで莫大な収入を得ているが，住民生活に還元されていない．北海油田の収入で福祉国家を建設したノルウェーを参考に，日本，中国，

韓国など需要国が協力することで豊かな社会を実現し，北東アジア諸国間に信頼関係を醸成し，紛争回避につなげるというアイディアである．

　第15章は「民主主義を考える」である．日本では，民主主義を考える際，日本国内の事情のみを見てしまうことが多いように思う．本書では，海外に目を向けて，3つの事例から「民主主義」を再考する．まず，世界的に広がるテロの脅威への対策を，表面的に平穏な社会を保ちながら，その裏で「監視社会」を構築してテロを未然に防ごうとする「英国流」と，市民の監視をしない民主主義を厳格に運用する代わりに，街に武装した警官・兵士を立たせてテロを抑止しようとする「フランス流」を比較し，日本におけるテロ対策のあり方を考える．次に，言論の自由を守るために，国益に反する報道を敢然と行ってきた英国のBBC・ガーディアンを事例に，日本の報道機関の姿勢の是非を問う．更に，筆者がロシア・サハリン国立総合大学に共同研究を提案した際に直面した，日本とロシアの学術研究の「文化」の違いを取り上げて，日本で学問の自由・独立を享受できることの有難さを主張する．

　そして，第16章は「未来の地政学」である．北朝鮮ミサイル開発を事例に，「4D地政学」という新しい概念を提示する．従来の地政学では，国家間の距離感は，「地図」という二次元で固定されたものとしてきたが，21世紀の軍事テクノロジーは，グニャリと曲がった四次元空間を作り出し，その距離を縮めてしまう．そして，従来脅威ではなかった遠距離の国家を安全保障上意識せざるを得なくなる場合が出てくるのである．最後に，「人工知能と地政学」を考える．自動運転や電気自動車の技術開発は，自動車メーカーをIT企業の下請け化するかもしれない．中国は，国家戦略として日本の自動車メーカーの支配を狙っている．そして，人工知能は人間の仕事の47％を奪い，先進国と新興国の関係性を劇的に変える．先進国の少子化は問題でなくなり，新興国の人口爆発がより深刻な問題となる．このような様々な21世紀の課題に対して，本書は「逆説的な解」を提示していきたいと考えている．

　本書の内容の多くは，立命館大学政策科学部で筆者が担当してきた学部生向け授業『国際政治経済論』の15回の講義の内容に加えて，筆者の以下の論文・論考を初出とし，それらを加筆，修正，翻訳，再構成したものである．

ダイヤモンド・オンライン連載『上久保誠人のクリティカル・アナリティクス』（2018年1月30日現在，通算175回）<http://diamond.jp/category/s-kamikubo2>

ダイヤモンド・オンライン連載『政局LIVEアナリティクス』（全65回）<http://diamond.jp/category/s-kamikubo>

（Ayaka Miyakeと共著）"Creation of a Circulatory Energy and Welfare Regional Network and Avoidance of Conflict: the Case of Russia's Sakhalin Oblast" *Journal of Policy Science* Vol. 11, pp. 23-35, 2017.

"'Internationalisation of Yen' or 'Internationalisation of Yuan': Policy Science of Domestic Decision-making Processes for Asian Monetary Cooperation"『政策科学』（第19巻第3号），2012年.

"PacNet #18 - Sharing the wealth to melt the ice: Japan and Russia" Center for Strategic and International Studies (CSIS) <https://www.csis.org/analysis/pacnet-18-sharing-wealth-melt-ice-japan-and-russia>

「特集　鎖国230年　開国1年　グローバル・タケダの苦悩　Part 3　世界に挑む人材　エセ・グローバルでは勝てない」『日経ビジネス』（2015年3月2日号　No.1781）

本書がひとりでも多くの読者に読まれ，これまでとは違った考え方で世界を読み解かれるようになれば，筆者としては望外の喜びである．

第1章

地政学とは

　地政学とは，地理的な環境が国家に与える政治的，軍事的な影響を巨視的な視点で研究するものだ（Evans and Newnham, 1998; Devetak, Burke, and George eds., 2011）．しかし，本書では政治・軍事だけではなく，経済にも地政学の枠組を応用する[1]．伝統的な「国際関係論」が，多国籍企業体などの行動を分析対象に加えた「国際政治経済学」に進化したように（Strange, 1988），20世紀に確立した地政学も，21世紀においては分析対象を経済などに拡大する必要がある．

1.1. 海洋国家の視点に立つ「英米系地政学」とは

　なぜ地政学の枠組が重要なのか．例えば，日中関係が国際政治経済で問題となるのは，世界第2位と第3位の経済大国というライバル関係にあるからだけではない．両大国が，地理的に近接していることから，様々な問題が起きるのだ．逆に言えば，地理的に遠い欧州にとって，急拡大する中国は新しい「ビジネスパートナー」であり，「脅威」と感じていない．
　そして，単なる「地理」ではなく，「地政学」の理論が重要な理由がある．地政学では，例えば海洋国家である日本は「シーパワー」，大陸国家である中国は「ランドパワー」と考えられ，国家としての政治的な思考や行動のパターンが異なってくるからである．
　「英米系地政学」は，英国の地理学者ハルフォード・マッキンダー卿と米国の政治学者ニコラス・スパイクマンが示した，海洋国家（シーパワー）がユーラシア大陸中央部（ハートランド）に位置する大陸国家（ランドパワー）の拡大を抑止するための理論である（Mackinder, 1919; Spykman, 1942; Spykman, 1944）．
　具体的には，ロシア，東欧諸国，中央アジア（これらに中国，ドイツを含めることもある）などを「ランドパワー」，英国，米国，日本，オーストラリアなどを

「シーパワー」とする．ハートランドの周縁に位置する地域を「リムランド」と名付ける．リムランドには，フランス，ドイツ，東欧など欧州諸国，中東，インド，東南アジア，中国沿岸部，韓国などが含まれる．

「ハートランド」とは（地政学のコア概念）ユーラシア大陸の中央部である．「世界制覇の心臓」であり，必要に応じてシーパワーの侵入を阻止できる地域である．マッキンダーは以下の有名な言葉を残している．

> 東ヨーロッパを支配する者はハートランドを制し，ハートランドを支配する者は世界島を制し，世界島を支配する者は世界を制する（Mackinder, 1919: xviii）．

基本的にハートランドを占めた時のランドパワーは，シーパワーに対して圧倒的な優位性を持つことになる．ナポレオンのロシア遠征やナチス・ドイツの対ソ連戦の惨敗，日中戦争の長期化など，ハートランドを占めたランドパワーを征服するまで攻め続けることは困難であるからだ．

一方，ランドパワーが海洋進出を果たすと，シーパワーにとって，大変な脅威となる．これは，東西冷戦期の日本海に多数のソ連原子力潜水艦が展開した脅威や，現在の中国の南シナ海，東シナ海への海洋進出の脅威が挙げられる．

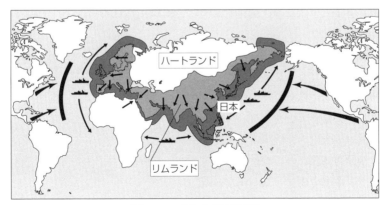

図 1-1 「英米系地政学」

（出所）　スパイクマン（2008）を参考に筆者作成．

言い換えれば，ハートランドのランドパワーが，シーパワーを兼ねると脅威となるのである．

これをシーパワーの側から見れば，いかにハートランドを包囲できるかが，課題ということになる．シーパワーの戦略はハートランドの周縁部である「リムランド」を取りこむことで，ランドパワーを陸上に封鎖することである．また，リムランドとハートランドを対立させることである（バランス・オブ・パワー）(Parker, 1982: 195)．例えば，東西冷戦期には，米国と英国はフランスを取り込んで共産主義ブロックと対峙させる「三段構え戦法（カウンターハートランド戦略）」を採用した．

更に，ランドパワーとランドパワーを分断することも重要な戦略となる．これは，冷戦終結後の英米による東欧・中央アジアのロシアからの分断と民主化が事例である．要するに，シーパワーとランドパワーの「リムランド争奪戦」が，戦いのカギとなるのである(Spykman, 1944; Kaplan, 2012)．

1.2. 英米系地政学は「平和のための勢力均衡」

マッキンダー，スパイクマンの英米系地政学を考えるときに重要なことは，それが「均衡した勢力」がもたらす「安全」を確保するために考察されたものであるということだ(Kaplan, 2012)．マッキンダー，スパイクマンが地政学を構想した背景には，第一次世界大戦後のソビエト連邦の成立と，ナチス・ドイツの台頭があった．

ドイツは，遅れてきた帝国主義国だった．1860年代にようやく「鉄血宰相」オットー・ビスマルクによって国家統一を果たした後発工業国・ドイツは，19世紀後半になって急激な経済成長を果たした．ドイツでは，化学工業を中心として製造業が急拡大した．

第一次世界大戦の敗戦国となったドイツは，戦勝国側から天文学的金額の賠償金を課せられ躓いた．だが，そのドイツに手を差し伸べたのが，大戦中に起きたロシア革命で成立したソ連だった．

世界初の社会主義国家建設を始めたソ連は，ドイツに石油を提供する代わりにドイツの製造業の高い技術力を手に入れようとした．こうして復活への道を

歩み始めたドイツに現れたのがアドルフ・ヒトラーだった．政権を獲得し，飛ぶ鳥の勢いとなったヒトラーは，「大ドイツ圏」の建設を提唱し，近隣諸国への勢力拡大を始めた．この両国の拡大をいかに抑えて，勢力均衡状態を築き，戦争を防ぐかということが，マッキンダーが地政学を構想し，世に問うた理由だった．

　ところが，ナチス・ドイツはマッキンダーの地政学を曲解して，世界征服のための理論的支柱に利用しようとしたのである（Strausz-Hupe, 1942）．ドイツの地政学者カール・ハウスホーファーは，マッキンダーの「ハートランドを支配する者は世界島を制し，世界島を支配する者は世界を制する」という考えを無理やりドイツに当てはめた．そして，ドイツが世界大国になるには，ドイツとロシアの「広域圏」を統合すべきと結論付けたのだ．換言すれば，マッキンダーがユーラシアでの勢力均衡を保ち戦争を回避する必要性から，東ヨーロッパに独立国家からなる緩衝地帯を設けることを提唱したのに対して，ハウスホーファーはこれを逆転させて，東ヨーロッパ独立国家の消滅を主張したということだ．ハウスホーファーの理論はヒトラーに採用されて，「我が闘争」第14章の「ナチスの外交政策と生存圏の理想」に強い影響を与えたとされている（曽村，1984: Blouet, 2005）．

　そして，このハウスホーファーによるマッキンダー地政学の「強奪」に対抗したのが，スパイクマンの「リムランド理論」だったのである．スパイクマンは，地政学を再び英米が取り戻すために，マッキンダーの「東ヨーロッパの緩衝国家」という考え方を発展させて「リムランド」という概念を生み出し，リムランドをランドパワーに渡さないことが，平和をもたらすと説いた（Spykman, 1942）．

　このように，地政学は使いようによって，「平和をもたらす勢力均衡」を構築するための理論にもなれば，「世界征服」のための理論的支柱にもなり得るのである．もちろん，地政学は本来，平和のために構想されたものであることを，決して忘れてはならない．

1.3. 地政学で見る，国家間紛争の歴史

（1） 日露戦争——日本奇跡の勝利の要因

日露戦争は，シーパワー大英帝国が，東洋の小国であった日本にロシアの極東進出を阻ませたという側面があった．ロシアと戦う日本の戦略は，まず戦場となった朝鮮半島・中国東北部に展開する陸軍への補給路を確保するために，東シナ海，日本海の制海権を得ることであった．具体的には，ロシア「旅順艦隊」を港に封鎖して壊滅したのである．旅順港の入口に船を沈めて旅順艦隊を湾から出れないようにした上で，陸軍が203高地を抑えて，陸上から艦隊を砲撃して壊滅させた．

そして，ロシアのもう１つの艦隊，「バルチック艦隊」を待ち構えて，日本海海戦で撃破した．バルチック艦隊は日本から遠くバルト海からアフリカ，インド，東南アジアを経由して日本海に到着した．しかし，バルチック艦隊は長い航海の間，日本と「日英同盟」を結んでいた「シーパワー」大英帝国から，散々な嫌がらせに遭うことになった．バルチック艦隊が通った海路は，全て大英帝国の支配下にあったからである．バルチック艦隊は港で十分な休息を取ることができず，補給も十分にできなかった．バルチック艦隊は疲弊し，船底に付着した貝殻等を取り除けず，航行速度が低下した．一方，日本は大英帝国からバルチック艦隊の動向について逐一情報を得て，小島１つを消滅させたといわれるほどの砲撃訓練を行い，バルチック艦隊を待ち構えた．日本の連合艦隊はバルチック艦隊をほぼ全滅させた（半藤，2012）．要するに，「ランドパワー」ロシアの封鎖に成功し，制海権を握ったことが，日本勝利の要因となったのである（Sloan, 1999: 19）．

（2） 第一次・第二次世界大戦が起きた理由

第一次世界大戦は，サラエボで1914年6月，オーストリア＝ハンガリー帝国の皇位継承者フランツ・フェルディナント大公夫妻が銃撃されるというサラエボ事件を契機に勃発したとされている．だが，この１つの事件が欧州全体を巻き込む大戦争となったのは，欧州列強が当時，複雑な同盟・対立関係にあった

からである．

特に，当時大英帝国は，前述のようなドイツの統一国家出現，工業化による急激な発展を強く警戒していた．地政学的にいえば，リムランドに位置するドイツが，次第にランドパワー化しつつあったのである．

その上，ドイツはシーパワーを兼ねる懸念が出てきていた．国家統一によって，ハンブルク港を併合することで，海洋進出の能力を持つことになった．そして，ベルリンからバクダッド（当時はオスマントルコ帝国の一部）をつなぐ鉄道建設を計画するようになった．また，ハンブルク港がドイツ帝国に併合された．大英帝国が持つペルシャの石油利権にドイツが迫ってきたのである．大英帝国がこれに脅威を感じたことが，第一次世界大戦でドイツを徹底的に叩こうとするきっかけとなったという視点が存在する（中川，2009）．

また，第二次世界大戦は，より明確に地政学的な説明が可能である．例えば，「独ソ不可侵条約」（1939年）とは，ドイツ・ソビエト連邦のランドパワー同士の連合であると見ることができる．前述のように，独ソは地政学を曲解した．ソ連は，「ハートランド」から世界共産化を目指した．ナチス・ドイツは「ハートランド」の覇者を目指し，最優先の戦争目的を「ソ連侵攻」としたのだった．

そして，「日独伊三国同盟」と「日ソ中立条約」が結ばれた．これは，ランドパワー（ドイツ，ソ連）によるリムランド（イタリア）との一体化であると同時に，日本と組むことで，ランドパワーのシーパワー化まで成し遂げることになる．これは，シーパワー（英米）にとって断じて許されないことになったということを意味している．

一方，シーパワー側についても，地政学を基に考えてみよう．後から考えればではあるが，この時シーパワー側に1つの失敗があったことがわかる．米国・英国は，本来同じシーパワーの日本を敵とみなし，リムランド・中国大陸に出現した共産党を間接的に支援して，日本を敗戦に追い込んだ．しかし，地政学に基づけば，本来米国・英国がとるべき戦略は，ランドパワー側についた日本を外交努力によってシーパワー側に取り戻すことであった．ところが，満州国建国を巡り，日本を国際連盟脱退に追い込んだことに典型的にみられるように，米国・英国は日本を孤立させる戦略を選んだ．果ては，いわゆる「ABCD包

囲網」という米（America），英（Britain），中（China），蘭（Dutch）の4カ国によ
る石油禁輸措置によって，日本に太平洋戦争開戦を決意させてしまった．大戦
後，日本がリムランド・中国大陸から消滅したことで，米英が支援していた中
国共産党がランドパワー化してしまった．米国は，それまで主に日本が担って
きた，極東における共産主義との対決に，苦しめられることになった．それが，
東西冷戦である．

（3） 東西冷戦期（1949年～1991年頃）

第二次世界大戦終戦のわずか4年後，中国，東欧が共産化した．リムランド
のランドパワー化とともに，ソ連，中国の合体による巨大なランドパワー大帝
国がハートランドに出現することになった．これは，「モンゴル帝国」の復活
といえるものであり，米英のシーパワー側にとって，最悪の事態が出現したと
いえるだろう．

シーパワー側は，ランドパワー大帝国に対抗するため，地政学に基づく戦略
を立てた．リムランドに位置する戦略拠点にある国々を同盟国として抑えたの
である．後に詳しく説明するが，米国は同盟国に軍隊を駐留させて防衛した．
同時に，海軍を世界中に展開させて，産油国から同盟国までの石油の輸送ルー
トを守り，同盟国のエネルギー安全保障を確立した．更に，安定した石油輸入
ルートを確保した同盟国を工業化させて，生産物を米国市場に輸出させること
で経済成長をさせた．経済成長によって貧困を減らし，同盟国内に共産主義が
台頭する可能性を絶ったのである（ゼイハン，2016）．

欧州においては，米国は，同じシーパワーの英国とリムランドのフランスを
支援して戦争の後輩から復興させて，それに，東西に分かれたドイツの西側を
リムランド側に抑え込み，ランドパワー・ソ連に対抗する前線とした．そして，
北大西洋条約機構（NATO）を発足させた．北大西洋条約に基づき，アメリカ
合衆国を中心とした北アメリカ（＝アメリカとカナダ）および欧州の西側諸国に
よって結成された軍事同盟である．NATO加盟国は集団的安全保障体制構築
に組み込まれて，域内いずれかの国が攻撃された場合，共同で応戦・参戦する
集団的自衛権発動の義務を負った．

これは，NATO初代事務総長の「アメリカを引き込み，ロシアを締め出し，

ドイツを抑え込む」（＝反共主義と封じ込め）という言葉に象徴されるように，欧州諸国を長年にわたって悩ませてきた「ドイツ問題」に対する1つの答えでもあった（フリードマン，2017: 207-238）．

一方，アジアにおいては，1951年8月に旧植民地フィリピンと米比相互防衛条約，9月に一国占領していた旧敵国日本と日米安全保障条約，同月に英連邦のオーストラリア・ニュージーランドと太平洋安全保障条約（ANZUS），朝鮮戦争後の1953年8月に韓国と米韓相互防衛条約，1954年には共産党によって中国大陸から追い出された国民党が台湾に作った中華民国と米華相互防衛条約と，立て続けに安全保障条約を結んだ．特に，日米安保条約は日本の「再シーパワー化」の意味があった．

また，東南アジア諸国とも，1954年9月にはアジア版NATOといえる東南アジア条約機構（SEATO）を設立した．更に，主要産油国がある中東でも，米国をオブザーバーとする中東条約機構（バグダッド条約機構，METO）を設立し，共産主義の封じ込みを図ったのである（伊藤，2001；松田，2005）．

しかし，「ランドパワー大帝国」ソ連の膨張はなかなか止めることができなかった．1970年代，米国の海軍艦艇400隻に対して，ソ連は2400隻に達してしまった．ソ連の海軍力は，隻数にして米国の4倍以上という，「史上最大のシーパワー」に成長していたのである（中川，2009）．

（4） キッシンジャー外交の失敗

東西冷戦期のリチャード・ニクソン政権のヘンリー・キッシンジャー国務長官は，外交戦略家として世界的な名声を得ている．ニクソン政権後も様々な米政権でアドバイザーの役割を担い，現在のトランプ政権においても，大統領の外交ブレーンであるとされている．しかし，ニクソン政権期のキッシンジャー外交には，2つの失敗があるという（中川，2009: 266-275）．

1971年，ニクソン政権は中国と極秘交渉を進め，7月15日にニクソン大統領が中華人民共和国を訪問することを突然発表して世界を驚かせた．いわゆる「ニクソン・ショック」である．大統領は，毛沢東主席や周恩来総理と会談し，米中関係をそれまでの対立から和解へと転換して「米中国交回復」を実現した．一方，在台米軍の撤退によって，「台湾」は国際社会から排除されることにな

った．これは，第二次世界大戦後の冷戦時代の転機となった訪問であるが，これは地政学でみれば，「リムランド」制覇を狙った，前任のケネディ大統領の「西ベルリン防衛」「南ベトナム死守」という政策と真逆の愚策であったといえる．

　ちなみに，米国議会での保守派の巻き返しにより1979年に「台湾関係法」がアメリカ議会で可決された．米国と台湾の軍事同盟関係は事実上維持され，台湾が中国の軍事的脅威に晒された場合は，米国は台湾を助けることになっている．例えば，1996年に台湾が国民党の一党支配から民主主義体制に転換し，初の総統選挙が実施されるにあたり，中国人民解放軍が自由選挙への恫喝として軍事演習を強行した際には，米軍が台湾海峡に展開し，ウォーレン・クリストファー国務長官が「アメリカは必要な場合には，台湾を助けるために台湾に近づく」と中国を警告した．東アジアでの軍事バランスは，かろうじて維持される形になっている．

　1973年，ニクソン政権はベトナム戦争が泥沼化しつつある中で，米国内の反戦世論を沈静化させようと，人的損害の多い地上軍の削減を始めた．続いて，北ベトナムと秘密交渉を行って和平協定を結び，ベトナム戦争を終結させた．しかし，その結果南ベトナムが共産化し，続いて隣国のカンボジア，ラオスで共産主義政権が誕生した．インドシナ半島では，タイを除いて共産化されることになった．特に，カンボジアでは狂信的な毛沢東主義者による「ポルポト政権」が誕生し，大量虐殺が起こった．ランドパワーの膨張をむざむざ許し，米国のアジアにおける安全保障体制を不安定化させてしまったといえる（中川，2009）．

（5）　レーガン政権による英米系地政学の復活

　1980年，ロナルド・レーガン大統領が登場し，国際戦略の転換が行われた（中川，2009: 199-208）．ソ連の軍事力が，1980年代初頭までに米国を凌駕するまでに巨大化していた．レーガン大統領は，ソ連を「悪の帝国」と名指しで非難した．そして，「力による平和」と呼ばれる一連の外交戦略でソ連と真っ向から対抗する道を選んだ．

　1982年には，パーシングⅡ（弾道ミサイル）と地上発射型トマホーク（GLCM,

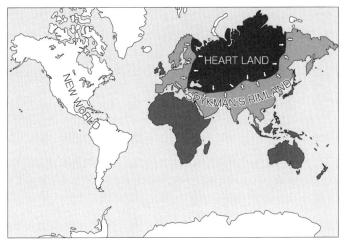

図1-2 「New World」米国

(注) 地政学では，米国は「New World」と呼ばれ，どの国からも直接攻撃されない離れた位置にあることで，政治的・軍事的に圧倒的な優位性を持っているとされてきた．その強さが明確な形で発揮されたケースであるといえる．
(出所) Spykman (1942) を参考に作成．

巡航ミサイル)の欧州への配備を強行した[2]．これは，ソ連を恐怖のどん底に陥れることになった．「戦域核戦争」の主導権を米国が握ったからである．西欧諸国へのミサイル配備で，ソ連は欧州戦域の主戦場になってしまう．一方，米国は戦場から全く安全な聖域の位置にあるという「地理の非対称性」が生じることになるからだ．地理の非対称性は，欧州戦域核戦争の後，米国がソ連に対して圧倒的な国力を持つことを確定することになった．これは，1989年11月以降におこった東欧諸国の民主化，ドイツ統一，ソ連崩壊の伏線になったと考えられている．

(6) ウクライナ問題の真の勝者とは――地政学をベースにした英米の国際戦略の完成

東西冷戦終結後から2008年の世界的な金融危機（いわゆる「リーマンショック」）までの時期は，英米の地政学を基にする国際戦略が極めてうまくいった時期だといえる．この時期，東欧・バルト諸国のNATO加盟が実現した．東

欧への米軍の常駐によるドイツとロシアの分断が完成した．

　地政学的にみれば，東欧への米軍の常駐はドイツとロシアの２つのランドパワーの分断である．一方，2000年代のグルジア，ウクライナ，キルギスなど中央アジア諸国の民主化の取り組みは，英米がロシアと中国の分断を狙ったものだったといえる．

　一方，これに対抗したロシアの戦略は，中国と組んだ「上海協力機構」を発足させ，中央アジアやインド・パキスタン・イランなどを取り込もうとすることだった．つまり，90年代以降のユーラシア大陸の国際政治は，まさに地政学の理論通りに，シーパワー（英米）による東欧・中央アジア，中国とロシアの分離と，ランドパワー（ロシア・中国）の一体化によるユーラシア大陸統合の戦いが行われていたといえる．現在のウクライナ情勢も，この延長線上にあると考えるべきである．

　そして，シーパワー（英米）とランドパワー（ロシア・中国）のどちらの戦略が成功しているかは，明らかである．90年代以降の東欧，中央アジアの民主化によって，ロシアは遥かベルリンまで続いていた旧ソ連時代の「衛星国」を喪失してしまっている (Sloan, 1999: 31)．ロシアはグルジアやウクライナに介入しているが，それは英米の攻勢でロシアが防戦一方となり，冷戦時代からは遥かに勢力圏を縮小させたという大きな流れの中で，かろうじて繰り出したカウンターパンチ程度でしかない．

　一方，ロシアは中国と協力関係を築けるかというと，それも難しいのが現実だ．中国はロシアのウクライナへの軍事介入について，立場を明らかにせず静観の構えを崩さなかった．中国は，国内で新疆ウイグル自治区やチベット自治区の独立問題を抱えている．ウクライナ・クリミア自治共和国のロシアを後ろ盾とした分離・独立の動きを中国が支持すれば，国内の独立運動を刺激しかねないからだ．

　地政学の観点から長期的に見れば，ランドパワー・ロシアの戦略はシーパワー・英米によって完全に封じ込まれているといえる．ロシアには，東西冷戦期のように，欧米に対して，強気の姿勢を貫くことは難しいのだ．

図1-3　東西冷戦期のソ連の同盟国

(注)　ワルシャワ条約機構加盟国，1967年．

図1-4　現在のロシア領

(7)　地政学で考える中国の「核心的利益」とは

　中国政府は，尖閣諸島を「核心的利益」だと主張する．核心的利益とは，「絶対に譲ることができない最重要の国家的利益」とされ，「台湾問題」「チベット独立運動問題」「東トルキスタン独立運動問題」「南シナ海問題」とともに尖閣諸島が含まれている．なぜ，尖閣諸島が中国の「核心的利益」となるのかを，地政学で考えてみたい．

　尖閣諸島が核心的利益であるのは，基本的には「資源」があるからと考えられがちだ．実際，中国・台湾が尖閣諸島の領有権を主張し始めたのは，1968年の海底調査で東シナ海の大陸棚に大量の石油資源が埋蔵されている可能性が指摘されてからだ（倉前，1982: 83-108）．だが，現在でも資源が核心的利益であるとは考え難い．莫大なエネルギー資源を必要とする中国からすれば，尖閣諸島に埋蔵される資源など微々たるものだからだ．

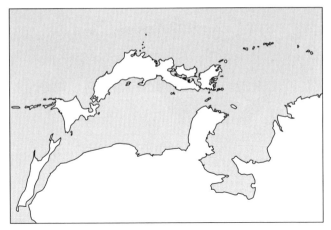

図1-5　中国より日本海を望む

　核心的利益とは，むしろ「軍事的・戦略的」な利益だと考えるべきだろう．そこで，尖閣諸島の軍事的・戦略的な重要性を，地政学を基に考察してみたい．
　結論からいえば，中国による尖閣諸島の支配は，中国が日本列島から台湾，フィリピン列島を結ぶラインを破り，米軍の支配海域である太平洋へ進出することを可能にする．そして，中国が太平洋に進出すれば，日本，韓国，台湾，香港，フィリピン，東南アジアの全域を軍事的に支配することができる．だからこそ，中国にとって尖閣諸島は核心的利益なのである．

（8）　習近平の「太平洋二分割論」と米国
　しかし，現状は「中国経済をリムランド化する」戦略と，真逆の方向である．2015年6月の米中首脳会談では，習近平・中国国家主席が首脳会談で，太平洋を米中二大国で分割支配しようと持ちかけたのだ．これは，地政学的には，ランドパワー中国の海洋進出を許すことで，シーパワーの日本にとって最悪な状況である．
　これに対して，バラク・オバマ米大統領（当時）は，米中による「太平洋二分割論」をやんわりと否定した上で，尖閣諸島について「日本の施政権は認めるが，領有権については特定の立場をとらない」という，従来からの米国の姿

勢を説明し，日本との対話による解決を求めた．これは，「領土問題の存在そのものを否定」する日本の立場と一致していない．また，中国が尖閣諸島に侵攻した時，米軍は日米安保条約に基づいて日本と共に防衛するのか，明言されなかった．

　前述の通り，米国は基本的に地政学に基づき世界戦略を描いてきたが，時々戦略ミスを犯してきた歴史がある．もちろん，2017年1月に就任したドナルド・トランプ米大統領は，安倍首相との初の日米首脳会談で，沖縄県・尖閣諸島が米国の対日防衛義務を定めた日米安全保障条約第5条の適用対象であると確認し，中国の海洋進出を念頭に力による現状変更の試みに反対することも申し合わせた．この前政権からの政策変更は，理解できるものである．米国が，地政学に基づいて国家戦略を再構築するならば，中国の尖閣諸島の軍事的実効支配を絶対に認めるはずがない．中国軍の太平洋進出は，米国にとって韓国，日本，台湾，香港，東南アジア全域に対する政治的・経済的・軍事的影響力の喪失を意味するからだ．日本は，中国軍の尖閣諸島侵攻の際には，米軍が間違いなく出動するはずだと信頼してもいいのかもしれない．

　しかし，「アメリカ第一主義」を掲げて，従来の政策の多くの変更を試み，「移民排斥」や「保護貿易主義」を訴えるトランプ政権には強い反発がある．今後，トランプ政権が不安定化すれば，米中による「太平洋二分割論」を，現実的な戦略と考えて，尖閣諸島侵攻に始まる中国のアジア全域支配を黙認するグループが主導権を握るかもしれない．日本としては，決して米国を無条件で信頼することはできない．

（9）　米国のスービック基地撤退が何をもたらしたか
　このように，地政学は米国，ロシア，中国などの国際戦略とその成否を長期的な観点からはほぼ正確に評価できるツールであるといえる．本章の最後に現在の国際情勢の不安定要素が，地政学の「勢力均衡による紛争回避」という理論に従わなかったために起きたことを指摘したい．

　1991年，東西冷戦が終結し，アジア太平洋におけるソ連の脅威が消滅したと判断した米国は，米軍をフィリピン・スービック海軍基地，クラーク空軍基地から撤退させた．だが，アジア太平洋での東西の「勢力均衡」を解いても大丈

夫だという判断は，現在の状況から見れば，間違いであったと言わざるを得ないだろう．それが，1990年代以降の中国の急激な軍事的・経済的台頭を招いてしまったからである．

米軍の撤退によって南シナ海に生じた「力の真空状態」は，中国が埋めてしまった．中国は25年かけて，南シナ海の制空権と制海権を確立したのだ．中国は，歴史を根拠に南シナ海の領有権を主張し，南シナ海のほぼ全域を自国の領海と主張するようになった．米国は，南シナ海は公海であり，同海域での領有権は「海洋法に関する国際連合条約（UNCLOS）」によって決められるべきだと反論している．

中国が南シナ海を支配しようとするのは，中国が輸入する石油の大半が，同海域を通って輸送されているからである．また，中国は東アジアや東南アジアの国々に向かう輸送を妨害し，脅すことで，これらに国々に対して強い政治力を持つことができるようになる．また外国の軍隊，特に米軍が同海域に立ち入るのを防ぐこともできるようになるからである．

中国は，多くの人工島を建設している．人工島建設自体は，他の周辺諸国も領有権の主張のために行っている．ただ，中国の問題は，建設の規模が他の国とは比較にならないほど大規模であるということと，人工島に兵器を配備したことである．

米国は，南シナ海における中国の動きに明確な反対の姿勢を示し続けてはいる．同海域で沿海域戦闘艦「フォートワース」を航行させたり，中国が人工島建設を進める南沙（英語名スプラトリー）諸島付近に対潜哨戒機「P8ポセイドン」を飛ばすなどして，「航行の自由」を主張している．

また，米国は地域の周辺諸国との同盟関係の再強化に努めている．周辺諸国は中国の圧倒的な軍事的優位に対抗できない．そこで米国は，最新の軍事機器を提供し，情報収集や監視能力の強化に協力している．ただし，現在のところ，人工島建設をやめさせるなど，中国の行動を抑えることはできていない（細谷，2016）．

そもそも，第二次世界大戦停戦後のアジアの戦争は，全て，戦前に大日本帝国の植民地，または影響下にあった地域で起こっている．「中国・国民党と共産党の内戦」「朝鮮戦争」「ベトナム戦争」である．第二次世界大戦で，大日本

帝国が敗戦し，軍事的に撤退した後，これらの地域では「力の真空状態」が生じた．そこでは，軍国主義・植民地主義がなくなり，平和が訪れると期待されたかもしれないが，実際にはそのようなことにはならなかった．共産党勢力，西側諸国，ナショナリスト勢力など，「力の真空状態」を埋めようとする勢力が浮上し，それらが激しく衝突する紛争地域となってしまったのである（細谷, 2016：70-93）．

本書では，全編を通じて，この地政学の理論による「勢力均衡による紛争回避」の考え方に基づいて，様々な国家，軍隊，企業，国際機関等の行動を考え，今後の国際社会がどういう方向に向かうかを考えていきたい．

注
1) 地政学と経済学を結び付けることの難しさを指摘する研究者は少なくない．例えば，Posen（2014）など．
2) 西ドイツ（パーシングIIを108基，GLCMを96基），英国（GLCMを160基），イタリア（GLCMを112基），オランダ（GLCMを48基），ベルギー（GLCMを48基）と，欧州の同盟国に次々と配備したのである．中川（2009）を参照のこと．

参考文献
伊藤裕子「太平洋条約（パシフィックパクト）」構想の変容　アジア太平洋地域安保統合への動きとフィリピン・イニシアチブ 1949-1951」『亜細亜大学国際関係紀要』10巻，亜細亜大学国際関係研究所編，2001年．
倉前盛通『ゲオポリティク入門』春秋社，1982年．
スパイクマン，ニコラス・J.『平和の地政学』奥山真司訳，芙蓉書房出版，2008年．
曽村保信『地政学入門：外交戦略の政治学』中央公論社（中公新書）1984．
ゼイハン，ピーター『地政学で読む世界覇権2030』木村高子訳，東洋経済新報社，2016年．
中川八洋『地政学の論理』徳間書店，2009年．
半藤一利『日露戦争史』（1）（2）（3）平凡社，2012年．
フリードマン，ジョージ『ヨーロッパ炎上：新・100年予測　動乱の地政学』夏目大訳，早川書房，2017年．
細谷雄一『安保論争』筑摩書房（ちくま新書）2016年．
松田春香「東アジア前哨国家による集団安全保障体制構想とアメリカの対応　太平洋同盟とアジア民族反共連盟を中心に」『アメリカ太平洋研究』5，東京大学大学院総合文化研究科附属アメリカ太平洋地域研究センター，2005年．
Blouet, B. W., "Halford Mackinder and the Pivotal Heartland," In Blouet, B. W. ed.,

Global Geostrategy: Mackinder and the Defense of the West, Frank Cass, 2005.

Devetak, R., A. Burke, and J. George, eds., *An Introduction to International Relations*, Cambridge University Press. 2011.

Evans, G and J. Newnham, *The Penguin Dictionary of International relations*, Penguin Books, 1998.

Kaplan, R. D., *The Revenge of Geography*, Brandt & Hochman Literary Agents, Inc, 2012.

Mackinder, H. J., *Democratic Ideals and Reality: A Study in the Politics of Reconstruction*, Constable, 1919.

Sloan, G., "Sir Halford J. Mackinder: The Heartland Theory Then and Now," In Gray, C. S. and G. Sloan eds., *Geopolitics, Geography, and Strategy*, Frank Cass, 1999.

Parker, W. H., *Mackinder: Geography as an Aid to Statecraft*, Clarendon Press, 1982.

Spykman, N. J., *America's Strategy in World Politics: The United States and the Balance of Power*, Harcourt, Brace and Company, 1942.

Spykman, N. J., *The Geography of the Peace*, Harcourt, Brace and Company, 1944.

Strange, S., *States and Markets*, Pinter, 1988.

Strausz-Hupe, R., *Geopolitics, The Struggle for Space and Power*, G. P. Putnam & Sons, 1942.

第Ⅰ部

アメリカ・ファーストと新しい国際秩序

第2章

米国が築いてきた第二次世界大戦後の国際社会体制

　東西冷戦期，米国は拡大する共産主義ブロックに対抗し，世界各地の同盟国と安全保障体制を構築した．日本，韓国，台湾，東南アジア諸国等に米軍を駐留させて，同盟国の防衛力を肩代わりした．米軍の駐留は，米国自身と同盟国の安全な石油・ガスの確保のためという意味もあった．加えて，米国は同盟国からの輸出品を受け入れた．同盟国は，防衛予算の負担が軽減されて工業化を果たし，経済成長を実現した．本章は，この米国が築いた第二次世界大戦後の国際社会の体制を整理してみたい．

　米国が築いた国際社会体制は，元々東西冷戦期に拡大する共産主義ブロックに対抗するためのものであった．まず米国は，地政学的に重要な位置にある国をいくつか特定した．そして，それらの国に対して「ソ連が侵略してきても米国が守る」という約束をした．第二次世界大戦で荒廃した国々は，自ら国を守る軍事力を完全に失っていた．また，米国はそれらの国に経済復興のための巨額の援助を行うことも約束した．ソ連からの独立を維持するには，米国から軍事的，経済的に守ってもらうこと以外の選択肢はなかった（ゼイハン，2016, 121-127）．米国はこうして，戦略拠点に同盟国を置くことに成功した．

　米軍は，世界各地に展開し，ソ連の軍事的脅威から領土を守るための同盟国の安全保障をほぼ肩代わりすることになった．同時に，同盟国の領土の上で，ほぼ無制限に米軍を展開できる自由を得た．例えば，朝鮮戦争やベトナム戦争では，同盟国の領土内でありながら，米軍が主力となり，同盟国を従える形で，共産主義ブロックと直接戦ったのである（中川，2009, 209-235）．

　1960年代以降，米ソの核開発競争が激しさを増すと，同盟国を米国の「核の傘」の下に置いた．前述の通り，第1章で取り上げたように，1980年代には，ロナルド・レーガン大統領によって，パーシングⅡ（弾道ミサイル）と地上発射型トマホーク（GLCM，巡航ミサイル）を西欧の同盟国に配備し，全てがソ連に

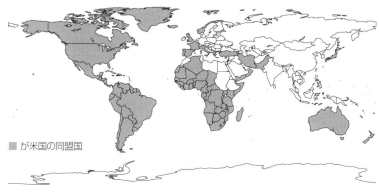

図2-1　東西冷戦期の米国の同盟国

向けられた．ソ連は欧州戦域の主戦場になるが，米国は戦場から全く安全な位置にあるという地理的非対称性が生じたことで，米国は欧州における「戦域核戦争」の主導権を握り，ソ連に対する圧倒的な軍事的優位性を獲得することに成功した（中川，2009, 195-208）．これは後に，東欧民主化，ドイツ統一，ソ連崩壊への伏線となったといわれている．

　また米国は，同盟国を守る以上の軍事力を提供した．世界的に展開できる唯一の海軍を提供して，米国自身と同盟国が安全に石油・ガスなど天然資源を確保できるために，世界の全ての海上交通路を防衛した．それまで，ほとんどの国家は，公海上での商人とその貨物の護衛に割くために，海軍力を強化する必要があった．しかし，米海軍から輸送路の保護を得られるようになった同盟国は，せいぜい自国の沿岸線をパトロールする程度の，小規模な海軍を維持するだけでよくなった（ゼイハン，2016: 128）．

　更に米国は，資源の安全な確保を保障した同盟国に対して「工業化」を促した．そして，その工場で生産された品物を，「米国市場」へどんどん売らせて，同盟国を経済成長させた．同盟国を経済的に強化することで，共産主義ブロックに対する盾にしようとしたのである．米国が同盟国を豊かにしようとしたのは，第二次世界大戦で荒廃したこれらの国で貧困が広がれば，政府に対する不満から国内に共産主義が蔓延する懸念があったからである（Sant'Anna, 2015）．世界で唯一，戦場となることを逃れた市場であった米国市場で，同盟国は望み

のままに金を稼ぐことができた．

　興味深いのは，最初に米国が接近したのが，かつての敵国だった日本とドイツだったことだ．第二次世界大戦後，米国は当初，日本とドイツが再び軍事大国化することを防ぐために，再工業化は行わない方針だった．その方針が変わったのは，1950年の朝鮮戦争の勃発であった．日本は，自由主義圏と共産圏によって南北に分断された朝鮮半島に近接し，アジアにおいて共産主義ブロックと対峙する前線となった．一方，ドイツは自由主義圏と共産圏に分断されて，西ドイツはより直接的に共産主義ブロックと向き合う最前線となった．米国は，両国を再度工業化して防衛力を強化することに方針を転換した（ゼイハン，2016：129）．

　それは，日本とドイツがまさに「奇跡的な高度経済成長」を成し遂げる契機となったのである．そもそも，後発の帝国主義国だった両国が第二次世界大戦を始めた最大の理由は，新たな資源と市場へのアクセスを確保するためであった．日本は中国の労働力と市場，そして東南アジアの資源を求めようとした．ドイツはポーランドの農業生産，低地諸国の資本，中央ヨーロッパの石炭，そしてフランスの市場を欲しがった．その結果，どちらも第二次世界大戦で完膚なきまでに叩きのめされて「敗戦国」となったが，その「戦勝国」の米国から，全てを奪われるどころか，元々望んでいたのものよりはるかに大きな経済的利益を提供されたのだ．その上，自力では決して確立できなかった完ぺきな安全保障体制を米軍から提供された（ゼイハン，2016：129-30）．これを「奇跡」と呼ばずに，他に奇跡と呼べるものがあるだろうか．

　米国市場で金儲けをしたがった国は，日本，ドイツだけではなかった．韓国，台湾，オセアニアの諸国，北米大陸，西ヨーロッパ，そして後には共産主義の大国である中国までが，米国市場に参加した．第二次世界大戦後，世界は人類史上先例のない経済成長を実現した（中野，2016：457-460）．ゼイハンは，多くの国が米国の同盟国になることで得たメリットを以下の通り整理している．

- フランスとドイツは，お互いに相手を警戒して武装する必要がなくなった．
- スウェーデンやオランダなどの中規模の国家は，貿易に焦点をあてて自国の強みを活かすことに集中できるようになり，貿易には最小限の努力を割

くだけでよくなった．
- 世界中の貿易路の安全が保障されたことで，さまざまな土地を占領する必要がなくなった．最古の小麦生産地であるエジプトは，過去2000年で初めて，自由に息をつけるようになった．
- 世界中に散らばるヨーロッパの植民地が解放された．東南アジア諸国連合（ASEAN）を設立し，独自の自由貿易ネットワークを形成した．
- 日本はもはや東アジア沿岸地域を搾取する必要がなくなった．アメリカの安全保障下で，韓国，台湾，シンガポールの三国が世界で最もダイナミックな経済国として台頭した．中国はその歴史上で初めて，外部の干渉のない安全な環境で国の基盤を固めることができた（ゼイハン，2016: 135-7）．

　要するに，日本，ドイツのみならず，米国の同盟国は，自ら市場を開拓したり，自国の貿易活動を守るために軍事力を強化する必要から解放された．特に，それまで歴史的にずっと敵対関係にあった隣国とも，同じ米国の同盟国として友好国となった．

　米国が築いた第二次世界大戦後の国際秩序の真の意義を端的に言えば，現在，我々が謳歌している豊かさと安全は，人類の歴史上，「奇跡」と呼んでもいいことだということだ．そして，それは同盟国が自らの力で勝ち取ったものだとはとても言えない．米国によってもたらされたものである．米国がそれをやめるといえば，あっという間に崩壊し，世界は再び領土，資源，市場を獲得し，守る競争の時代に戻り，全ての国が競争に勝つために，軍隊を強化しなければならなくなるということだろう．

　次章からは，より詳細に，米国が世界システムを構築し，それが今日まで続いてきた過程を振り返っていく．

参考文献

ゼイハン，ピーター『地政学で読む世界覇権2030』木村高子訳，東洋経済新報社，2016年．
中川八洋『地政学の論理』徳間書店，2009年．
中野剛志『富国と強兵：地政経済学序説』東洋経済新報社，2016年．
Andre Albuquerque Sant'Anna, "A Spectre Has Haunted the West: Did Socialism Discipline Income Inequality?," *MPRA Paper*, No. 64756, June, 2015.

第3章

石油を巡る国際関係の歴史

 本章は，米国がこれまで築いてきた国際秩序が，現在大きく変化している背景に，米国が石油の輸入国から輸出国に変わる「シェール革命」があるという，本書の問題意識を掘り下げて考えていくことのベースとして，まず石油を巡る国際関係の歴史を振り返ってみたい．

3.1. 石油の時代の始まり

 1859年，ドレーク「大佐」が，米国ペンシルベニアのタイタスビルで最初の石油地下鉱脈を発見した．これが石油の時代の始まりである．石油産業はまず，米国で発展した．多くの人が「一攫千金」を狙って，石油発掘に邁進した．石油生産は，1860年には年間約10万トン未満だったが，1862年には年間約50万トンにまで急激に増加した．

 南北戦争（1861～65年）の終結後，米国は急激な産業発展の時代に入り，石油企業が乱立する状態になった．1870年，ジョン・D．ロックフェラーが「スタンダード石油」を設立し，10年後には石油精製，輸送，流通，取引量の80～90％を押さえる支配的立場になった．1899年，スタンダード石油は持ち株会社になり，約70社（生産3社，精製9社，パイプライン12社，鉄道1社，流通6社，天然ガス10社，海外15社）を傘下に集約するグループ企業となった．

 1911年，独占禁止法によりスタンダード石油グループは34社に分割されて解散した．分割された会社は，現在の米国の石油産業を構成する企業体の源流となっている[1]．また，ガルフ石油，テキサコ，コンチネンタル石油，サン石油など，スタンダード石油の圧倒的なパワーに対抗する勢力もこの時期に誕生した．また，後に記すように欧州の石油企業も米国内の石油市場に参入した．この時代，米国は世界最大の産油国であり，石油市場であった（Yergin, 1991: 19-39）．

舞台を欧州に移したい．その中心は，ロシア・カスピ海（現在のアゼルバイジャン）に面するバクー油田である．バクー油田は，18世紀前半に発見された．帝政ロシアは特別な賃貸制度を導入し，バクー油田の生産・販売を望む者に油井を貸し出して，開発を進めた．1877年には，高い輸入関税を設定し，米国スタンダード石油からの灯油の輸入を制限し，ロシア国内の石油産業を守った．

1887年，ロバート・ノーベル（ノーベル賞の創始者アルフレッド・ノーベルの兄）がバクーにあった石油精製所を買収し，ロシア北方での販売を開始したことから，ロシア国内のみの零細な産業であった石油産業の，欧州での急成長が始まった．

バクー油田の生産はすぐに年間20万トンになった．これは，当時世界最大の産油国だった米国の原油生産量の3分の2に達していた．そこに目を付けたのが，欧州最大の財閥・ロスチャイルド一族であった．ロスチャイルド財閥は，バクーから黒海沿岸のバトゥーミまでの鉄道を建設し，1886年に「カスピ海・黒海石油会社」を設立した．これによって，バクー油田の石油のヨーロッパへの生産・輸出が実現した．これで，バクー油田の石油は，欧州市場において米国産（スタンダード石油）と競合する関係となった．1892〜1902年，ロシアは世界一の石油生産国となっていた．そして，そのほぼ全量がバクーとその周辺地域の生産であった．当時，まだ中東は本格的な石油生産が始まっておらず，米国，ロシアで全世界の石油生産の約95％を占めていた．

ここで，ロイヤル・ダッチ・シェルの創始者であるマーカス・サムエルを取り上げる．ユダヤ人であるサムエルの実家は英国の小間物屋であった．サムエルは商売を継ぐために，海外に修行に出された．近頃はあまり見なくなったが，渋谷駅前など，日本の都市の駅前にアクセサリー類を並べた若い外国人の露天商がよくいたものだった．あれは子息に商売を身体で覚えさせるために課しているユダヤ人社会の伝統的な修行法である．サムエルも，修行の旅に出た．たどり着いたのが，現在の横浜港近くの海岸だった．そこで見つけたのが，美しい貝殻の数々だった．サムエルは，それらを貝殻装飾品として売ることを思いついた．このように，サムエルは極東の貝殻装飾品の輸入業から身を起こした．だから，現在でもロイヤル・ダッチ・シェルのロゴは「貝殻」なのである．

1869年，スエズ運河が開通すると，サムエルはロシア産石油をアジアで流通

図3-1 ロイヤル・ダッチ・シェル社のロゴ

させることを画策した．ロスチャイルド財閥と組んで，急拡大する新しいビジネスである先油を独占する米国のロックフェラー財閥・スタンダード石油に対抗することを考えたのである．1892年，サムエルのタンカーは，バトゥーミでバクー油田の石油を積み込んで，スエズ運河を通過し，遂にバンコクに到着した．これが「シェル石油」の誕生である．

サムエルは，更にビジネスを展開するために，バクー油田以外の油田開発を始めた．リスクが大きなロシア産石油への依存を減らそうとしたのである．そして，1897年，インドネシア・ボルネオ島東部で油田を発見した．

また，インドネシアに対しては，オランダが国策として石油開発を進めようとした．蘭領インドシナの元総督，中央銀行，オランダ国王ギョーム三世の後ろ盾で「国営石油会社ロイヤル・ダッチ」を設立したのである．

シェルとロイヤル・ダッチは20世紀初頭まで現在のインドネシア付近の蘭領の油田を巡って競合関係にあった．しかし，1890年に両社は統合し，「ロイヤル・ダッチ・シェル」となった．インドネシア・スマトラ島で油田を本拠地として，ロイヤル・ダッチ・シェルは米国市場への進出を開始した．

そして，まもなく蘭領東インドからカリフォルニア州へ輸入したガソリンの販売網を確立した．また，米国内での石油の採掘権，生産権も取得し，オクラホマ州の独立業者を傘下に置いて新会社のロクサ石油に集約した．ロイヤル・ダッチ・シェルは米国市場を支配してきたスタンダード石油と互角の力を得ることになった．一方，欧州においても，1911～12年にロスチャイルド家の持つロシア・バクー油田の利権を，株式交換で獲得した．一挙に，石油の米国王者・スタンダード石油に対して，ロイヤル・ダッチ・シェルは欧州の王者として君臨するようになったのであった（ダルモン・カリエ，2006: 13-51；ゴールドマン，2010: 40-63）．

3.2. 第二次世界大戦まで——石油の戦略物質化とセブンシスターズによる支配の完成

（1） 英国による石油の戦略物質化と中東への進出開始

20世紀初頭に生産・販売が急拡大した石油が，国際政治の動きに大きな影響を与える「戦略商品」となったのは，20世紀初頭，英国が石油利権を求めて中東に進出を始めた時である．

1901年に英国人のウィリアム・ノックス・ダーシーがペルシャ国王から石油採掘権を獲得した．ダーシーは，ビルマ石油を協働事業主として，アングロ・ペルシャ石油を設立した．「中東の石油」の戦略性に最初に目を付けたのは，当時海軍大臣であったウィンストン・チャーチルだった．1908年，チャーチル海相とジョン・フィッシャー提督は，英国海軍全艦の動力源を石炭から石油に切り替えた（マクニール，2002: 376）．英国内で石油が全く採れなかったにもかかわらずのチャーチルの決断は，英国が石油利権を求めて世界中に出ていくことを決定するものでもあった．1914年には，英国政府はアングロ・ペルシャ石油の株式の51％を引き受けて，国策企業化した．これ以降，石油が「戦略物資化」していくことになったのである（瀬川，2008: 154）．

（2） 第一次世界大戦と英国の「三枚舌外交」

第1章で論じたように，20世紀初頭にドイツが中東での権益確保を目指した「ベルリン・バグダッド鉄道敷設計画」を立案した．当時，工業化を推進するための動力源として，石炭に代わるものとなってきた石油の確保の重要性が増していたが，独自の石油権益を持たないドイツ国内の石油販売の90％以上が米国のスタンダード石油系のものであった．「遅れてきた帝国主義国」だったドイツにとって，石油権益獲得は切実な国家目標となった．これを英国が警戒したことが，第一次世界大戦の真の原因ではないかと考えられている．

英国が石油権益を狙ってペルシャに進出したのは，第一次世界大戦まで，中東の大部分がオスマン・トルコ帝国領だったからであった．第一次世界大戦，オスマン・トルコはドイツ側について，英国が加わる連合国と戦うことになっ

た．英国は第一次世界大戦中から，オスマン・トルコを倒した後に，当時油田が次々と発見されつつあった中東を支配するための外交的な布石を打った．それが悪名高い「マクマホン書簡」「バルフォア宣言」「サイクス・ピコ協定」の「三枚舌外交」であった．

「マクマホン書簡」は東アラブ地方にアラブの独立国を作るという約束であった．だが，その実態は，オスマン・トルコと戦うために，英国がトルコの支配下にあったアラブ人を味方につけるための工作であった．英国の外交官マクマホンは，アラブの有力者フセイン（イスラム教創始者・マホメットの子孫）へ手紙を書いた．その内容は，戦後，東アラブ地方にアラブの独立国を作るという約束であった．英国の約束を信じたフセインは，1916年6月，アラブの独立を宣言し，トルコに対する「アラブの反乱」を起こした．この「アラブ反乱軍」に加わって，ダマスカス攻防戦を指揮して勝利に導く「アラビアのロレンス」こと，トーマス・ロレンスの話は，ハリウッド映画となり大ヒットし，世界的に有名となった．ロレンスは考古学者であったが，その正体は英国軍の情報将校であった．映画「アラビアのロレンス」の冒頭のシーンにもあるように，ロレンスは大戦終結後，オートバイ事故で「怪死」する．そして，「マクマホン書簡」の約束は守られることはなかった．

「バルフォア宣言」とは，1917年11月に「中東に英国寄りの国家ができれば，英国の国益が守られる」と考えたアーサー・バルフォア英国外相が，ユダヤ人の「シオニスト・グループ」代表に送った書簡のことである．「ユダヤ人」とは，「ユダヤ人の母親から生まれた人，あるいはユダヤ教に改宗した人で，ほかの宗教を信じていない人」である．2000年前にはパレスチナに王国を築いていたが，1世紀にローマ帝国によって滅ぼされ，離散（ディアスポラ）した．中世以降，ユダヤ人は自らの国を持たないまま，欧州で金融業などに従事して富を築く一方で，迫害され続ける立場にあった．その様子は，名作「ベニスの商人」で描かれている．「シオニズム運動」とは，「聖地エルサレム（シオンの丘）に帰って自分の国を作ろう」というユダヤ人の運動であった．「バルフォア宣言」はユダヤ人に対して「パレスチナにユダヤ人国家を建設する」ことを約束していた．これ以降，ユダヤ人は次々とパレスチナを目指すようになった．

そして，「サイクス・ピコ協定」とは，1916年5月に英国とフランスの間で

調印された協定で,第一次世界大戦終結の後,オスマン・トルコの支配地域を英国とフランスで分け合うという密約であった.実際に大戦後,英仏はこの秘密協定に基づいて,中東を分割支配した.イラク,クウェートらは英国の植民地となり,シリアなどはフランスの植民地となった(広瀬, 2008; Yergin, 1991: 151-167).

(3) 第一次世界大戦後の中東諸国とセブンシスターズの台頭

英仏が中東に勝手に国境線を引く事態に対して,アラブ人は激しく反発し,反乱を起こした.英国は妥協せざるを得なくなり,中東を植民地として直接統治することを諦めた.アラブ人国家を作ることを認め,間接的に支配することにしたのである.その結果,フセインの長男アリはヒジャズ国王,二男アブダラはヨルダン国王となり,フセインの三男ファイサルはイラク国王となった.イラクでは,アングロ・ペルシャ石油がバスラで油田を開発した.

また,1925年に英国は諜報機関の工作によってカジャール朝・ペルシャを崩壊させて,親英のイラン・パーレヴィ王朝を誕生させた.アングロ・ペルシャ石油は「アングロ・イラニアン石油」(後のBP)に改称された.一方,戦後に植民地大臣となったチャーチルによって,パレスチナを英国の植民地とすることが決定された.「バルフォア宣言」で約束されたユダヤ人国家は建設されなかったのである.

更に,「マクマホン書簡」で,フセインに対して「アラブ諸国の独立を承認」と約束した.ことに豪族・イブン・サウドは激しく反発し,1932年にフセインの長男アリ(ヒジャズ国王)を征服し,「サウジアラビア」を建国した.サウジアラビアには,英仏ではなく,米国が進出した.1933年,スタンダード・カリフォルニア(ソーカル)の子会社である採掘会社「カソック」は,イブン・サウド国王との合意書に調印し,サウジ東部の60年間の石油採掘権を獲得した.1936年,カソックはテキサコ(現シェブロン)と合併して「カリフォルニア・テキサス石油」となり,1944年,社名を変更し,アラビアン・アメリカ石油(アラムコ)になった(ダルモン・カリエ, 2006: 52-80).

1920~30年代,セブンシスターズと呼ばれる英米石油カルテルが形成されて,中東の石油利権を完全に支配した.セブンシスターズは以下の7社であった.

1）スタンダードオイルニュージャージー（後のエッソ，1999年にモービルと合併しエクソン・モービルに）
2）ロイヤル・ダッチ・シェル（オランダ60％，英40％）
3）アングロ・ペルシャ石油（後のブリティッシュペトロリアム，2001年に会社名の変更でBPに）
4）スタンダードオイルニューヨーク（後のモービル，1999年にエクソンと合併してエクソン・モービルに）
5）スタンダードオイルカリフォルニア（後のシェブロン）
6）ガルフオイル（後のシェブロン，一部はBPに）
7）テキサコ（後のシェブロン）．

(広瀬，2008（上）：166-167)

　この時代になると，石油と外交が不可分の関係になった．先進工業国は戦争遂行のために石油を必要とした．石油の獲得そのものを目的に戦争を行うことになった．

　セブンシスターズの石油権益支配に対抗する存在になったのがナチス・ドイツと大日本帝国だった．この両国は，産業・軍事面での野心を実現するための油田を国内に持っていなかったことが問題となった．第一次世界大戦の敗戦国・ドイツに手を差し伸べたのはソ連だった．1922年，ドイツとソ連が二国間協定（ラパッロ条約）を締結した．ソ連は，ドイツが第一次世界大戦の敗戦によって負っていた天文学的とも言われた巨額の賠償請求を免除した．一方，ドイツは協定に基づいて，社会主義国家建設を急ぐソ連に，工業技術などを提供して協力した．

　1901年の時点では，ロシアは世界一の石油生産国だったが，それ以降，ロシアの石油生産は停滞していた．1901年には，ロシアの石油生産は1198万7000トンだった（米国は948万トン）．しかし，米国が毎年生産量を拡大し，世界一の生産国の座を奪還したのに対して，ロシアは1929年まで，1901年のレベルを超えなかったのである．

　ロシア石油生産が停滞した原因は，自国で掘削・精製の油田開発能力を向上させられなかったからである．ロシアでは，バクー油田のような重要な油田は，

ノーベル兄弟のような外国人によって開発された．その結果，ロシア企業は自前での油田開発に精製・掘削技術の向上に失敗した．その上，1910年ごろからマルクス主義運動の勃興による労働不安と社会不安が広がり，生産現場ではストライキが頻発した．ロシアの生産量は，全盛期の半分まで減少した．1917年に「ロシア革命」が起こり，ソビエト連邦が成立すると，全油田が「国有化」された．しかし，ソ連はすぐに国有化の方針を転換せざるを得なくなった．国有化した油田を自ら適切に運用する能力がないことを悟ったのである．そこで，アングロ・イラニアン石油，ロイヤル・ダッチ・シェルなど外資を油田開発に再び招くことになった．英国にとっては第一次世界大戦で失っていた地政学上の重要拠点であるバクー油田の権益の奪還は望むところであった．

英国は，第一次世界大戦で失った，独ソの間に存在するバクー油田の権益をロイヤル・ダッチ・シェルに掌握させて，両国の間に割って入ろうとしたが，うまくいかなかった．ソ連は外資の技術を得て石油生産を回復すると，再び石油企業を国有化して，外資を追い出してしまったのである．

また，独ソの蜜月関係は長くは続かなかった．前述の通り，ドイツは地政学の都合のいい解釈に基づいて，ユーラシア大陸の制覇を目指し，ソ連への侵略を開始した．しかし，ランドパワー・ソ連の底力を見誤り，戦線を延ばしすぎたドイツは，スターリングラードでの壊滅的な敗北を喫し，第二次世界大戦の敗戦国となった（Yergin, 1991: 311-332）．

興味深いのは，この時期のソ連の行動は，現在のロシアにも通じていることである．ドイツとロシアとは歴史的に付いたり離れたりの関係であるし，ロシアと英国はロシア国内の資源開発を巡って，招かれたり追い出されたりを繰り返している．それは，今日に至るまで続くロシアのエネルギー政策の内情に関係している．ロシアの石油企業にとって，基本的には外国の援助は重要である．まず，掘削・採取・精製の各段階での技術援助を必要としている．また，外国市場での販売も，外資に依存することが多い．西側諸国の多国籍型資本主義企業と提携を結び，販売ネットワークをつくることと，共産主義のイデオロギーとは関係がなかった．企業だけではなく，ムッソリーニ，ヒトラーとも協力したのである．ただし，ロシア自身の企業が繁栄しはじめると，外国企業を追い払うことも繰り返している．しかし，ロシア企業だけでエネルギーの開発，販

売をする力はないので,また外資を招くことになる.この繰り返しなのだ.これは,現在のロシアの資源エネルギーを巡る行動と一致している（ゴールドマン,2010: 40-63）.

一方,日本も当時,国外で石油権益を探す必要があった.日本の狙いは,東南アジアの英仏蘭の石油利権であった（Yergin, 1991: 289-310; ゼイハン,2016）.まず,「日独伊三国同盟」「日ソ中立条約」を締結することで,北方からのソ連の脅威を抑えた.その上で,ハワイの米国太平洋艦隊をせん滅する奇襲攻撃「真珠湾攻撃」を行ったうえで,アジア南東部の支配権確立を目指した.だが,国力が圧倒的に違う上に,地政学的にどこからも攻撃されることのない「新世界」に位置する米国との戦争は日本にとって無謀であった.敗戦時,日本の航空隊は燃料を完全に使い果たしていた.樹液からも油を取っていたという話があるほど,ギリギリまで追い詰められての敗戦であった.

3.3. 第二次世界大戦後,産油国の「資源ナショナリズム」と覇権国・米国の戦略

第二次世界大戦後,戦場となった英仏の力が衰えた一方で,直接戦場にならなかった米国は強大な国となった.世界の基軸通貨は,英ポンドから米ドルに代わり,米国が英国に代わって「覇権国家」となるブレトンウッズ体制が確立した.英国は,ほとんど帝国としての性質を失ったように見えたが,中東の石油利権に関しては,米国の助けを借りながらイラン,エジプト・スエズ運河など戦略拠点の支配を継続しようとした（ダルモン・カリエ,2006, 83-87）.政治的な支配はなくなっても,「もっと儲かる世界帝国」になるよう,植民地を再編成しようとしたのだ.だが,産油国や重要拠点の植民地が,次々と欧米諸国とセブンシスターズの支配から脱却しようと試みた（Yergin, 1991: 391-412）.

（1）「イラン危機」

第二次世界大戦後も,イラン経済はアングロ・イラニアン石油を介した英国の実効支配下にあった.だが,1951年,モハメド・モザデクが首相に就任すると,「石油国有化法」を制定し,アングロ・イラニアン石油を国外に排除し,

イラン国営石油会社を設立しようとした．英国は，日本など同盟諸国にイランからの石油輸入禁止を要請し，海上封鎖でイランからの石油輸出をストップさせた．また，英国の銀行にあるイランの海外資産を凍結した．1953年，英SISと米CIAはモザデク政権を転覆した．パーレビ国王は英米に協力したが，アングロ・イラニアン石油は弱体化し，米国が進出していった．イランの石油開発は，イラン国営石油会社が油田，石油関連施設の所有権を持ち，英国のアングロ・イラニアンが40％，シェル14％，米国の石油会社が35％（ニュージャージースタンダード，モービル，カリフォルニアスタンダード，ガルフ，テキサコが各7％）の国際コンソーシアムが開発する体制になった（ダルモン・カリエ，2006，88-92；広瀬，2008（下）：94-118）．

（2）「スエズ危機」

1956年には「スエズ危機」が起こった．スエズ運河は英国が事実上支配してきたが，エジプト大統領ナセルがスエズ運河国有化を宣言し，エジプト政府は欧州向け石油輸送を統制しようとした．石油の輸送量が急騰し，欧州経済に大きな影響を与える可能性がでたため，英仏軍がパラシュート部隊を投入して運河を占領した．エジプトがそれに対抗して，船舶を運河に沈めたため，一時通航不能になった．しかし，最終的に米国が英仏に協力的な姿勢を示さず，英国はスエズ運河の支配権から撤退することになった（ダルモン・カリエ，2006，94-96；Yergin, 1991: 461-500）．

（3）エンリコ・マッティとイタリア国営石油会社（ENI）

このように，欧米による石油の支配に対抗しようとする中東に近づく勢力が次々と現れるようになった．まず，「イタリア国営石油会社」（ENI = Ente Nazionale Idrocarburi）会長のエンリコ・マッティである．イタリアは，英米メジャーから石油を輸入しなければならないため，イタリアの国際収支は常に赤字だった．

「大きな犬どもが鉢の中でえさを食べているところに一匹の小猫がやってきた．犬どもは小猫を襲い，投げ捨てる．我々（イタリア）はこの小猫のよ

うなものだ．鉢の中には皆のために石油がある．だがあるやつらは我々をそれに近づけさせたがらない」

彼は，よくこのたとえ話をすることで，当時のイタリアの貧困層から絶大な人気を集め，政界からも援助を受けた．また，マッティは「セブンシスターズ」の名付け親だったという．それは，このカルテルに従属しないという信念を持っていたことの証だった (Yergin, 1991: 483-487)．

イタリア経済を復興させるため，ENI はイタリア独自のエネルギー資源開発を目指して，中東の最貧国や共産圏の国々と協定を結んだ．1957年，彼は極秘裏に対仏独立闘争をしていたアルジェリア独立派に対して融資を開始した．また，チュニジアやモロッコとも協定を結んだ．これらの国の石油採掘に関して「フィフティ・フィフティ・パートナーシップ」を提唱した．これは，それまでメジャーが結んできた協定よりも，はるかに産油国側にとってメリットがあるものであった．

また，モザデク首相のイランに対しては，ENI とイラン国営石油会社が試掘・採掘のための子会社を設立し，ジョイント会社の社長はイラン側がなり，役員数は ENI とイラン側で半々とすることを提案した．また，石油が出なくても，負担は全て ENI が持つなど，採掘にかかわるリスクは全て ENI が持ち，石油が出た場合の利益は，イラン側75パーセントに対し ENI 側が25パーセントとするなど，よりイランに有利な協定であった．これは，中東全体の石油採掘契約の新基準となった．それまでのメジャーだけが儲ける採掘協定はなくなり，メジャーの中東支配の一角を崩すことに成功した．

一方，マッティは1959年，ソ連と交渉を開始し，市場価格より低い値段での石油輸入契約を結んだ．当時，イタリアの石油市場を独占していたエクソンと BP に対して，マッティは価格競争を演じた．

1960年8月，マッティとの競争に巻き込まれたメジャーは，産油国側に相談なしに石油の買取価格を引き下げてしまった．これが，産油国の猛反発を招き，後述する石油輸出国機構（OPEC）の結成を誘発してしまった．

しかし，マッティの行動が，中東の産油国を支配して同盟国への石油の安定供給を図り，ソ連を中心とする共産圏と対抗しようとしていた米国を強く刺激

したのは，想像に難くない．1962年10月27日，自家用機の墜落によって，マッティは死亡した．墜落原因に謎が多い「怪死」だと言われている（ダルモン・カリエ，2006：92-94；ゴールドマン，2010：64-93）．

（4） 東西冷戦期のロシアのエネルギー政策

第二次世界大戦終結時，ソ連の油田の多くは大損害を受けていた．1946年の原油生産量は2200万トンで，戦争前の3割減に落ち込んでいた．戦後，再び，外国の援助で石油開発を始めることになる．大戦で破壊された主力のバクー油田の復興だけではなく，北方のヴォルガ・ウラル地域の開発に向かい，石油の増産を目指した．東西冷戦になり，ソ連は米国など西側陣営に対抗するために，製造業など経済の拡大，軍事力の拡大のために，石油の増産を必要としたのである．1960年代までは，順調に石油産出量が増加し，北方の油田は，大戦で破壊されたバクー油田を凌ぐ産出量を誇るまでになった．1960年代に，ヴォルガ・ウラル地域の産出量が低下し始めると，今度は西シベリアの開発を進めて，その穴埋めをしている．

ソ連にとっては，石油は単なる経済・軍事を拡大するための資源ではなく，東西冷戦を戦い抜くための「外交の武器」という側面があった．ソ連はこの時期，キューバ，インド，セイロン（現スリランカ），パキスタン，ギニア，ガーナなど「第三世界」の国々に接近した．これらの国々は，米英仏など西側諸国の旧植民地であった．第二次世界大戦後，独立を果たしたが，旧宗主国に完全に逆らうことはためらっていた．特に，経済面での旧宗主国の実質的な支配は続いていた．石油権益を「セブンシスターズ」に握られており，石油供給ストップという報復措置に出られるのを恐れていたのである．

しかし，1960年代になると，ソ連はこれら第三世界のリーダーに次々と接近した．その交渉のカードは，ソ連からこれらの国々への石油供給の保証であった．その結果，セブンシスターズの報復力は低下した．第三世界の国々は，旧宗主国である西側諸国から，政治的独立だけではなく，経済的にも自立性を高めていくことになった．

また，ソ連は「セブンシスターズ」に対して，直接的に挑戦していった．前述のエンリコ・マッティ率いるイタリア国営石油会社（ENI）は1957年，前述

のモザデク首相のイランから石油を独占的に買い入れる契約を結んでいたが，1960年にはソ連からイタリアへの石油輸出の契約も締結している．そして，ソ連はENIを通じて，欧州の西側諸国で「セブンシスターズ」よりも石油の安売りを展開した．これは，米国の東西冷戦の戦略の根幹を突くものであったといえる（ゴールドマン，2010: 64-93）．

（5） 石油輸出国機構（OPEC）と石油ショック

1960年，サウジ，ベネズエラ，クウェート，イラン，イラクの産油国5カ国で，OPEC（石油輸出国機構）が創設された．前述の通り，メジャーが産油国の了承なしに石油の買取価格を発表したことに，産油国が強い不満を抱いたことがきっかけとなった．OPECの目的は，国際石油資本などから産油国の利益を守ることである．産油国が共同で石油の供給をコントロールし，石油価格を高く保つことで，国際社会での強い影響力を得ようした．現加盟国は，徐々に増えて，14カ国となっている[2]．

OPECの結成で，次第に原油価格の決定権が，メジャーからOPEC側に移っていった．当時，OPECの原油生産量が世界生産の60％に達していたことで，OPECによる石油の需給調整が強い政治力を持つことになった．

OPECの台頭は，様々な産油国で，石油会社の国有化と外資締め出しの「資源ナショナリズム」の動きを誘発した．1972年，イラク政府が石油会社の国有化を発表し，英国（BP，シェル），アメリカ（エクソン，モービル），フランス（トタル）が石油プラントを喪失した．サウジアラビアでは，1962年3月，サウジアラビアのアハマド・ザキ・ヤマニ石油相が，サウジ政府のアラムコ事業参加の交渉を開始し，1973年，サウジ政府が25％経営に参加する「リヤド協定」が成立した．1980年には，アラムコの実質的な完全国有化を実現し，国営石油会社「サウジアラムコ」が誕生した（ダルモン・カリエ，2006: 81-118）．

OPECがその存在感を世界中に示したのは，1973年の第一次石油ショックである．10月に，エジプトがイスラエルに先制攻撃を仕掛けた第四次中東戦争勃発を契機として，中東6カ国はイスラエルを支持する米国，オランダ，ポルトガル，南アフリカ，ローデシア（現ジンバブエ）を標的にした生産削減と石油禁輸を実行した．中東6カ国は，先進工業国にイスラエルへの支援を断念させ

るため,「石油の圧力」をかけたのである.

12月には,原油価格は1バレル1.90ドルから9.76ドルへ約4倍となった.その結果,日本をはじめ世界中で「オイルショック」と呼ばれる経済の大混乱が起きた.OPECがメジャーを完全に排除して原油値上げを決定できたことで,完全に石油価格の決定権を握ることになった(岩間, 2010: 21-22).

また,原油値上げによってOPEC加盟国の原油収入は激増した.その収入は「オイルマネー」と呼ばれる巨額の資金となった.これが,世界の金融市場に流れ込んだことも,OPECの政治力を高める要因となった.

OPECの主導権を握ったのが,世界最大の原油生産国・サウジアラビアであった.ヤマニ石油相が主導権を握り,OPEC内の利害関係を調整し,原油需要に応じて加盟国の原油生産高を調整させることで需要と価格を統制し続けた(瀬木, 1988: 110-112; 岡倉, 2000; Yergin, 1991: 615-634).

当時のOPECの影響力の強さを示すものとして,筆者が子供の頃覚えているのは,両親が夕食の時に観ていたNHKの午後7時のニュースで,ヤマニ石油相の原油の需給や価格についてコメントが毎日のように報道されていたことだ.それは,現在であれば,FRB(米連邦準備制度)のジャネット・イエレン会長の世界経済の情勢についてのコメントが,毎日のようにNHKニュースで報道されるようなものであろう.

第二次石油ショックは,1978年10月の世界第2位の輸出国(当時)・イランの政情悪化によるストライキで石油価格が暴騰したことが発端となった.これに伴い,OPECも10％の値上げを決定した.1979年1月に「イラン革命」が勃発し,親米のパーレビ王朝が崩壊し,最高指導者ホメイニ師の下,イスラム教国となった.反米となったイランは,北海油田,アラスカ油田などの開発が進み,西側諸国への石油供給におけるOPECの役割が低下したことに強い危機感を持った.イランは,石油輸出を大幅に減らし,石油価格が更に急騰したことで,石油ショックが起こった.石油価格の暴騰は1980年まで続いた(岡倉, 2000; 岩間, 2010: 22-24).

(6) 米国の戦略と第二次石油ショック

このような産油国の自立の動きに対峙しながら,米国は第二次世界大戦後の

国際社会の体制を築いていった．米国は世界中に海軍を展開し，中東から自国及び同盟国向けの海上輸送路を防衛し，石油・ガスの安定的な確保を図ったのである．産油国との関係においては，産油国に油田の所有権を渡す一方で，米国はオイルメジャーの資金力と高い技術力を生かして，油田開発を請け負うことで，ギブ・アンド・テイクの関係を築いた（ダルモン・カリエ：2006, 119-138）．

1982年頃，第二次石油ショックの反動で，石油価格が暴落を始めた．石油ショックで打撃を受けた米国，英国，フランス，ドイツ，日本など先進国は，中東からの石油の輸入量を減らすことが目標となった．北海油田，アラスカ油田，メキシコ油田など中東以外の非OPEC加盟国での油田開発を推進されて，OPEC加盟国のシェアが下落した．また，西側諸国は石油備蓄を拡大する一方で，原子力，ガス，石炭などの石油の代替エネルギーの利用も進めることで，石油の消費量を減らした．その結果，世界の石油使用に供給過剰感が広がっていった．

これらの要因が重なることで，次第にOPECの石油価格に対する統制力は弱まった．OPECの求心力が低下し，加盟国が減産や原油価格設定に従わなくなっていった．最大の産油国・サウジアラビアが減産を続けることで，なんとか価格が維持される状況が続いた．しかし，サウジアラビアも1980年の1000万バレルから1985年に200万バレルへの急激な減産には耐えられず，1985年に増産を開始した．その結果，石油価格が大暴落し，OPECの価格決定力は完全に失われた（ゴールドマン，2010：64-92；藤，2005：120-122）．

（7）　ソ連崩壊と石油価格暴落の関係

この時期のソ連の石油輸出は，「機会平等」をもたらす壊し屋と例えられるかもしれない．前述の通り，それは「セブンシスターズ」の価格統制力を低下させることになった．しかし，一方で同じようなことをしようとしたOPEC加盟国の石油価格つり上げ努力にも制約を加えることになった．OPECは石油生産を制限して価格の統制を試みたわけだが，ソ連がそれに協力せず，増産を継続したため，石油価格つり上げの効果は減少してしまったのである．ソ連は，西側経済に打撃を与えたいと考えていると同時に，OPECが過度に政治力を持つ状況も作りたくなかったのである（ゴールドマン，2010：76-85）．

しかし，1980年代にこの状況は終わりを告げることになった．それは1981年，米国でウィリアム・ケイシーがCIA長官に就任した時に始まったと言われている．ケイシーはソ連の政治経済を詳細に分析した結果，ソ連を弱体化する最上の方法はエネルギー部門を弱体化させる手を打つことだと判断したという．具体的には，原油価格を下落させることで，石油産業の輸出能力を破たんさせて，食料や技術を輸入する代金である外貨を稼ぐのを阻止することを画策した．

米国は，密かにサウジアラビア首脳に，原油の生産量と輸出量引き上げを依頼した．前述の通り，サウジアラビアは1985年に石油の増産を開始するが，それはサウジアラビア経済の事情と，米国の思惑が一致したものとの指摘がある．1985年に1バレル50ドルだった原油価格は，1986年，1バレル25ドルに急落した．その結果，石油輸出への依存が高かったソ連経済は急激に悪化することになった．石油価格暴落は，大産油国であった共産主義ブロックの盟主，ソ連の経済に大打撃を与え，ソ連の崩壊の引き金の1つとなったとされているのである（Schweizer, 1994）．

3.4. 冷戦終結後の新石油秩序の形成

（1） 国際経済のグローバル化と新しいアクターの登場

東西冷戦が終結し，共産主義ブロックと対峙する必要がなくなった後，世界経済のグローバル化が始まった．それまで東西両陣営の下で成長が抑えられていた中国，東南アジア，東欧などが低い労働コストを武器に「世界の工場」として世界経済のプレイヤーとして，アフリカが新たな資源ソースとして登場してきたからである．

そして，米国と西側同盟国も活動範囲を劇的に広げていくことになった．東西冷戦期に地政学的重要拠点に展開された米軍のネットワークを，冷戦後もそのまま生かしつつ，それを冷戦終結で成長が新たに見込まれる地域にも広げていくことであった．その上で，ロンドン，ニューヨークに巨大金融機関を誕生させて，世界中の新たな成長拠点と油田に投資した．そして，従来同盟国を経済成長させるために，世界最大の米国市場への輸出を促進してきた．いわば「米国に食わしてもらう」ことで同盟国は成長してきたが，中国，東南アジア，

東欧などを同盟国・日本，英国，ドイツ，フランスなどの下請けとして米国市場に輸出する「サプライチューン」に加えることで経済成長させた．それは，これらの国々の民主化・市場経済化を進めるという戦略的意義もあった（中川，2009: 33-46）．

（2）「湾岸戦争」を契機とする米軍の軍隊派遣の拡大と「新石油秩序」の構築

1991年の湾岸戦争を契機に，米国は従来の「対共産主義ブロック」という目的を超えて，米軍を「世界の警察」としてこれまで派遣していなかった地域に展開するようになった．米国は，135カ国に軍隊を派遣した（奥村他，2009: 17）．

具体的には，中東に対して軍事協力を提供することで，OPECとの関係改善を図った．メジャーがサウジアラビア，カタール，クウェートなどを訪問して，共同開発体制を強化した．1997年の東アジア通貨危機に始まる世界的原油安で，産油国が財政危機に陥った際には，産油国の増産政策に協力したりもした（奥村他，2009: 40）．注目すべきは，イラン，イラクという欧米が「経済制裁」を課した国に対するアプローチだろう．イランは，1979年のイスラム革命でいったん英米系の石油資本を完全に追放した．その後，イランは「核開発疑惑」で欧米から経済制裁を受けているが，シェル，BP，トタルフィナエルフ，モービルらがイランと独自に油田開発参入の協議を開始し，対イラン経済制裁緩和を米政府に迫っていたという．

イラクのフセイン政権は湾岸戦争以来，国連の経済制裁を受けていたが，実際はロシア，フランス，中国，ドイツ，イタリアなどの石油資本に石油利権の供与を続けてきた．2003年の第二次イラク戦争は，米政府とメジャーが協議して開戦を決めたという噂が存在する．結局，ロシア，フランス，ドイツらは開戦に反対するなど国際社会の対応が割れたが，休戦後これらの国は利権を失い，米国は利権を回復している（奥村他，2009: 14-16）．

また，米軍の派遣拡大を背景に，メジャーなど国際石油資本の中東・北アフリカへの再進出が開始された．コロンビア，ナイジェリア，アンゴラ，赤道ギニア，イエメンなどで新たな油田探策を始めたのである（奥村他，2009: 60-63）.

（3） 国際金融界のグローバル展開の開始

　冷戦終結は，国際金融界にも大きな影響を与えた．ニューヨーク，ロンドン・シティ，世界銀行，IMFなどの金融ネットワークが，西側諸国だけでなく，世界中への展開を開始したのである．

　世界的な規制緩和の潮流の中で，「グラスティーガル法」による銀行，証券，保険の兼業禁止が廃止されて，巨大金融機関の合併が繰り返され，シティ，ウォール街に「メガバンク」が出現した．[3]

　メガバンクは国際石油資本の動きに対応し，まずサウジアラムコ，クウェート石油をニューヨーク，ロンドンの石油市場に引き込んだ．OPEC側は，これに抵抗することはなかった．前述の通り，OPECは加盟国が強調して減産することで価格を形成する力を既に失っていたが，メガバンクに協力することで，加盟諸国の代表的な原油価格を加重平均した数値を「OPECバスケット価格」という指標として発表するようになった．これは，原油価格の新たな重要指標となり，石油は「戦略物資」から「国際市場で価格形成される商品」に変わった．そして，メガバンクは，国際石油市場における価格形成者の一翼を担うようになったのである（長谷川，2009；石井，2007）．

（4） メガバンクによる国際石油資本の再編

　メガバンクは，国際石油資本の再編を支援していった．1998年から2000年頃には，エクソンとモービルの合併（810億ドル）によって，エクソン・モービルが誕生した．これは，ロックフェラー系の「スタンダード石油」の復活だと指摘される．また，BPによるアモコの買収（276億ドル）は，英系資本（ロスチャイルド）とスタンダード系（ロックフェラー）の合体だと話題になった（奥村他，2009：21-26）．

　かつて，「セブンシスターズ」と呼ばれたこれらの企業体は，新たに「スーパーメジャー」と呼ばれるようになった．それは，資本力と政治力で石油の探鉱（採掘），生産，輸送，精製，販売までの全段階を垂直統合で行い，シェアの大部分を寡占する石油系巨大企業複合体の総称である．以下の6社に集約されている．

1）エクソン・モービル（2008年度・売上高4773億ドル）
2）ロイヤル・ダッチ・シェル（2008年度・売上高4584億ドル）
3）BP（2008年度・売上高3657億ドル）
4）シェブロン（2007年度・売上高2209億ドル）
5）トタル（2008年度・売上高1799億ユーロ）
6）コノコフィリップス（2007年度・売上高1885億ドル）

(Yergin, 1991)

　スーパーメジャーは，97年の東アジア通貨危機に始まる世界的原油安で財政危機に陥ったサウジ，カタール，クウェートなど産油国の増産政策に協力した（瀬川, 2008: 203-204）．
　また，スーパーメジャー以外でも，国際石油資本全体に大きな再編が起きた．例えば，米国内中心の統合一貫石油会社（旧スタンダード系＋独立系）や西欧国営・民営化石油会社（イタリアのENIや日本の出光興産など）の「マイナーメジャーズ」がある．また，テキサス，ルイジアナ，オクラホマには8000～1万社の中小地場石油資本があったが，97年から2001年の間に約2500件の合併・買収を繰り返し，「スーパー・インディペンデント」と呼ばれる多国籍油田開発会社が誕生した．その中には，2人の米大統領を輩出したブッシュ家のハリバートンが含まれる（奥村他, 2009: 31-37）．
　この国際石油資本の大再編は，前述の通り，東西冷戦終結によるブラジル，インド，ロシア，中国，東欧などの「世界の工場」化で，世界的な石油需要の高まりを商機としたことで起こった．また，サウジ，クウェート，イランなど中東大産油国の支配を目指したものであった．
　供給面では，中東の生産力に限界が見え始めたことで，アフリカ，南米など新たな油田を探さねばならないという事情もあった．新たな油田は，中東と比べて，海底など掘削のために高い技術力を必要とし，リスクの高い地域でもあった．そのため，国際石油資本は，メガバンクの支援を得て，合併を繰り返し技術力・財務力を高め，スーパーメジャー化する必要があった．
　大手だけではなく，中小・中堅石油会社まで合併・買収を繰り返したことは，国際的大競争の高まりと，96年からの石油価格下落で，米国内油田が次々と閉

鎖，縮小を余儀なくされ，海外油田開発を目指さねばならなくなったという事情があった（奥村他，2009）．

（5）　産油国側の戦略転換——国際石油資本の「排除」から「提携」へ

一方，この米国による「新石油秩序」に対応する動きも起こってきた．産油国側は戦略を転換した．「資源ナショナリズム」からグローバリゼーションへ舵を切り，国際石油資本の「排除」から，共同開発体制を強化する「提携」へと変わったのだ[4]．これらの国々では，ベネズエラのチャベス大統領の「反米」の強烈なアピールに代表されるように，政治的には「資源ナショナリズム」を訴えることが少なくないが，ビジネスとしては国際石油資本と「Win-Win」の関係を構築し，石油の大増産を目指したのである（岩間，2010: 224-226; 石井，2007: 143-147）．

また中国は，中国石油天然気集団公司（CNPC），中国石油化工総公司（SINOPEC），海洋石油総公司（CNOOC）の三大石油資本体制を確立し，東シベリア，中東，カスピ海，西アフリカ，ラテン・アメリカに展開して，世界中の石油利権獲得を目指し始めている（郭，2006）．だが，中国の南・東シナ海，渤海湾の海洋油田開発・探査や内陸油田開発は，入札方式ながら英米国際石油メジャーがほぼ全面的に担当するなど，油田開発に関しては国際石油資本の協力を得ている（奥村他，2009: 291-295）．

（6）　国際石油資本のロシア進出とプーチン大統領の登場

1991年，ソ連が崩壊した後，国際石油資本は旧ソ連諸国内の権利確保を狙った．シェブロンはカザフスタンに（コンドリーサ・ライスがシェブロン取締役），アモコ（後にBPと合併）はアゼルバイジャンに，コーネリアス・コンソーシアムはウズベキスタンに，USX-マラソン石油，マクダーモットはサハリンに，ペンゾイルはチュメニに，コノコ，テキサコ，オキシデンタルはコミ共和国に，それぞれ進出した．国際石油資本は，ロシアをジュニアパートナーに編入しようとしたのである（奥村他，2009: 47-52）．

1992〜95年頃，旧ソ連国営石油企業は民営化された．三大石油会社ユーコス，ルーク・オイル，スルグドネフテガスなどが売却されて，元官僚のビジネスマ

ンなどが国営企業を超安値で買い取って巨富を築き「オリガーキー」と呼ばれる新興財閥となった．ポターニン，ベレゾフスキー，スモレンスキー，フリードマン，ホドルコフスキーなどオリガーキーとなった人物たちは，ほんの数年前まで，ほとんど財産を持っていなかった (Hoffman, 2002)．

例えば，ミハイル・フリードマンは大卒後，鉄鋼所で技師として働いていた一方で，雑多な副業（宅配サービス，窓ふきなど）で資金をためていた．それを元手に，ソ連崩壊後に米国などの消費財（たばこ，香水，PCなど）の輸入販売を始め，石油企業を買収したのだ（ゴールドマン，2010: 93-118）．

米国は，ロバート・ルービン（のちのクリントン政権財務長官，シティグループCEO）がロシア政府の経済顧問になるなど専門家を派遣し，オリガーキーを指導した（広瀬，1997: 327-328）．ルークオイル，ユーコス，TNK，SNGなど11社に集約された民営石油企業は，ドイツなど近隣欧州各国，中国，インド，ASEAN，米国への石油輸出を開始した．また，イラン，イラクなど産油国の石油・天然ガス開発へも乗り出した．フランス，ドイツ，イタリア，北欧，中国，インド，ブラジルの石油・ガス会社との戦略提携の道も開いた．

1998年のロシアの石油生産量は最盛期の60％減だったが，2000年代に入ると，ルーブル危機による通貨安と石油価格上昇で利益が急増し，ハリバートン（ブッシュ家）などの石油掘削会社の技術を導入して増産に入った．2002年にはサウジアラビアを抜いて，世界第2位の産油国になった．オリガーキーは国際石油資本との資本的結合を目指した．ルーク・オイル，ユーコスなど，コノコ，BP，シェル，エクソン・モービル，ハリバートンなどとの資本・技術・開発・生産の提携関係を確立し，世界のスーパーメジャー入りを目指していた．

2003年には，シティやウォール街の投資銀行がロシア企業のM＆Aを本格化させた．BPがロシア3位の石油会社TNKと合弁会社．エクソン・モービルとシェブロンがユーコスの株式取得を目指して競争を始めた．ユーコスの社長，ホドルコフスキーは国際石油資本と一体化することで「グローバル企業」を目指していた．2003年には，オリガーキーが「フォーブス」誌で世界富豪に8人ランクインするまでになっていた（ゴールドマン，2010: 119-149）．

ここで登場してきたのがプーチン大統領だった．プーチンは2000年の大統領就任後，しばらくは国内のエネルギー産業と国際石油資本の協力関係を容認し

てきた．「外資に門戸を開く」政策を打ち出し，BPがチュメニ石油（TNK）を買収して「TNK-BP」を設立し，ロシア最大の多国籍企業になった．石油生産も2006年に世界一に回復した．

　しかし，程なく外資を国内から「排除」することへ政策に転換した．プーチン大統領は，エネルギー会社が多国籍企業に乗っ取られることへの恐怖を感じていた．また，オリガーキーが石油輸出で儲けた金を英国で蓄財し，ロシアで税金逃れをしていたことに対する不満があった．そして，ソ連時代に共産貴族（ノーメンクラトゥーラ）と呼ばれた「旧国家の特権層」の不満を受け止める必要があった．

　プーチン大統領はオリガーキーを脱税容疑などで摘発した．ベレゾフスキーはロンドンに逃亡し，石油会社ユーコスの経営者ホドルコフスキーは逮捕された．アブラモヴィッチは，経営するシブネフチを外資に売却するのを断念し，ガスプロムに売却してロンドンに移住した．その後，プロサッカーチーム・チェルシーのオーナーとなり，ロンドン随一の金持ちになった．プーチン大統領は，2001年にガスプロム，2003年にユーコス，2005年にシブネフチと，石油・ガス企業などを次々と再国有化していった（広瀬，2004: 147-194）．

　プーチン大統領は，英米国際石油資本によるロシア石油産業支配を警戒しながらも，一方で協調を進め，世界最大の産油国としての地位を固めようとした．プーチン大統領が問題視したのは，オリガーキーがロシア国内で税金を払わず，海外で蓄財していたことであり，ルールに基づいたビジネスについては問題視しなかった．BPとTNK（チュメニ石油）との合弁については，予定通り承認したのが，その証拠である．プーチン大統領は，ロシア国内の油田だけでなく，中央アジア，カスピ海，中近東，中東欧，アフリカ，アジアの石油権益獲得を狙っていた（ゴールドマン，2010: 150-214）．

　しかし2008年，リーマンショック後の経済危機で石油価格が1バレル147ドル（2008年夏）から1バレル33ドル（2009年秋）に急落したことは，ロシア経済を直撃した．ロシアの外貨準備高が，6000億ドル（2008年9月）から3.8億ドル（2009年3月）に激減した．また，オリガーキーの1人，オレク・デリパスカの資産は90％減少するなど個人資産も急激に失われた．国営化されていたユーコスは破産した．もしユーコスが外資に買収されていれば，多国籍スーパーメジ

ャーになり，ロシア経済が不調になっても，世界中にリスク分散できて，破産することはなかったであろう．石油産業を国有化する「資源ナショナリズム」が，原油価格の変動に影響されやすいロシア経済のリスクを高めたといえる．尚，ロシアは2014年の「ウクライナ危機」後に経済制裁を受けた後にも，ルーブル暴落によって経済危機に陥ることになった．

（7） 国際石油資本のカスピ海・中央アジアへの展開と地政学的意義

　ロシアはプーチン大統領が就任してから「資源ナショナリズム」的な動きを強めてきた．原油価格の変動に左右されやすいロシア経済の脆弱性はあるが，後述するとおり，プーチン大統領は「大国ロシア」の復活に様々な策を打っている．だが，米国はロシアの周辺国に接近し，そのエネルギー安全保障網を固めることで，ロシアの動きを封じ込めてきたといえる（ゴールドマン，2010）．

　米国は，冷戦終結後，ソ連から新たに独立したグルジア，アゼルバイジャン，カザフスタン，トルクメニスタン，ウズベキスタン，タジキスタン，アフガニスタンのカスピ海，中央アジア，南コーカサスの産油国と，パイプラインが通過する国の戦略国家と軍事関係を結び，安全保障を確保した．そして，油田開発契約を締結し，エクソン・モービル，シェブロン，テキサコ，ユノカル，BP，シェルなどが進出した（奥村他，2009: 52-64; Hiro, 2009）．

　このように，米国は東西冷戦終結後も，中国，ロシア，東欧，中央アジア，アフリカ，南米の油田に，国際石油資本の技術力とメガバンクの資金力を武器に進出した．これらの国々の「資源ナショナリズム」に対峙しながら，「Win-Win」の関係を築いてきた（Roberts, 2014）．ところが，この米国が築いてきた国際社会の秩序が近年，「シェール革命」を機に大きく変化しているというのが，本書の問題意識なのである．

注
1） 分割された会社は，ニュージャージー・スタンダード（現在のエクソン），ニューヨーク・スタンダード（モービル），カリフォルニア・スタンダード（シェブロン），インディアナ・スタンダード（アモコ），アトランティック（アルコ），コンチネンタル（コンチネンタル），オハイオ（マラソン・オイル）などであった（ダルモン＝カリエ，2006）．

2） OPEC の現加盟国は，イラク，イラン，クウェート，サウジアラビア，ベネズエラ，カタール，リビア，アラブ首長国連邦，アルジェリア，ナイジェリア，アンゴラ，エクアドル，ガボン，赤道ギニアの14カ国である（瀬川，2008：199-200）．

3） メガバンクとは，例えばシティグループ，HSBC，JP モルガン，シュローダーズ，CFSB，メリルリンチ，ソシエテジェネラル，バンク・オブ・アメリカ，ドイッチェバンク，モルガンスタンレー，スタンダード・チャータード，バークレイズキャピタル，ゴールドマンサックス，ナショナルオーストラリアン銀行，UBS などである（石井，2007）．

4） 例えば，ベネズエラの PDVSA は，エクソン，コノコ，トタルフィナエルフと，UAE の ADNOC は BP，トタルフィナエルフ，アメラダフェス（マイナーメジャー）と，ナイジェリアの NNPC はシェル，エクソン・モービル，シェブロン・テキサコなどと，インドネシアのプルタミナは BP，トタルフィナエルフなどと，ブラジルのペトロブラスは BP，シェルと，マレーシアのペトロナスはエクソン・モービルと，それぞれ共同開発を始めた（奥村他，2009：40-45）．

参考文献

石井彰『石油もう1つの危機』日経 BP 社，2007年．
岩間敏『世界がわかる石油戦略』筑摩書房（ちくま新書）2010年．
岡倉徹志『サウジアラビア現代史』文藝春秋（文春新書）2000年．
奥村晧一・竹原美佳他『21世紀世界石油市場と中国インパクト』創風社，2009年．
郭四志『中国石油メジャー——エネルギーセキュリティの主役と国際石油戦略』2006年．
ゴールドマン，マーシャル・I.『石油国家ロシア』鈴木博信訳，日本経済新聞社，2010年．
ゼイハン，ピーター『地政学で読む世界覇権2030』木村高子訳，東洋経済新報社，2016年．
瀬川幸一『石油がわかれば世界が読める』朝日新聞出版（朝日選書）2008年．
瀬木耿太郎『石油を支配する者』岩波書店，1988年，p.110-112．
ダルモン，エティエンヌ／ジャン・カリエ『石油の歴史：ロックフェラーから湾岸戦争後の世界まで』三浦礼恒訳，白水社，2006年．
中川八洋『地政学の論理』徳間書店，2009年．
長谷川栄一『石油をめぐる国々の角逐』ミネルヴァ書房，2009年．
広瀬隆『地球のゆくえ』集英社文庫，1997年．
広瀬隆『一本の鎖』ダイヤモンド社，2004年．
広瀬隆『普及版 世界石油戦争』（上）（下）NHK 出版，2008年．
藤和彦『石油を読む：地政学的発想を超えて』日本経済新聞社，2005年．
マクニール，ウィリアム・H.『戦争の世界史：技術と軍隊と社会』高橋均訳，刀水書房，2002年．
Hoffman, D. E., *The Oligarchs: Wealth and Power in the New Russia*, Publicaffairs, 2002.
Hiro, D., *Inside Central Asia: A Political and Cultural History of Uzbekistan,*

Turkmenistan, Kazakhstan, Kyrgyzstan, Tajikistan, Turkey, and Iran, Overlook Duckworth, 2009.
Roberts, P., *The End of Oil*, Houghton Miffilin Company, 2014.
Schweizer, P., *Victory. Atlantic,* Monthly Press, 1994.
Yergin, D., *The Prize*, Simon & Schuster Inc., 1991.

第4章

天然ガスの地政学

　本章では「天然ガス」を取り上げたい．ここまで主に石油を巡る国際政治を論じてきたが，シェール革命は，石油とガスの両方で起きているので，天然ガスも押さえておく必要がある．

　ここまでは米国と同盟国であるシーパワーがいかに石油を獲得するかに焦点を当ててきた．天然ガスは，どちらかといえばランドパワーが主役である．ロシアが欧州向けの天然ガス・パイプラインを止めることで，圧倒的な政治力を持つとされたり，ロシアと中国の間のパイプライン建設の大型プロジェクトや，中国と中東を陸上で直接つなぐパイプラインなど「一帯一路構想」が話題となっている．いわばランドパワーの「圧倒的な政治力」を象徴するものというイメージがある．だが，その実態はどのようなものかを考える．

4.1. 天然ガス——知られざる実力者

　天然ガスとは，自然生成されたメタンガス＝CH4を主成分とする可燃ガスである．天然ガスの対語は「製造ガス」である．筆者が子どもだった30〜40年前，地方であれば，どの家にもプロパンガスが設置されていた．これは，石油・石炭から化学的に変換して製造された「製造ガス」だった．それが，次第に天然ガスに移行していった．現在，都市ガスの90％が天然ガスを使用している．

　天然ガスは，現世生物を起源として岩盤の間に存在する「バイオジェニック系」のガスがメインである．天然ガスは元々，石油を掘削した時に，同時に出てくるガスであった．昔は，石油だけを集めて，ガスは捨てていたのである．だが，現在では，油田から石油生産の副産物として生産されるものに加えて，ガス田から生産されるものもある．

「バイオジェニック系」とは別に，近年は極地近郊の寒冷地の表土下や海底下の地層に大量に存在する「メタンハイドレード」が注目されている．メタンハイドレードは日本近海の海底に大量に存在するとされている．近年，技術革新によって，メタンハイドレードの採取が実用化に向かっており，日本が「資源大国化」する可能性があるとして，注目されている．

「天然ガス」は，その実力に比べて，世間一般的には低評価に甘んじている．環境に関心が高い人は，天然ガスを石油や石炭と十把一からげにしがちである．石油，石炭とともに炭素社会排斥のターゲットにされてしまうのである．またエネルギー安全保障に関心が高い人は，石油の戦略商品としての価値を強調する．しかし，天然ガスについては，石油を掘った時についでに出てくるもの程度の認識だったりする．石油の陰に隠れ，目立たない存在である．だが，天然ガスは，実はエネルギー問題・環境問題を一挙に進展させる「知られざる実力者」なのである（石井，2011: 145-170）．

天然ガスは，他のエネルギー資源より輸送が大変でコストもかかる．通常は高圧輸送パイプラインを使用する．ロシアから欧州，中国へ向かう長距離パイプラインが有名であり，その存在は国際政治に大きな影響を与えてきた．一方，陸上で4000km，深い海底で1000kmを超える長距離輸送の場合，パイプラインの建設はコスト高となるため，「LNG方式」で輸送する．「LNG（液化天然ガス）」とは，天然ガスをマイナス160度以下まで冷却して液化したものであり，LNG専用タンカーで輸送する．島国の日本では，海外からのパイプラインによる天然ガスの輸入はなく，ほぼ100％，LNG方式で輸入している（藤，2005: 179-187; 石井，2011: 146-151）．

4.2. 天然ガス・パイプラインを巡る国際政治

天然ガスを巡る国際政治は，実は石油を巡る国際政治とは大きく異なっている．前述の通り，石油を巡る国際政治の大きな軸は，英米系国際石油資本の地政学的戦略である．かつて石油は，国家の思惑による政治的対立に左右される「戦略商品」であった．だが，現在はマーケットメカニズムで価格が決定される商品の1つとなっている．底流にはビジネスの「Win-Win」関係があり，複

雑な相互依存関係の集積で成り立っている．換言すれば，政治的支配・被支配の単純な図式ではなく，産油国も需要国の政府や企業も，多様な供給源の確保，多国籍化が重要課題となっている．「資源ナショナリズム」はリスクが大きいものとなっている．

(1) 天然ガス・パイプラインを巡る国際政治の概略

天然ガスは，「国際的戦略商品」とされる石油と混同されがちだ．だが，実は全く取引の形態が異なる商品である．まず，タンカーで世界中に輸送される石油と違い，物理的に取引先変更が不可能な「長距離パイプライン」で受け渡しが行われる．そして，パイプラインとそれに付随する「LNG の生産・受け入れ施設」の建設には，莫大な金額の長期資本投下が必須である．従って，これらの施設は，ガスの供給国と需要国の政府間交渉で建設が決定される．

また，天然ガスはパイプラインが敷設された地域に限定された国対国，企業対企業の相対取引となる．そのため，販売契約は長期間固定された柔軟性のないものとなり，市場では取引されない．換言すれば，石油のような，世界的に統合された国際市場が存在しない．

また，石油は自動車，航空機に不可欠の燃料である．一方，天然ガスは石油・石炭・原子力・新エネルギーでいつでも代替可能なものである．従って，人為的に価格を引き上げたりすると，たちまちに需要不振になる．

かつて2007年頃，天然ガスの埋蔵量１位のロシアと２位のイランが天然ガスの国際カルテル（天然ガス版 OPEC）結成を画策しているといわれたが，現実味のない憶測にすぎなかった．市場支配ができない天然ガスでは，国際カルテルを形成しても OPEC のような存在感を持つことは不可能だからだ（石井，2008: 96-107）．

(2) 需要国 vs. 供給国――長期売買契約の獲得ゲーム

更に，ガスの供給国と需要国の関係である．産ガス国はロシア，中央アジア，中東，アフリカ，オーストラリアであり，二大天然ガス需要国は中国，EU だ．通説では，ロシアなど供給国が，EU など需要国に対して圧倒的交渉力を持つとされがちだ．ロシアの資源量が圧倒的なのに対し，EU はエネルギー資源に

乏しい．そのため，EU はロシアの強引な天然ガスを利用した外交攻勢や価格引き上げ構成に悩まされているというものだ．

だが，天然ガスのビジネスで，ロシアなど供給国が，欧州など需要国に対して圧倒的な政治力を持つという通説は間違っている．実際は，各産出ガス国と各需要国が少しでも自己に有利な条件で長期売買契約を獲得しようとして権謀術数を巡らす構図となっている．

パイプラインでの取引では，物理的に取引相手を容易に変えられない．供給国はパイプラインを止めると，収入を失ってしまう．一方で，需要国は瞬間的にはエネルギー不足に悩むものの，長期的には天然ガスは石油・石炭・原子力・新エネルギーで代替可能なものである．

つまり，国際政治の交渉手段として，天然ガスを使うことは事実上，不可能である．それをやれば，ロシアは自らの首を絞めることになるのだ．確かに，ロシアによるウクライナへの天然ガス供給カットは過去何度もあった．だが，これはウクライナのガス輸入代金未払いが理由であり，国際政治の駆け引きに使ったわけではない．むしろ，ロシアは，供給カットによる収入減を避けようと，頭を悩ませ続けてきたのだ（岩間，2010：112-119；藤，2005：18-22）．

また，ロシアは，長期的な天然ガスの価格下落で，売り先が固定化されて長期ビジネスのデメリットに悩まされている側面がある．その上，ロシアは「ウクライナ危機」で欧州へのガス供給が不安定化したことで，極東のガス開発へシフトし，中国に接近している．これらの状況は，欧州との天然ガス・パイプラインのビジネスが，ロシアにとって深刻なリスクになってきていることを示し，ガス供給国が，需要国に対して圧倒的な政治力を持つという通説を否定している．

実際のガス供給国の行動は，売り先の変えられないパイプラインのリスクを減らすために，パイプラインの多角化を図っていることである．特にロシアは，天然ガス輸出のほとんどが EU 向けで，ロシアの外貨獲得の 3 分の 1 を占めている．EU のみに頼っている脆弱な体質を変えて，対 EU の交渉力を確保するために，中国向け長距離パイプライン建設と輸出計画が進めている．

また，ガス供給国にはトルクメニスタン，カザフスタンなど中央アジア諸国があるが，これらはロシア経由の長距離パイプラインでの EU 向けの輸出しか

図4-1　欧州向けの主な天然ガス・パイプライン網

(出所)　<http://blog.livedoor.jp/nappi11/archives/3685688.html>2017年11月10日.

ないのが現状である．これでは，ロシアに交渉力のなさを見透かされてしまうため，ロシアを経由しない，独自の中国向け長距離パイプライン建設を構想している（Hiro, 2009）．

　一方，需要国の行動はどうだろうか．決して，ロシアなど供給国の言いなりということはない．確かにEUは天然ガス消費量の26%，輸入量の42%をロシアに依存している．だが，EUはロシアに対する交渉力強化を狙っている．具体的には，ロシア経由でない中央アジアからの直接輸入パイプライン（トルコ経由）計画を推進している．これには，中央アジア側も大歓迎である．また，中東の大国・トルコは，このパイプラインが完成すれば，中間搾取を狙っている．更に，EUは天然ガス・パイプラインの多角化を図るだけではなく，中東・アフリカからのLNG輸入を増やすという対抗手段も講じている．これを，ロシアはなんとか阻止し，EU向け輸出の維持拡大を目指したいのである．結局，天然ガスの貿易，特に長距離パイプラインによる貿易には，一方的な立場の有利，不利は存在しないということである．

参考文献

石井彰『天然ガスが日本を救う：知られざる資源の政治経済学』日経BP社，2008年．

石井彰『エネルギー論争の盲点:天然ガスと分散化が日本を救う』NHK出版(NHK出版新書), 2011年.

岩間敏『世界がわかる石油戦略』筑摩書房(ちくま新書) 2010年.

藤和彦『石油を読む:地政学的発想を超えて』日本経済新聞出版社, 2005年.

Hiro, D. Inside, *Central Asia: A Political and Cultural History of Uzbekistan, Turkmenistan, Kazakhstan, Kyrgyzstan, Tajikistan, Turkey, and Iran*, Overlook Duckworth, 2009.

Sloan, G. "Sir Halford J. Mackinder: The Heartland Theory Then and Now," in Gray, C. S. and G. Sloan eds., *Geopolitics, Geography, and Strategy*, Frank Cass, 1999.

第5章

原子力の歴史

　ここからの2章は，原子力について考えてみたい．従来，原子力について地政学で捉えることはあまりなかったように思う．核兵器は，地政学を超えた「空間」を飛び交うものであるし，原子力発電など平和利用は「反核運動」というイデオロギー的な側面に焦点が当たりがちであった．しかし，原子力を巡る国際関係は，実はシーパワー対ランドパワーの構図そのものである．原子力発電の原料であるウランのビジネスを仕切る「ウランカルテル」が強力な政治力を誇っているところも，地政学における石油の重要性と似ている．現在，その是非を巡って議論になっている「原発輸出」についても，イデオロギー的な論争だけではなく，シーパワー・日米とランドパワー・ロシアの対立構図と核物質のコントロールという観点で考えることが重要である．

　但し，原子力を巡る国際関係は，なかなかその動きが捉えにくい．特にウランカルテルの動きを把握するのは困難である．そこで，本書ではいわゆる「コンスピラシー・セオリー」と位置付けられる文献・資料もあえて取り上げたい．もちろん，そこに書かれていることを全て信じることはないが，公開された事実と合わせることで，少しでも実態に迫っていけると考える．

5.1. 第二次世界大戦後の原子力の平和利用の始まり

（1）　ソ連の原爆開発，同盟国の原発開発とアイゼンハワー大統領の「原子力の平和利用」演説

　米国は，第二次世界大戦時に原子爆弾を開発し，広島，長崎に投下した．大戦終結後，米国は原子力については，英仏など友好国にさえ機材，技術，情報を漏らさず，独占するつもりであった．だが，欧州の財閥ロスチャイルド家は，大戦前から関連企業のリオ・チント・ジンク社が世界中でウラン鉱山の開発を

図 5-1　ロスチャイルド家の原子力ネットワーク
（注）ロスチャイルド家は第二次世界大戦中から，米，英，仏，独，露に原子力ビジネスのネットワークを構築し，原爆製造の図面などの情報を流していたという．
（出所）鬼塚（2011）；広瀬（1991）．

進めており，米国，カナダ，コンゴなど世界のウラン鉱山の約80％を独占していた．また，ヴィッカース（英），インペリアルケミカルズ（英），IGファンベル（独）など，関連企業が連合国・枢軸国の双方で原子力開発に深くかかわっていた（広瀬，1991: 128-136, 694-755）．

そのため，ソ連も第二次世界大戦中に，ロスチャイルド財閥から原爆の図面，諸々の機器，ウラニウムなどを入手し，その見返りとして，ロスチャイルド財閥の主要企業であるデ・ビアス社に対して，ソ連の「金」「ダイヤモンド」の利権を譲渡していたという．そして，1949年9月3日，ソ連は原爆実験に成功した．

ソ連が原爆を開発したことは，米国を恐怖のどん底に陥れた．米国は，軍事戦略の中心が原爆になり，原爆，原子力空母，原子力潜水艦，原発など，原子力と名のつくものは何でも製造しようとした．「ソ連恐怖論」によって，米国を一時的にある種のパニック状態になったと言える．

また，米国の同盟国である英仏にも，ロスチャイルド財閥を通じて原子力関

連の情報が渡り，1952年には英仏が米国に先駆けて原子力発電所の建設を発表した．これによって，ロスチャイルド財閥など国境を跨いで動くビジネスを止めることはできず，米国が原子力を独占することは不可能であると悟ることになった（鬼塚，2011: 12-36; 広瀬，1991; 田原，2011a: 74-79）．

1953年12月8日，ドワイド・アイゼンハワー米大統領は国連総会で「原子力平和利用演説」（Atoms for Peace Address）を行った．米国がウランと核分裂物質を外国に供与して原子力発電を開発させる．一方で，その利用を「平和利用」に限定するよう米国が管理するというものであった．これは「核の多極化」の事態に対応する「説得力のある平和論」であると絶賛された．

「原子力の平和利用」が急に推進されるようになった背景には，軍事的な意味があった．米国もソ連も，既に原爆を作りすぎていて，原爆製造だけではウラン濃縮工場が操業短縮になる危機にあった．工場で生産される過剰なウランを原発で消費する必要があったのだ．また，原子力発電所で発電をする際，プルトニウムが大量に発生する．このプルトニウムを使って大量に核兵器を製造することを狙って，原発が推進されるようになったという．原子力「平和利用」とはあくまで建前であり，実際は軍事目的と密接に関連していた．

いずれにせよ，アイゼンハワーの演説以降，米国内外で強烈に原子力推進のプロパガンダが進められた．米国中の新聞，ラジオ，TVでアイゼンハワー演説の内容が説明され，特集番組が組まれた．「医療のための原子力」「ガンとの戦いの原子力」「原子力機関車」「原子力動物園」「家庭用原子炉」など，今からすれば滑稽そのものの原子力の利用法が紹介されて，原子力は「夢のエネルギー」となった（有馬，2008: 36-57）．

（2）日本における原発推進

日本は，第二次世界大戦中には，陸軍が主導し，仁科芳雄博士を中心として武谷三男博士などが参加していた理化学研究所を中心とした「二号研究」や，海軍が主導し，荒勝文策博士を中心として湯川秀樹博士らが参加していた京都帝国大学を中心とした「F研究」など，独自の原爆開発を進めていた．

しかし，大戦末期，広島，長崎に原爆を投下された「被爆国」となったために，戦後，原子力開発は「徹底した平和利用」を志向することになった．

GHQ は占領直後，理研や京大の研究施設を破壊した．日本に原子力研究を認めない方針であった．だが，日本は1949年にノーベル物理学賞を受賞した湯川秀樹や，武谷三男ら「素粒子論グループ」など優秀な物理学者たちは，GHQに「学問の自由」を直訴し，原子力研究の解禁を求めた[1]．

　しかし，武谷らは原爆製造に至るような無制限・無原則な原子力研究を行うつもりはなかった．終戦後に広島を訪れて，原爆投下による惨状を見ていた武谷は，原子力が軍事利用されない研究の枠組が必要であると考えていた．武谷は「日本人の手で原子力の研究を始め，人を殺す原爆研究は一切行わない．日本人こそ原子力について最強の発言者だ」と発言し，日本の原子力研究の原則として「公開」「自主」「民主」の「武谷三原則」を提唱した．1954年10月，日本学術会議はこの三原則を総会で可決した[2]．

　これに対して，当時若手の政治家であった中曽根康弘は「左翼系の日本学術会議には任せられない」として，政治主導での原子力推進を進めようとした．1954年 3 月，中曽根の主導で，原子力に関わる国家予算が成立した．しかし，原子力開発利用に関する法律も政策も存在しないまま，先に予算だけ成立したものであった（佐野，1994: 495-537；田原，2011a: 4-5, 54-55）．

　同じ1954年 3 月 1 日，ビキニ環礁での水爆実験で日本の漁船・第五福竜丸が被ばくし，死者 2 名が出る事件が起きた．その結果，日本では「反核運動」が一時的に盛り上がることになったが，大きな動きにはならなかった．日本の原子力推進の中心の 1 人であった正力松太郎原子力委員長は，自らがオーナーである読売新聞，日本テレビなどのメディアを総動員して「原子力推進」の大キャンペーンを行ったからである．テレビで原子力を特集する番組が放送されたり，原子力の博覧会が全国で催されたりした．また，原子炉を体内に持つロボット「鉄腕アトム」のアニメが大人気となった（有馬，2008: 103-124；志村，2011: 31-32）．

　1955年11月，米国から日本へ濃縮ウランを貸与することを定めた「日米原子力研究協定」が調印された（鈴木，2014: 56-59）．政治家は，海外からの原発の早期導入を進める方針であったが，湯川，武谷ら学者は，「自主的な基礎研究を重視すべきであること」「米国の軍事技術の秘密保持が明記されていること」を理由に，この協定に反対したが実らなかった[3]．

（3） 原子力発電の世界的な広がりと反核運動

　1955年，第1回原子力平和利用国際会議「ジュネーブ会議」が開催された．「原子力平和利用」に関する最初の国際会議であり，世界73カ国の科学者などが集合した．日本代表団の1人として中曽根康弘がいた．また，フランス代表はロスチャイルド家の縁戚で，後に国際原子力機関（IAEA）の初代議長となったベルトラン・ゴールドシュミットだった（広瀬，1991: 715-720）．ロスチャイルド財閥の原子力支配を象徴しているとの見方がある．

　一方，反核運動側は，1954年，インド・ネルー首相が核実験禁止交渉を呼びかけて，国際世論が盛り上がった．1955年7月には，「ラッセル・アインシュタイン宣言」が出された．これは，湯川など10人のノーベル賞受賞者を含む当時の第一級の科学者ら11人の連名で，米ソの水爆実験競争という世界情勢を懸念して，「核兵器廃絶・科学技術の平和利用」を訴えた宣言文である．実は，この宣言文発表の3カ月前にアインシュタインは死去しており，「アインシュタインの人類に対する遺言状」と言われている．

　湯川は，1957年より，「パグウォッシュ会議」に参加した．これは，全ての核兵器および全ての戦争の廃絶を訴える科学者による国際会議であった．但し，次第に国際情勢の変化に翻弄されるようになり「核廃絶」よりも「核抑止論」が優勢となっていった[4]．

　また，1963年には「部分的核実験禁止条約」米英ソが調印し，核保有国による具体的な核抑止の動きが始まった．これは，大気中の核実験禁止を禁止するものであった．一方，地下核実験は禁止しなかった．つまり，地下核実験の技術を持たない国は核開発ができないということになる．この条約の真の狙いは，地下核実験ができる3カ国で核兵器を独占しようとすることにあった．そのため，同じ核兵器保有国でも，フランスと中国は反対した（クック，2011: 196-201）．

　1960年代〜70年代になると，時代の変化が訪れた．この時期，日本は「奇跡」と呼ばれた高度経済成長を果たし，世界第2位の経済大国になった．日本以外にも，西ドイツ，英国，フランスなど西側諸国は工業化が進んだ．世界的に電力需要が急拡大し，従来の石炭では賄いきれなくなった．国際石油メジャーが石炭を駆逐し，日本でも石炭産業が消滅した．

　旺盛な世界の電力需要に対応するため，原発建設は世界中へ広がっていった．

ロスチャイルド財閥のリオ・チント・ジンク社を中心とするウランカルテルがベルギー領コンゴ，カナダ，南アフリカ，米国，オーストラリアなどでウラン鉱石の生産を拡大した．

1970～73年には，第一次石油ショックが起こったこともあり，石油価格が2倍に上昇した．その結果，世界中で石油確保における英米メジャーと中東産油国に振り回されることからの脱却を目指す動きが出てきた．そして，フランス，西ドイツ，新興国は原発拡大に動いた（田原，2011b: 201）．

フランスのシャルル・ド・ゴール大統領は，米国に依存した安全保障の独立性を高めるため，「核開発」を進めてきた．但し，肝心のウラン鉱山は英米に完全に支配された状態であった．そこで，1970年代に入って，ド・ゴール大統領はフランス国内および旧植民地だったニジェール，ガボンで独自のウラン鉱山の開発を開始した．

1972年，フランス原子力委員会（CEA）は「5カ国クラブ」を結成し，アメリカ以外のウラン生産国が集まった．それは，フランス，カナダ，南アフリカ，豪州にロスチャイルド財閥のリオ・チント・ジンク社（英国籍）であった．興味深いのは，リオ・チント・ジンク社が「国家」として扱われ，この集まりに加わったことである．前述の通り，リオ・チント・ジンク社は，戦時中から，米，カナダ，南アフリカにウラン鉱山を持ち，米国にウランをほぼ独占的に納入する一方で，「5カ国クラブ」に参加した．英米とフランス，双方にウランを納入した．リオ・チント・ジンク社は原子力の世界で圧倒的な影響力を誇っていたといえる．この時期，フランスは電力の8割が原子力になった（鬼塚，2011: 130-181; 山岡，2009: 148-152）．

その他の国々でも，原発推進によってオイル・メジャーから自立の動きが広がっていった．興味深いのは，現在は「脱原発」の先頭に立っている西ドイツがこの時期，ブラジル，インド，中東など第三世界への原発輸出を推進したことだ．また，1974年，日本の田中角栄首相はオーストラリアを訪問した．オーストラリアから日本へのウラン鉱石の供給と，日豪が共同でのウラン濃縮技術を開発する計画を持ち掛けた．フランスとも原子力開発の協議を行ったが，最終的に田中首相の失脚で頓挫した（山岡，2009; 田原，2011a）．

これらの動きは，一見，フランス，西ドイツ，日本，第三世界の英米系のオ

第 5 章　原子力の歴史

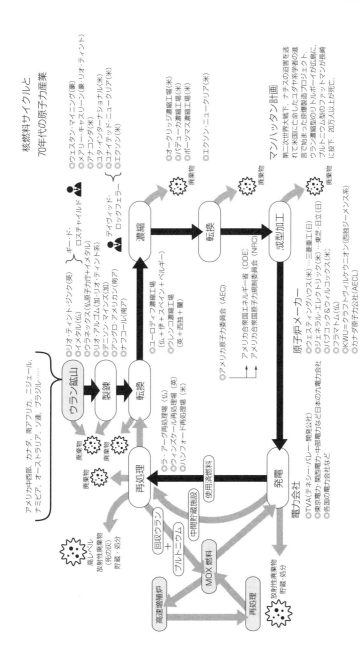

図 5−2　核燃料サイクルと70年代の原子力産業

(出所) 山岡 (2009: 150-151) を参考に著者作成．

イル・メジャー支配からの脱却を目指す動きに見える．また，オイル・メジャーに対抗する鉱物メジャー・リオ・チント・ジンク社という対立構図も見える．だが，原子力を開発しても，原料のウラン鉱石の権益を支配するのは，英国籍のリオ・チント・ジンク社であった．結局，エネルギー資源の世界での英米系の圧倒的な支配力は揺るぎなかったといえるのではないだろうか．

5.2. 原発事故と核兵器削減の動き

（1） 原発事故の発生

1979年3月28日，米国東北部ペンシルベニア州のスリーマイル島の原子力発電所で，重大な原子力事故が発生した．原子炉の核心部ともいえる炉心部分が冷却水不足のために溶けてしまうという事故であった．

事故が発生の3日後，格納容器に充満した水素ガスが爆発をおこす可能性が高まっていたことで，「8キロ以内の学校閉鎖，妊婦・学齢前の幼児の避難勧告，16キロ以内の住民の屋内待機勧告」などが出され，周辺の自動車道路では避難する車による大パニックが発生した．

事故の背景には，当時の電力業界の自由化の流れの中で，電力会社が厳しい経営を余儀なくされて，原発の建設コスト引き下げのために「安上がり策」「手抜き」に走ってしまっていたことがある．安全重視が損なわれた結果の大事故であった．この事故以降，約30年間米国では原発の新設ができなかった（クック，2011：244-264）．

1986年4月26日には，ソ連（現：ウクライナ）のチェルノブイリ原子力発電所4号炉で「核暴走事故」が起きた．運転開始後初めての定期検査時に起きた事故であった．原子炉を停止する際にちょっとした実験をしようとしていたところ，ミスが出て原子炉の反応が進んで暴走し，爆発した．この事故による放射能汚染被害は，広島原爆の約600倍といわれている．

放射能は北半球全体に拡散した．ベラルーシ，ウクライナ，ロシアの三国では，日本の面積の4割に相当する14万5000平方メートルが，セシウム137で1平方キロメートル当たり1キューリー以上汚染された．900万人以上が被災し，40万人が移住を余儀なくされた．短期間に大量被ばくした事故処理作業従業者

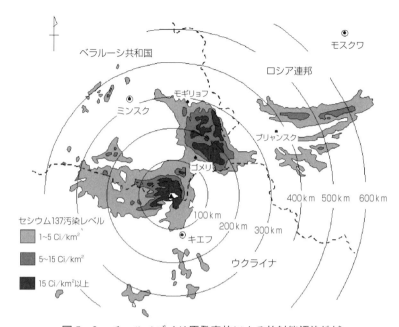

図5-3 チェルノブイリ原発事故による放射能汚染地域
(出所) <http://www.rri.kyoto-u.ac.jp/NSRG/Chernobyl/GN/GN9208.html>，2018年1月8日．

は80万人である．その多くが放射線障害のために苦しんでいるといわれる．この事故は，国際原子力事象評価尺度（INES）で最悪のレベル7（深刻な事故）に分類される事故であった（クック，2011: 265-292）．

(2)　「反原子力」「反核兵器」への動き

これらの原発事故の発生で，「反核運動」が盛り上がった．それを受けて，核保有国は核実験廃絶への道を歩み始めた．1970年には，「核拡散防止条約」（NPT）が，米英ソ仏中の核保有5カ国の賛同で調印された．これは，核兵器保有国5カ国以外の核兵器開発，製造，保有を禁止し，核保有5カ国はその他の国の核兵器開発を援助しないというものであった．一方で，核兵器を持たない国の原子力の平和利用を保障し，核兵器を持たない国が原子力発電所を持った場合，IAEA（国際原子力機関）の査察を受け入れなければならない，と決め

られた．日本は NPT を批准している（クック，2011: 204-206, 212-219）．

1972年5月に米国とソ連の二大大国の間で，第一次戦略兵器制限交渉（Strategic Arms Limitation Talks 1 = SALT I）が調印された．これは，米ソ間の核兵器の開発・生産競争に歯止めをかける目的で，お互いの核兵器の数を追認しながら，「これ以上は増やさない」と規定した，軍備制限条約であった（Burns and Siracusa, 2013: 384-397）．

また，同時に「弾道弾迎撃ミサイル（Anti-Ballistic Missile Treaty = ABM）制限条約」も同時に締結された．米ソ両大国は，1960年代までに攻撃用の大陸間弾道ミサイルを初めとする弾道ミサイルのみならず，弾道弾迎撃ミサイルの開発にも成功していた．この弾道弾迎撃ミサイルの存在は，弾道ミサイルの一発あたりの有効性を低めてしまうために，結果として弾道ミサイルの配備数の増加をもたらしていた．SALT I では，弾道弾ミサイルの開発・生産に制限がかけられることになり，それに伴って，弾道弾迎撃ミサイルも制限されることになった．これは換言すれば，「相手が発射したミサイルを打ち落とせる」という自信がつけば，「安心して相手を先制攻撃できる」ということになるので，「相手が発射するミサイルを打ち落とす能力を持たない」ようにするという，やや倒錯した発想に基づくものであった（Burns and Siracusa, 2013: 189-224）．当時，いかに核開発競争に歯止めをかけるかに，米ソ両大国が頭を悩ましていたかが示されていると言えるだろう．

1979年6月には，「第二次戦略兵器制限交渉（Strategic Arms Limitation Talks 2 = SALT II）」が締結された．SALT I に加えて，核兵器の運搬方法の数量制限と，複数弾頭化の制限が盛り込まれた．これは，米ソのミサイルの発射装置の数を同数の250とするというものだが，それには，「ミサイルはいくらでも製造できる」という裏の意味があり，抜け道だらけの条約であった．この条約は，ソ連のアフガニスタン侵攻を理由として，米国議会が批准を拒否し，そのまま1985年に期限切れになってしまった（Burns and Siracusa, 2013: 398-403）．

1987年には，米ソ間で「中距離核戦力全廃条約」が結ばれた．「中距離核戦力」と定義された中射程の弾道ミサイル，巡航ミサイルを全て廃棄することを目的としている．史上初の核兵器を「削減」する条約であった．結果として，1991年6月1日までに，米国で846基，ソ連が1,846基の核兵器を廃棄した．こ

れは，ソ連に登場したミハイル・ゴルバチョフ共産党書記長の存在が大きかった．ゴルバチョフ書記長は，一方的に核兵器を廃棄することを宣言し，米国を驚かせた．ソ連に米国との核開発競争を続ける力がないことを認識しての決断であった．このゴルバチョフの決断が，東西冷戦の終結を加速させることになった (Burns and Siracusa, 2013: 413-446)．

1991年には「第一次戦略兵器削減条約（START I）」，1993年には「第二次戦略兵器削減条約（START II）」が締結された．東西冷戦の終結に伴い，核兵器の削減が進むことになった．重要なポイントは，ソ連の崩壊によって，これまでの条約の継承と，新たな条約の調印が，ロシア，ベラルーシ，カザフスタン，ウクライナとなったことである．ソ連崩壊後の混乱による核拡散を防ぐことが重要な意味を持った．旧ソ連の核弾頭については，ベラルーシなどからロシアに移送され，ロシアが解体を行った．2002年には「戦略攻撃戦力削減条約」が結ばれ，10年間で，米ロの戦略核兵器を3分の1に削減することが決定された (Burns and Siracusa, 2013: 447-478)．

但し，このように米ロが核兵器の削減を決めていても，世界全体を見れば，東西冷戦の終結によって米ロの核管理が緩んだことで，核兵器を保有する国が増えてしまっている．インド，パキスタンが南アジアの隣国が核開発競争を展開し，イスラエルが核兵器を保有しているのは「公然の秘密」である．それに対抗してイランは「平和利用」と称してウランの濃縮を進めており，欧米から経済制裁を受けてきた．そのイランと裏でつながっているとされるのが，ミサイル開発を進める北朝鮮だ．そして，核兵器の保有に関心を持つ国がある．そこで，米ロ以外の国も含む，包括的な取り組みが必要とされている．

1996年には「包括的核実験禁止条約」（CTBT）が国連総会で採択された．これは，宇宙空間，大気圏内，水中，地下を含むあらゆる空間での核兵器の核実験による爆発，その他の核爆発を禁止する条約である．日本は1996年9月に署名，1997年7月に批准した．2012年2月現在で182カ国が署名，157カ国が批准しているが，発効要件国（インド，イスラエルなど核兵器保有国を含む44カ国）の批准が完了していないため未発効となっている (Evangelista, 1999)．

このように，1970年代から80年代を通して原子力は，東西冷戦の行き詰まりと，2つの甚大な原発事故を契機として，核兵器・平和利用の双方で削減とい

う流れができていた．ところが，その流れは90年代になって変わっていくことになる．

注
1) 武谷三男の思想については，『武谷三男 著作集（全六巻）』(「弁証法の諸問題」「原子力と科学者」「戦争と科学」「科学と技術」「自然科学と社会科学」「文化論」) 勁草書房，を参照のこと．
2) 武谷三男，湯川秀樹，日本学術会議などの行動については，NHK番組『戦後史証言プロジェクト 日本人は何をめざしてきたのか 2014年度「知の巨人たち」第1回 原子力 科学者は発言する～湯川秀樹と武谷三男～』(2014年7月14日放送) を参照した．
3) Loc.cit.
4) Loc.cit.

参考文献
有馬哲夫『原発・正力・CIA：機密文書で読む昭和裏面史』新潮社（新潮新書）2008年．
鬼塚英昭『黒い絆 ロスチャイルドと原発マフィア』成甲書房，2011年．
クック，ステファニー『原子力 その隠蔽された真実』藤井留美訳，飛鳥新社，2011年．
佐野眞一『巨怪伝』文藝春秋，1994年．
志村嘉一郎『東電帝国 その失敗の本質』文藝春秋，2011年．
鈴木真奈美『日本はなぜ原発を輸出するのか』平凡社，2014年．
田原総一朗『ドキュメント東京電力：福島原発誕生の内幕』文藝春秋（文春文庫）2011a年．
田原総一朗『原子力戦争』筑摩書房（ちくま文庫）2011b年．
広瀬隆『赤い盾』(上) (下), 集英社, 1991年．
山岡淳一郎『田中角栄 封じられた資源戦略』草思社，2009年．
武谷三男『武谷三男 著作集（全六巻）』勁草書房．
Burns, R. D. and J. M. Siracusa, *A Global History of the Nuclear Arms Race: Weapons, Strategy, and Politics*, Volume 1, ABC-CLIO, 2013.
Evangelista, M., *Unarmed Forces: The Transnational Movement to End the Cold War. Ithaca*, Cornell University Press, 1999.

第6章

原子力の地政学

　前章では，核軍縮と2つの原発事故で，原子力の利用が推定する過程を振り返った．しかし，90年代に入って，地球環境問題と絡んで原子力は「地球にやさしいエネルギー」として劇的に復活した．米国は30年ぶりに原発の新設を決定した．近年，成長著しい新興国が，国内の豊富な電力需要を満たすために，原発建設を望んでいる．しかし，福島第一原発事故によって，原発建設のコストとリスクに対する認識が高まり，原子力産業は経営危機に陥ることになった．にもかかわらず，米国は簡単に原発輸出から撤退できない「事情」がある．

6.1.「原子力産業の衰退」から「地球にやさしい原子力」へ

（1）原子力産業の衰退

　「スリーマイル島」「チェルノブイリ」と，大きな原発事故が続いたことで，世界では原子力発電所の建設が停滞した．ドイツでは，1992年に，二大電力会社「フェーバ」「ラインヴェストファーレン電力」がヘルムート・コール首相に原発撤退政策を提唱し，「脱原発」の動きが始まった．フランスでは「フラマトム」，ドイツでは「ジーメンス」という，原子炉の製造を独占していた企業が大損失を被った．原子力産業をリードしてきた「ウランカルテル」も，ドイツのロスチャイルド財閥の「メタルゲゼルシャフ」が93年に倒産寸前になるなど，原子力産業が衰退を始めた（広瀬，1997: 435-440）．

　一方，ソ連の崩壊によって，ロシア側の核兵器・原子力産業の崩壊も深刻な問題となった．1993年4月シベリア再処理工場「トムスク7」の爆発事故，同年10月，日本海への放射性廃棄物の海洋投棄と，様々な問題が顕在化した．

　米国は，ロシアから中東，アジアへのプルトニウム流出など核拡散の危機を防ぐために，様々な対策を講じることになった．まず，ロシアの核兵器・原子

力産業の失業者を救済するために，ロスチャイルド財閥のウランカルテルから救済資金を提供した．また，2013年までの契約で，旧ソ連の解体核兵器から濃縮ウラン抽出物買い取りを行った（広瀬，1997: 439）．

米国では，スリーマイル島原発事故以降，今日に至るまで原発の新設が止まるなど，世界的に原子力産業の衰退が進んだが，なぜか，90年代以降も日本だけは原発建設が止まらなかった．

（2）「原発は地球にやさしい」へ

1988年，IPPC（気候変動に関する政府間パネル）設立されて，「地球環境問題」が浮上した．地球温暖化とは，気候変動の一部で，地球表面の大気や海洋の平均温度が長期的に上昇する現象である．地球の平均気温は1906年から2005年の100年間で0.74℃（誤差は±0.18℃）上昇しており，長期的に上昇傾向にある事は「疑う余地が無い」とされている．上昇のペースは20世紀後半以降，加速する傾向が観測され，これに起因すると海水面（海面水位）の上昇や気象の変化が観測され，生態系や人類の活動への悪影響が懸念されている[1]．

1992年にブラジル・リオデジャネイロで開催された「環境と開発に関する国際連合会議（地球サミット）」では，地球温暖化の最大の原因が，人間的な産業活動の増加による二酸化炭素の増加という人為的なものであると結論付けて，「気候変動枠組条約」を採択した．それ以降，主要先進国首脳会議（G7）でも，地球温暖化問題が主要議題となるようになった．1997年には，先進国全体の温室効果ガス6種の合計排出量を1990年に比べて少なくとも5％削減することを目的と定めた「京都議定書」が締結された（石井，2004）．

2000年以降，世界主要国で「温室ガス削減」「クリーン・エネルギーの促進」が政策上明記されるようになった．EUでは，統一的な温暖化防止に向けた取り組みと再生エネルギー導入が促進されるようになった．その流れの中で，「原発は地球にやさしい」という言説が広がり始めた．

原子力産業が衰退し始めた90年代前半，地球温暖化問題が浮上した．そして，「原発は地球にやさしい」ということになった（中村，2006: 15-46）．偶然といえば，偶然なのではあるが，その背景について様々な指摘がされている．本書で何度も取り上げているが，リオ・チント・ジンク社，リオ・アルゴム社などの

「ウランカルテル」の動きである。大きな原発事故が起こり、原発建設が停滞して、原子力産業が衰退し、東西冷戦の終結で核兵器の削減が進んだ一方で、世界中ではウラン鉱山が次々と発見されていた。コンゴ、カナダ、アメリカ、南アフリカ、ナミビア、アンゴラ、モザンビークから、世界のウラン生産の約4割を占めるオーストラリアへと、開発が進んでいたのである。軍事目的であれ、平和利用であれ、彼らはウラン鉱石を売らねばならない構図にある（広瀬, 1997: 36-38）。核兵器の開発が難しい以上、世界中での原発の建設が必要になる。少なくとも、ウランカルテルが、「原発は地球にやさしい」という言説を必要としていたのは間違いない。

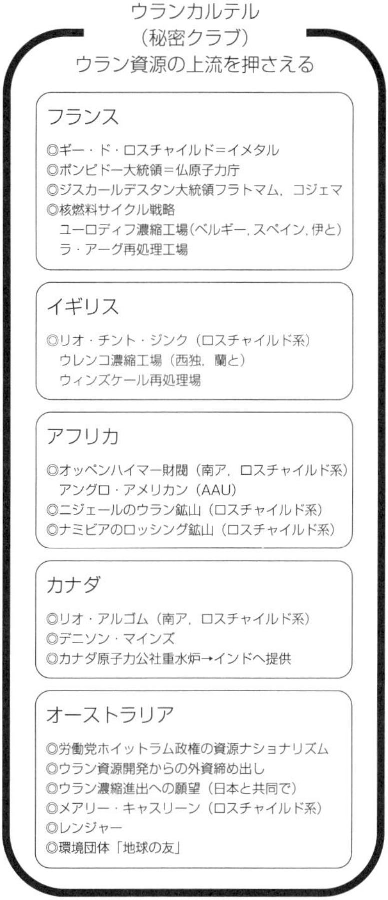

（3） 2000年以降の原子力産業の再編と各国の動き

それでは、「原発は地球にやさしい」という言説が世界に広がった2000年代以降の世界各国の動きを整理する。

ウランカルテル
（秘密クラブ）
ウラン資源の上流を押さえる

フランス
- ギー・ド・ロスチャイルド＝イメタル
- ポンピドー大統領＝仏原子力庁
- ジスカールデスタン大統領フラトマム、コジェマ
- 核燃料サイクル戦略
  ユーロディフ濃縮工場（ベルギー、スペイン、伊と）
  ラ・アーグ再処理工場

イギリス
- リオ・チント・ジンク（ロスチャイルド系）
- ウレンコ濃縮工場（西独、蘭と）
- ウィンズケール再処理場

アフリカ
- オッペンハイマー財閥（南ア、ロスチャイルド系）
- アングロ・アメリカン（AAU）
- ニジェールのウラン鉱山（ロスチャイルド系）
- ナミビアのロッシング鉱山（ロスチャイルド系）

カナダ
- リオ・アルゴム（南ア、ロスチャイルド系）
- デニソン・マインズ
- カナダ原子力公社重水炉→インドへ提供

オーストラリア
- 労働党ホイットラム政権の資源ナショナリズム
- ウラン資源開発からの外資締め出し
- ウラン濃縮進出への願望（日本と共同で）
- メアリー・キャスリーン（ロスチャイルド系）
- レンジャー
- 環境団体「地球の友」

図6-1　ウランカルテル
（出所）山岡（2009: 237）を参考に筆者作成.

まず、米国である。前述の通り、スリーマイル島原発事故以降、米国内では約30年間原発の新設がなかった。しかし、米国の歴代政権が原子力発電の重要性を否定したことは、実は一度もない。「脱原発政策」が公式に採用されたこともない。国内では、104基（合計1億630万kWの発電力）の原発が稼働している。2005年、ブッシュ政権が原発新設の基本方針を決定し、原発政策が約30年ぶりに動き出した。そして、2008年、オバマ政権は「クリーン・エネルギー」への

重点投資を決定し，その中核に原発を位置づけたのである（岩間，2010: 172-177）．

次に，ウランカルテルの中核である英国だが，90年代に電力事業改革が進み，市場原理が導入された．外資への開放が進んだ．80年代の北海油田が開発されたことで，エネルギー自給率が高かったため，法律で縛らなくても，事業者が原子力以外の電源を選択していた．原子力産業は市場競争力を失い，実質的に凍結されていた（村上，2010: 47-50）．

また，90年代前半にはドイツ，スウェーデン，スペイン，ベルギーなど，従来「脱原発政策」を推進していた国々に，それを見直す動きが次第に広がっていった．前述の通り，欧州はロシアからの天然ガス供給を巡って，激しい駆け引きが続いており，ガス依存からの脱却のため「脱原発」見直しの検討が始まった（村上，2010: 52-57）．

一方，引き続き原発を推進した国々がある．「原発大国」フランスは，EU最大の原子力発電設備を誇っている．国内に59基，6602万kWの発電量の原発が運転中である．フランスの電源構成は，原子力77％，水力11％，石炭5％，天然ガス4％であり，豊富な経験と技術をベースに，原子力事業の国際展開を行っている．また，ロシアはフランスと並ぶ強力な原子力産業を有し，27基，2319万kWの電力量の原発が運転中である．天然ガス・石油依存からの脱却を目指している．他に原発を推進する欧州の国としては，フィンランドもある．

そして，日本である．世界で原発新設が停滞した90年代にも，日本は積極的な開発推進を続けた．米国，フランスに続く世界第3位，54基，4885万kWの電力量の原発を保有している．日本の電力構成は，後述の2011年3月の福島第一原発事故までは，石炭27％，天然ガス23％，石油11％，水力9％，原子力28％であった．常に一定の発電量を継続できる反面，ピーク時に合わせて発電量を増減させることが難しい原子力をベース電源として運用し，ピーク時の調整は火力発電を使うバランスのいい構成となっていた．資源のない島国である日本で，長年エネルギー源の多角化の努力を積み重ねてきた成果と評価できるものだったといえる（村上，2010: 39-42）．

そして，90年代以降に台頭してきた中国，インド，ブラジル，メキシコ，アルゼンチンなどの新興国である．これらの国々は，豊富なエネルギー需要を満たすために，原子力発電の建設に乗り出してきた．また，周辺諸国との間に微

妙な政治的関係等が存在し，そのために早期に原子力を導入したが，まだ原発が基幹電源になるには至っていない国々もある．台湾，パキスタン，オランダ，ルーマニアなどである．そして，新たに大規模な原発の導入が見込まれる国としては，中東諸国，東南アジア諸国である（村上，2010: 58-66）．

国家から，原子力産業に視線を移してみる．1970年代までは欧米が世界の原子力開発を主導し，多くのプラントメーカーが誕生・成長した．しかし，前述の通り，1980年代，欧米での原子力新設が停滞した．原子力事業の規模が縮小していったが，一方で，国際石油資本と同様に，メガバンクの支援によって，企業合併が進み，2000年代初頭には数社に寡占化された．

世界の原子力産業は3つのグループに再編された．第1のグループは，ゼネラルエレクトリック（GE，米）という，多国籍コングロマリット企業である[2]．原子力部門については，日本の日立と戦略的提携で合意し，「GE日立ニュー

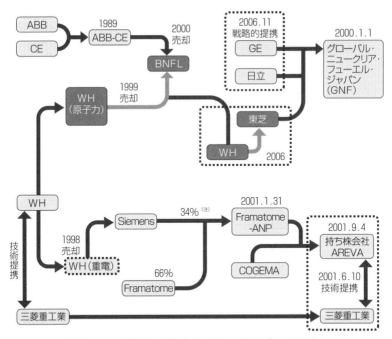

図6-2　原子力産業界の再編　1980年代～2006年

（注）　2009年1月，持ち分売却発表．
（出所）　村上（2010: 106）を参考に筆者作成．

クリア・エナジー」を設立している（村上，2010: 107）．

　第2のグループはウエスチンハウス（WH，米）である．歴史的な経緯から，GEのライバル企業とされてきた．1886年に設立された総合電機メーカーは買収により消滅しているが，現在，ウェスティングハウスのブランド名で数多くの製品が販売されている．原子力部門は，英国原子燃料公社（BNFL）傘下となり，アセア・ブラウン・ボベリ（ABB，スウェーデン）を買収して多国籍企業化した．その後，2005年，BNFLはWHの売却を決定し，東芝，GE，三菱重工を含めた幾つかの企業が関心を示したが，東芝が54億ドルでの購入を提案し競売に勝った（鈴木，2014: 158-161）．

　第3のグループはアレバ（AREBA，仏）である．傘下に複数の原子力産業企業を有する，世界最大の原子力産業複合企業である．元々は，フランスの国営原子力会社・フラマトム（Framatome）だったが，1980年代以降，フランス電力からの受注が激減し，経営の多角化や合併を模索するようになった．2001年，フランスは「国営」の政策を転換し，同じく需要低迷で危機を迎えていたドイツ・ジーメンスの原子力部門を買収し，多国籍企業化した．同年，CEA傘下のコジェマ（COGEMA）と共同持株会社を設立し，傘下に原子力部門（Areva NP），原子燃料部門（Areva NC），送電設備部門（Areva T&D）を傘下に持つ複合企業Areva SAが誕生した．

　アレバは三菱重工と，1991年に燃料サイクル分野における合弁会社を設立して各種再処理関連機器を製造・販売しているほか，2007年にはアレバ社と当社の最新技術を融合した加圧水型（PWR）原子力発電プラントの開発に着手，電気出力110万キロワットの最新鋭PWRプラント「ATMEA1」を開発し，トルコを始め世界各地での販売活動を展開するなど，原子力発電事業において長年の協力関係にある（村上，2010: 108-112）．

　このように，世界の原子力産業の3つのグループは，いずれも日本企業が多額の出資をして維持されている状況にある．しかし，このことは日本企業による原子力産業の支配を意味しない．日本の原発建設は，自前の技術開発をせず，GEやWHの原子炉をそのまま購入する形で行われた．その当時，東電のGEに対する，関電のWHに対する技術力への信頼は信仰に近いものだったという．原発の研究開発費は，東電全体の研究開発費のわずか7％であった．東電

は，国家からの研究開発費を全く受けなかった．これは，前述の通り1970年代にオランダ，スイス，オーストラリア，イラン，ブラジルなどへの原発輸出を推進した西ドイツが，巨額の予算を投じて軽水炉を研究し，独自の国産原子炉を開発していたこととは対照的であった（田原，2011）．

結局，東芝・日立・東芝・三菱重工にとっては，原発がメインの業務ではなかったからである．東芝がWHを買収し，日立とGE，三菱重工とアレバが戦略的提携を結んだことは，「原発は地球にやさしい」という言説が世界的に広がり，新興国を中心とする原発の新規建設増加に対応しようとするものであった．だが，それは独自で技術開発をしないまま，買収に走っただけだということであった．

(4) フクシマ以降（2011年〜 ）

2011年3月11日午後2時46分，東日本大震災が起こり，巨大津波が発生した．津波に襲われた福島第一原発1〜3号機，5〜6号機，福島第二原発1〜4号機は緊急停止措置をとった．しかし，福島第一原発1〜3号機は，電源を喪失し，11日のうちにメルトダウンを起こした．11日深夜，政府は原子力災害対策特別措置法に基づき，「原子力緊急事態」を宣言した．

翌12日朝，政府は原発から半径10km以内の住民に避難指示を出した．12日午後，1号機建屋で水素爆発が起きた．12日夕方，半径20kmの住民に避難指示が発令され，8万人が避難した．13日には3号機建屋でも爆発が起きた．

この原発事故は，巨大地震及び大津波が原因で炉心溶融および水素爆発が発生するまでに至ったもので，原子力発電史上初の大事故であった．また，米国メーカー設計の原子炉容器が大きく損傷して放射能が大量に外へ漏れだしたのも，原子力発電史上初の事態であった．そして，国際原子力事象評価尺度のレベル7（深刻な事故）に相当する多量の放射性物質が外部に漏れ出た，世界における最大規模の原子力事故となった．この大事故以降，「原発は地球にやさしい」という世界に広がっていた言説は，「原発は危険だ」と真逆の方向に振れることになった（クック，2011：325-343）．

まず，福島第一原発事故後の各国の動きを整理したい．米国のオバマ大統領（当時）は，原発をクリーン・エネルギー政策の核と位置付ける政策を決して変

更しなかった．米国は電力需要の5分の1を原子力で賄っていた．その安全確保は不可欠であり，事故発生後，オバマ大統領は既存の全原発施設を至急点検するよう，米国原子力規制員会に指示を出した．但し，決して原発を停止するとは言わなかった．あくまで，「日本の事故から学び，次世代原発の設計と開発に生かす」という考え方であり，核物質と技術の拡散を防ぐ国際的な議論をリードするとあらためて宣言した．

フランスは，ニコラ・サルコジ大統領が事故後にいち早く，「原子力は温暖化ガスを排出しない電力供給システムである」と宣言した．前述の通り，フランスは消費電力の8割を原子力で賄っている．フランス電力公社（EDF）2004年に国有会社から民営化されたが，世界最大の原子力発電事業者であり，ドイツ，イタリアなど近隣国に電力輸出し，2010年度の売上高は7兆8700億円だった．欧州で「脱原発」を主張する国は少なくないが，それらの国もベース電力として，フランスの原子力発電所で発電された電力を輸入しているのだ．サルコジ大統領は事故後に緊急来日し，日本政府に「原発を中止するな」と訴えた．サルコジ大統領は，2008年の洞爺湖サミットの際，日本に来日しながら日仏首脳会談を拒否して帰国した実績がある．あの時は，「日本の首相と話しても時間の無駄」という考え方を露骨に出していた．それが，わざわざ日本にやってきて日本が原発事業から撤退しないよう懇願したのである．どれほど，フランスにとって，原発が重要かわかるというものだ．

英国は，事故後静かに国内の原発維持を確認した．後に，2016年，英国はフランス電力公社（EDF）が主導し，中国企業が出資する原子力発電所建設を決定した．英南西部ヒンクリーポイントで新設されるこの原発は総工費240億ドル．中国側の出資は80億ドルとなる．ヒンクリーポイント原発は2020年代半ばの稼動開始を予定している．英国は石炭火力発電所を2025年までに閉鎖する計画で，同原発の稼動開始後は，英国の電力需要の約7％を供給することになっている．

逆に，原発からの撤退を決めたのは，ドイツ，イタリア，スイスなどである．今後は，「代替エネルギー＋天然ガス」を主力の電源として想定している．ただし，欧州は全域で電力を融通し合うシステムを導入しており，これらの国はフランスの原発で発電された電力を，事実上使っている．

オーストラリアは，世界最大のウラン輸出国だが，原発を保有していないし，原発を建設する計画がない．かつて計画されていた原発建設計画は頓挫してしまっている．米国が，大量の豪州産ウランの購入を契約しているが，世界中にウランを輸出する能力を持っている．オーストラリア自身，太平洋の大国となろうという意欲が強い国である．自身が潜在的に核保有可能な国であると同時に，核拡散の引き金を引ける国でもある．米国にとって，同盟国の1つであるが，決して目を離せない国でもある．

そして，福島第一原発事故の当事国，日本である．日本は59基の原発を保有しているが，事故後，関西電力高浜原発3・4号機，九州電力川内原発1・2号機のみ稼働している．残りは，廃炉準備中及び廃炉が決まったものが19基，停止中が36基である．他に，建設中の原発が青森に2基，島根に1基あり，計画中のものが8基ある（2017年11月現在）．2010年6月の政府の「エネルギー基本計画」では，「2030年には電力供給の5割を原発で賄う」とされ，「14基の原発を新設・増設」が明記されていたが，見直しを余儀なくされている[3]．原発反対に世論の声は大きいが，一方で原発に絡む既得権益は，幅広く日本社会に根付いており，原発推進の政治的圧力も強い．また，米国やフランスなど原発推進国からの「政治的」圧力も決して無視できない．日本政府は，極めて難しい政治的判断を迫られることになる．

今後，なによりも深刻な問題として浮上してくるのは，「使用済み核燃料」の問題であろう．近年，「脱原発派」に転じた小泉純一郎元首相は，自身が首相在任時に推進した原発建設を「間違いであった」と断じ，原発を「トイレのないマンション」だと批判している．原発の軽水炉でウラン燃料を使用すると，核分裂反応でウランとプルトニウム（核兵器に転用可能）が発生する．使用済み核燃料をどうするかは，実は1970年代から国家的な課題となってきた．

日本は，プルトニウム対策の切り札として，高速増殖炉「もんじゅ」を開発してきた．これは，1）使用済み核燃料からプルトニウムを再処理で取り出し，二酸化プルトニウムと二酸化ウランを混ぜてMOX燃料を作る．2）炉の中で高速中性子を使って，MOX燃料の中のプルトニウムの核分裂反応を起こさせる．3）そのままで核分裂を起こさないウラン238をプルトニウム239に換えて高出力を取りだし，再び発電の燃料として使う，というものだ．高速増殖炉が

実用化すれば，ウラン燃料を使う原発で使った燃料を，青森県六ヶ所村に計画されていた再処理工場で再処理し，高速増殖炉で使うことができる．

しかし，1995年12月8日，「もんじゅ」で火災が発生し，配管から冷却用の金属ナトリウムが漏れるという事故を起こした．この事故情報を動燃（動力炉・核燃料開発事業団）が隠ぺいしたことが発覚したため，高速増殖炉による核燃料サイクルの計画は事実上推進不可能になった（小出, 2010: 40-43）．

そこで政府は1997年2月，「プルサーマル計画」を閣議決定した．これは，現在の原発でプルトニウム燃料を燃やし，通常の原子炉同様，熱中性子を核分裂に使う．そして，行き場がなくなったプルトニウムを各地の原発で消費するというものだ．これは，「プルトニウムを持たない」という日本政府の国際公約を実現するための最後の頼みの綱であった．だが，プルサーマル計画は，核燃料の検査データ不正や原発事故により，当初計画が10年以上遅れているのが現状だ（中村, 2006: 112-124）．

近年，日本の使用済み核燃料の問題は，国際的にも批判の目に晒されるようになっている．例えば，2010年にはイランが「日本はトン単位でプルトニウムを保有している」と公然と批判し，日本の核武装の懸念を指摘している．

(5) 日本の原子力産業の苦境

前述の通り，日本企業は，世界の三大原子力産業グループに多額の出資をしている．新興国の台頭，「原発は環境にやさしい」の言説の流布で，世界的な原発建設の需要を見込んだものだった．だが，福島第一原発事故後，状況は暗転してしまった．

2017年，フランス政府の要請に応じて，三菱重工は提携関係にある仏原子力大手・アレバの500億円近い出資要請に応じることになった．しかし，海外でも原子力発電所の建設計画が次々に暗礁に乗り上げる中で，アレバは破綻の危機に瀕していた．三菱重工は「従来のアレバとの緊密な関係を維持するため」と説明しているが，同社の決断の背後には，苦境に喘ぐアレバが「中国核工業集団」（CNNC）に支援を求めていることがある．最先端の原子力関連技術が中国に流出することを恐れる日本政府が，三菱重工に強い圧力をかけたという話である．

そして，経営破たんに陥った東芝である．その発端が，2016年12月27日に東芝が発表した米国の原子力事業の巨額損失だ．WH は，2008年に米国南部のジョージア州で2基，サウスカロライナ州で2基を合わせて4基の原発建設を受注した．

しかし，2011年3月の福島第一原子力発電所事故の後，米国で原発の安全基準が厳格化されて，安全基準を満たすために設備や資材の費用が上昇し，建設の工期が伸びることで人件費も膨らみ，全体の建設コストが受注した時点の想定を大きく上回って，巨額の損失となってしまった．2017年の年明け，東芝から提出された有価証券報告書は，約2700億円の債務超過が記されていた．

この苦境に対して，東芝は堅調に利益を出してきたメモリ事業を売却して，原子力事業を継続することを発表した．安全規制の強化による建設コストの拡大という世界的な流れのなかで原子力事業は大きなリスクのあるビジネスとなっている．しかし，米国，フランス，そして日本は原子力ビジネスから離れることはできないようだ．

6.2. 原発輸出と地政学

本章の最後に，日本国内で国論を二分しているといえる「原発輸出」について考える．現状の日本国内の議論は，「反原発」のイデオロギー的な観点からの議論に傾きすぎではないだろうか．新興国などで原発建設の需要が増えている一方で，世界的な核拡散のリスクの高まりという世界の現状から目を背けては，議論にならないのではないだろうか．本章では，地政学をベースに，海外に目を向けた考察をしてみたい．

（1） 原発を輸出する理由

現在，原発輸出を進めるのは，世界の主要な原子力関連企業と，原子炉を設計・製造できる重電メーカーを持つ国である．それは，米国，カナダ，ロシア，フランス，日本，韓国，中国ということになる．それらの国は，急成長している中国を除けば，国内の新増設はあまり望めない状況である．そこで，海外市場の開拓に懸命になっている．

それは，原子力産業の延命を賭けた戦いである．仮に，原子炉の運転期間を40年と想定すると，現在稼働中の原発は次々と運転終了することになる．もし，現在の規模で原子力産業を存続しようとすれば，2020年までに約300基が新たに操業開始しないといけないということになる．それは既に不可能なことは明らかなので，原子力産業は縮小を余儀なくされている．しかし，現在持っている高度な技術を維持するために，生き残りをかけて世界中で受注合戦を繰り広げているのである（鈴木，2014: 38-40）．

（2） 原発を輸入する理由

端的に言えば，多くの新興国が経済成長し，電力が不足しているからである．ただし，数多い電源の中で，原子力を望む理由となると様々である．例えば，中東のヨルダンは，海水淡水化のための電力供給に原発が必要と考えている．その他の中東産油国は，石油を外貨獲得用に残すために，国内で使用する電力は原発で賄いたいと考えている．東欧は，ロシアからのパイプラインによる天然ガス輸入への依存を減らすために原発を導入したいのである．その他，純粋な電力供給以外に，いろいろな目論見から原発を輸入したい国が存在する（村上，2010: 69-100）．

いずれにせよ，世界には原子炉とその関連技術を購入したい国がある．しかし，政治，経済に起因する複雑な事情から，これまで原発輸出の対象から外されたり，導入計画が頓挫したりしてきた．先進国が原発輸出に積極的になっている今，発電用原子炉を入手する絶好の機会を逃すまいとしているのだ．[4]

（3） 日米が原発輸出に積極的な理由

日本政府は1980年代から原発輸出を目指した．それまで，日本は機器や部品の輸出例はあるが，プラント一式は実績がなかった．本格的に原発輸出に取り組み出したのは，小泉政権が「原子力政策大綱」を閣議決定した2005年以降で，その後，2010年に菅直人政権，ベトナム政府とニントゥアン第2原発建設で正式合意した（鈴木，2014: 22-24）．そこまでは順調のように見えたが，2011年の福島第一原発事故で頓挫した．2012年12月に安倍晋三政権が登場すると，再び原発輸出推進に舵を切った．安倍首相はトルコのエルドアン首相と原子力協定

を締結した．そして，日本企業が参加する国際共同企業体がトルコ側と，シノップ原発プロジェクトの商業契約について大筋合意したのだ（鈴木，2014: 9）．

しかし，なぜ2005年まで，日本の原発輸出が困難だったのであろうか．それは，「日米原子力協定」が存在していたからである．米国は，原子炉や核燃料などを他国に供給する際，その利用を平和目的に限ることや，第三国移転に関する規制を取り決めた協定を「受領国」との間で締結した．そして，日本が米国起源の製品，米国起源の技術を用いて製造した製品を第三国に輸出するには，日本政府だけでなく，米国議会・政府の輸出承認が必要となっていたのである．例えば，「ライセンス契約」による制約があり，米メーカーは，技術の「設計ライセンス」を持っているので，日本メーカーの製品でも第三国に輸出するには，米メーカーに使用料を支払わなければならないということになる．この手続きの煩わしさが，日本が原発輸出に積極的に取り組めなかった理由である（鈴木，2014: 56-71）．

しかし，小泉政権後に状況は変わる．後継の第一次安倍政権は，2007年4月「日米原子力共同行動計画」を締結した．そこでは，日米の研究開発協力，特に再処理と高速増殖炉の共同研究が明記されており，国際協力銀行による融資など，米国における原発新規建設支援のための日米の政策協調が合意されていた．また，米国の国際社会における協力事項として，「核燃料供給メカニズムの構築」や「核不拡散を確保しつつ第三国への原子力導入・拡大支援」での日米協調が示されていた．要するに，日本は米国の原子力産業の再建を技術面・資金面で支援し，日米は共同で原子力輸出を進めるという体制が構築された（鈴木，2014: 88-94）．

一方，米国がなぜ原発輸出に積極的かである．前述の通り，2000年代になって，新興国の台頭による原発建設需要の高まりとともに，ソ連崩壊後のロシアからの核拡散の懸念の高まりや，国際テロリスト集団の出現など，新たな原子力のリスクが浮上してきた．米国は，安全保障の観点から，原子力の「平和利用」におけるリーダーシップの維持が必要となった．だが，米国は1978年から原発の新設がなく，米国の原子力産業は瀕死の状態となり，日系企業等の投資を受けて，なんとか生き残っているような状態だった．このままでは，21世紀半ばには米国の原子力産業は終焉の危機を迎える．その時は，原子力の「平和

利用」において米国の影響力は完全に失われ，世界は核拡散の危険にさらされることになる．そこで，ジョージ・W. ブッシュ Jr 政権は，米国内の原発新設，および原発輸出推進を決定したのである．この政策は，党派が異なるにもかかわらず，後継のオバマ政権にも引き継がれた（鈴木，2014: 78-91）．

（4） 原発輸出を巡る地政学

ここで，原発輸出を巡る地政学を考えてみたい．元々，「原子力の平和利用」は米国主導の核拡散防止の重要ツールであった．東西冷戦期には，米国は共産主義と対峙するための戦略拠点にある同盟国に対して，「原子力協定」を締結して，核エネルギーを平和利用のみに限定することを条件にして，原子炉や核燃料を提供していた．要するに，原子力協定を通じて，同盟国の原子力活動を厳しく管理，規制してきたのである．

しかし，過去に米国メーカーが供給した，あるいはライセンス生産された原子炉は，仮に運転期間を60年まで延長しても21世紀半ばにほぼ全てが運転を終

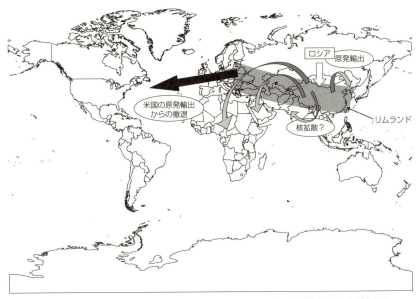

もしも米国が原発輸出から撤退したら，ロシアが進出して，世界中に核拡散するリスクが高まる．

図6-3　原発輸出の地政学

了するという状況である．そうなると，原子力の平和利用における米国の影響力は全てなくなることになる．その時，米国がいなくなる空白には，新たに有力な「原発供給国」が出現することになるだろう．

　米国に取って代わる有力な「供給国」となる可能性があるのは，ロシア，フランス，中国である．特に米国が警戒するのはロシアだ．2006年，プーチン大統領は原子力事業支援策を発表した．それは，ロシアに民生用と軍事用を垂直統合した巨大な原子力企業を誕生させて，国内の原発新設と海外への原発輸出を強力に推進するという宣言であった．

　ロシアの原子力産業には，米国を不安にさせるだけの圧倒的な強みがある．それは，広い国土と豊富な資源を有することからくる強みである．ロシアは，国内で原子炉製造能力，ウラン鉱山，ウラン濃縮工場，再処理工場を保有している．つまり，これらの核燃料サービスを，新興国に対してパッケージで供給することができるのだ．これは，原発輸出を推進するにあたり，圧倒的に有利である．

　既に，ロシアはインド，中国，ベラルーシ，バングラデシュ，トルコ，ベトナム，フィンランドから原発プラントを受注しており，ヨルダンと最終交渉中だという．これらの国が，原発で発生した使用済み燃料をロシアに持ち込んで再処理を委託し，プルトニウムを保有することになると，一挙に世界中に各拡散し，ならず者国家が核兵器を保有してしまう懸念がある（会川，2011）．これは，米国にとっては絶対的に許しがたいことである．前述のように，米国やフランスの原子力産業が，経営破たんの危機に陥りながらも，絶対に事業をやめられない理由であり，日本が投資を続けなければならない理由である（鈴木，2014: 209-213）．

　但し，トランプ大統領のアメリカ・ファーストによって，米国の原発輸出の政策が転換する可能性は排除できない．原発輸出が，米国の原子力産業にとって損失が膨らむばかりのものであれば，トランプ大統領は撤退という判断をしても全くおかしくないのだ．そのカギは，後述するが北朝鮮ミサイル開発問題へのトランプ政権の関与に典型的に示されるように，ロシアや中国が主導する新興国の原発開発による核拡散が，米国に直接的な被害をもたらすということになるかだろう．被害をもたらすということになれば，アメリカ・ファースト

によって，米国は介入を始めることになる．

　一方，米国に直接関係がないとして，米国が核拡散に関心を示さなくなる場合，日本を含む他の国がどう対応していくかは，相当な難題となるだろう．だが，日本はその想定はしておく必要があるのではないだろうか．

　このように，原子力の平和利用，原発輸出も，突き詰めるとシーパワー・米国・日本と，ランドパワー・ロシアの対立構図となっている．そして，両陣営が原発輸出の受注を競っている国の多くは，核拡散を防がなければならない「ならず者国家」であり，リムランド上の地政学の重要拠点にある．日本では，リベラル系の政治家・識者・メディアを中心に，日本の原発輸出に全面的に反対だが，原発輸出の是非は，地政学の観点から検討する必要があるのである．

注
1) 『IPCC 第4次評価報告書 統合報告書 概要 日本語訳』<http://www.env.go.jp/earth/ipcc/4th/ar4syr.pdf>，2017年11月12日．
2) GE グループの事業は幅広く，航空機エンジン，医療機器，産業用ソフトウェア，各種センサ，鉄道機器，発電および送電機器（火力発電用ガスタービン，モーター，原子力），水処理機器，化学プロセス，鉱山機械，石油・ガス（油田サービス，天然ガス採掘機器，海洋掘削），家庭用電化製品（LED 照明，スマートメーター），金融事業（法人向けファイナンス，不動産ファイナンス，各種リース，銀行，信販）など様々な分野でビジネスを行っている．
3) 経済産業省『エネルギー基本計画』<http://www.meti.go.jp/committee/summary/0004657/energy.pdf>，2017年11月12日．
4) ベトナム，インドネシア，タイ，マレーシア，インド，パキスタン，バングラデシュ，カザフスタン，モンゴル，トルコ，ヨルダン，UAE，サウジアラビア，エジプト，ポーランド，リトアニア，チリ，ナイジェリアなどである（鈴木，2014）．

参考文献
会川晴之『独裁者に原爆を売る男たち：核の世界地図』文藝春秋（文春新書）2011年．
石井孝明『京都議定書は実現できるのか』平凡社，2004年．
岩間敏『世界がわかる石油戦略』筑摩書房（ちくま新書）2010年．
クック，ステファニー『原子力　その隠蔽された真実』藤井留美訳，飛鳥新社，2011年．
小出裕章『隠される原子力：核の真実』創史社，2010年．
鈴木真奈美『日本はなぜ原発を輸出するのか』平凡社，2014年．
田原総一朗『ドキュメント東京電力：福島原発誕生の内幕』文藝春秋（文春文庫）2011年．

広瀬隆『地球のゆくえ』集英社文庫，1997年．
中村政雄『原子力と環境』中央公論社（中公新書）2006年．
村上朋子『激化する国際原子力商戦』エネルギーフォーラム，2010年．
山岡淳一郎『田中角栄　封じられた資源戦略』草思社，2009年．

第7章

シェール革命とアメリカ・ファースト

　ここまで，石油，天然ガス，原子力を巡る国際関係の歴史を辿ってきた．一言で言えば，シーパワーの米国・英国らとランドパワーであるロシア（ソ連）のエネルギーを巡る争い，特にシーパワー側が，資源供給国との関係を構築し，リムランド上にある戦略拠点に同盟国を築き，その領土と資源の輸送路を守ることでランドパワーの拡大を押さえようとする歴史であった．

　しかし，シーパワー米国が築いてきた国際関係が大きく変わろうとしている．その根本にあるものは「シェール石油」「シェールガス」の出現にある．本章は，「シェール革命」と米国の変化について考察する．

7.1. シェール石油・シェールガスとは

　シェール石油・ガスは「非在来型エネルギー資源」と呼ばれている．在来型の石油・天然ガスは，生命体（プランクトンのことが多い）が地中の堆積層に閉じ込められ，これに熱と圧力が何百万年も加えられて石油に変質し，地下中深部や地層（油層）に溜まる．これまで，世界中で採掘されてきた石油の大半は，このような採掘しやすい従来型の油層に存在している．もっとも，全ての石油が，採掘しやすい場所に存在するのではない．むしろ，世界の石油資源の約90%が，採掘が困難な地下の固い岩石中に閉じ込められ，これまでは開発・実用化が非常に困難で高いコストがかかる場所にある（ゼイハン，2016: 172）．この従来の資源採掘層ではない地層の1つが頁岩（シェール）層である．

　シェール層は，長く薄い水平な層で，何万平方キロメートルにも広がっていることが多い．従って，垂直に掘る従来の採掘技術はほとんど役に立たず，開発が困難であった．しかし，水圧を利用して岩を砕く技術である「水圧粉砕法」と，複雑な馳走構造を持つ地中を掘り進め，正確に目的地点に達すること

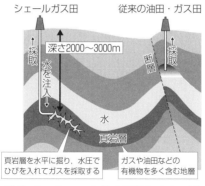

図7-1　シェールガス掘削のイメージ

を可能にした「水平掘削法」採掘という2つの技術を併用（フラッキングと呼ばれる）ことができるようになり，開発が可能になってきた（ゼイハン，2016: 174）．しかも，これまで開発されずに閉じ込められていた分，資源の量が豊富であり，これが開発されれば，世界の経済に非常に波及効果が大きいと考えられる．

シェールガス・オイルは米国をはじめ世界に広がって埋蔵されている．確認されているだけで世界32カ国に埋蔵されているという．その中には，従来資源輸入国だった国が，「潜在的な資源国」として多く含まれている．従来の石油・天然ガスは特定の地域に偏在していたが，技術革新によって，これまで採掘が不可能だった地域でも，開発が可能になりつつあるからである（藤田，2013: 116-151）．

7.2.「シェール革命」と米国

ところで，シェール石油・ガスを巡る現象が，なぜ「シェール革命」と呼ばれるのだろうか．「革命」とは，既存の価値や制度が根本的に変わっていくことをいう．例えば，過去を振り返れば，1990年代には「IT革命」，2000年代の「BRICS」と，「革命」と呼ばれる現象があった．そして，2010年代は「シェール革命」がそれに該当すると考えられている（藤田，2013: 1-4）．単に資源エネルギーの生産や価格の情勢を大きく変化させるだけにとどまらず，様々な国家

の財政・経済成長のパワーを劇的に変えて，世界の「覇権の構図」を大きく塗り替えようとしているからである．

シェール石油・ガスの本格的な生産は，2000年代に始まった．米国内の原油生産量は，2007年847万バレルだったが，2011年には1014万バレルに拡大している．「エネルギー情報局（EIA）」が2012年8月に発表した報告書によれば，シェールオイルの生産量は，米国のエネルギー省の一部である日量200万バレル，つまりノルウェーの石油生産量とほぼ同程度となっている（ゼイハン，2016: 175）．そして，そのわずか16カ月後の2013年12月，シェールオイルの生産量は日量200万バレルから380万バレルまで増大した．2012年に米国はロシアを抜いて世界第2位の産油国になり，2014年時点で，アメリカは世界最大の産油国になっている．サウジアラビアより多量の石油を生産しているのだ．また，米国は世界最大の石油輸入国であったが，輸出国に転じる．2020年時点で，米国の石油生産は，消費を1日当たり300万バレル上回り，米国が石油の「純輸出国」になるのである（藤田，2013: 52-56）．

一方，天然ガスについては，2005年には18兆1000億立方フィートだった天然ガス生産が，2013年25兆立方フィートを超えた．シェールガスの開発が可能となったことで，米国の天然ガス全体の埋蔵量は，従来型天然ガス埋蔵量404兆立方メートルに非従来型天然ガス埋蔵量406兆立方メートルを加えて，2倍以上に増えたことになる．これは世界の天然ガス年間消費量の250年分以上に相当する莫大な量である．その結果，世界の天然ガスの需給に多大なる影響を与えることになり，天然ガス価格は2008年から2012年に80％も下落することになった．北米大陸は，2020年までに完全にエネルギー自給を実現するといっても過言ではない（ゼイハン，2016: 176-178）．

現在のところ，「シェール革命」の恩恵は米国に集中している．シェール石油・ガスの開発が，米国に集中しているからである．なぜかといえば，米国は石油，天然ガスの集積，輸送，分配に使用することができる既存の設備を国内に整備済みである．他の国が，これらの必要なインフラを整備しようとすれば，何兆ドルもの設備投資と数十年の時間が必要になってくる（ゼイハン，2016: 187-188）．また，シェール石油・ガスの開発は，大企業よりも主にベンチャー企業によって行われている．米国は，小規模ビジネスの伝統を持ち，産業への参入

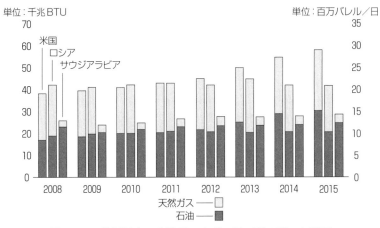

図7-2　世界最大の産油国・産ガス国に返り咲いた米国

(注)　米国は2011年,ロシアを上回り,世界最大の産ガス国となり,2013年,サウジアラビアを上回り,世界最大の産油国となった.
(出所)　大先(2016)を参考に筆者作成.

障壁が低く,枠にとらわれない考え方を奨励する進んだ教育システムを持っている(渡辺,2015: 17-36).米国は,シェール産業の発展に必要な労働力を生み出すことについて,他の国よりも圧倒的な優位性を持っているといえる.

「シェール革命」は,米国経済を復活させると考えられている.まず,「シェール革命」によって米国内の産業のIT化,空洞化による雇用不振を解消し,多くの雇用を生み出すと考えられる.エネルギー産業の活性化によって,パイプライン,LNGプラント建設などインフラ整備が行われる.また,ガソリン価格や燃料価格低下によって,石油・ガスを消費する様々な工場で,大きな設備投資が行われ,雇用が増加する.シティグループ証券の分析によると,「シェール革命」で合計360万人の新規雇用が発生すると予測されている(中原,2013).

米国では,「ものづくり」が復活している.「シェール革命」でガソリン,光熱費,原材料のコストが低下する.コカ・コーラ,マクドナルド,プロスター・アンド・ギャンブル(P&G),エクソン・モービル,シェブロンといった,素材,消費関連の米国企業が幅広くメリットを受けることになる.特に化学産業では恩恵が大きい.当面,石油や天然ガス価格が安い状況が続くため,天然

ガスを原料とするエチレンの価格下落につながる．ダウ・ケミカル，エクソン・モービルなど米国に工場を持つ石油化学メーカーにとっては，大きなメリットがあるだろう．更に，米国を長年悩ませてきた，財政赤字の急激な縮小が起きると考えられる．シェール革命による景気回復が起こると，政府の歳入も急拡大していく．また，景気対策や雇用関係の歳出が減少し，財政収支が改善していく．これは，1990年代のITバブル時，リーマンショック前の住宅バブル時に見られた現象と同じである（藤田，2013: 51-84）．

7.3. 「シェール革命」の国際社会への影響

「シェール革命」が米国の変化を超えて，国際社会に与えている影響を考える．まず，「シェール革命」によって，世界の石油・ガスの供給量が劇的に増大した．石油・ガスの「希少性」が失われ，いつか石油は枯渇するものという，いわゆる「ピークオイル論」が消えた．その上，2008年の世界的経済危機の後，先進国経済の不振の長期化と中国の成長率鈍化によって，「需要」の増加は見込めない状況が続いている．また，「シェール革命」による米国経済の復活は，金融政策を変化させた．米国は2008年の世界的な経済危機後，超金融緩和を続けてきたが，経済の回復により，金利の引き上げを始めている．これによって，2000年代に全般的に続いていた，「ドル安，原油高」の流れが，「ドル高，原油安」に転換した．これらの要因が重なったことで，長期的に原油価格の低下傾向が続いているのである（中原，2013）．

長期的な原油価格の低下傾向が続くことで，これまで隠れてきた産油国の弱点が明らかになってきた．まず，従来のような原油の供給量をコントロールし，高価格を維持することで米国とその同盟国に対して強い政治力を確保する手法が，通用しなくなった．特に，国際政治において，かつて強大な影響力を誇ったOPECは見る影もなくなった（福富，2015: 17-34）．

また，産油国経済の脆弱な体質が明らかになってきた．産油国の脆弱性とは，石油価格の下落が石油収入・税収の激減に直結し，時には国家財政破綻に至る経済危機に直結してしまうことだ．例えば，ロシアは旧ソ連時代の軍需産業のような高度な技術力を失っている．モノを作る技術力がなく，石油・天然ガス

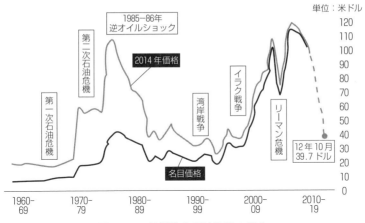

図7-3 長期的な原油価格の動向
(出所) 大先（2016）を参考に筆者作成.

を単純に輸出するだけだと，価格の下落は経済力低下に直結してしまうのだ．実際，現在の長期的な原油価格の下落は，ロシア経済に深刻なダメージを与えている．輸出による利益が減少，通貨ルーブルが暴落し，石油・天然ガス関係企業の開発投資がストップし，アルミ，銅，石炭，鉄鋼，石油化学，自動車などの産業で生産縮小や工場閉鎖が起きているのだ（ゴールドマン，2010）．

石油・ガスなどの天然資源を中心とした産業は，資本集約型産業であり，雇用効果は製造業や軽工業に比べるとかなり低い．たとえ石油価格が上昇しても，雇用の機会が限られ，庶民の雇用拡大につながらない．むしろ貧富の差が更に広がるだけとなってしまう．

したがって，雇用問題解決・経済格差の是正のためには，モノカルチャー的な石油資源産業から脱却し，労働集約型産業である製造業を育成する必要となる．これは産油国と需要国の関係性を真逆にする．例えば，ロシアやサウジアラビアは，製造業の育成のために，かつては歯牙にもかけなかった日本に擦り寄り，関係強化に努めるようになっている．

石油・ガス価格の下落からは，他にも様々な影響が出ている．「シェール革命」以前のエネルギー開発は，中東・アジアなど比較的簡単に開発できた油田などが，次第に枯渇に向かっていることから，技術的に難易度が高い海底油田，

深海油田の開発や，アフリカなど消費地から離れた油田の開発が中心になっていた．また，石油の輸送に関して，治安が悪い地域からの長距離パイプラインの敷設が必要になってきた．その他にも，アルゼンチンによる外資系企業の強制接収，アルジェリアでの天然ガス施設襲撃事件など，カントリーリスクの高い，治安の悪化した地域での開発が増えていた．つまり，石油・ガスの開発は，膨大な資金が必要で，さまざまなリスクをはらむビジネスとなっていた．巨額の開発資金やリスクの負担には，巨大企業体でないと耐えられない．これが，1990年代から2000年代初期にかけて，エネルギー企業同士の大型買収，合併が急激に増加し，エクソン・モービル，シェブロン，ロイヤル・ダッチ・シェル，トタル，BPなど，「スーパーメジャー」と呼ばれる巨大企業体が出現した理由であった（奥村他，2009）．

しかし，「シェール革命」が起きると，インフラが整っている米国の陸上で石油・ガスの開発が行われるようになった．しかも，採掘の当たり外れが比較的少ない．シェール石油・ガスは低リスク，低コストで開発ができるのである．そのため，中小企業やベンチャー企業が多く参画している．

一方，スーパーメジャーはシェール石油・ガス開発への参入が遅れた．開発によって，石油・ガスが供給過多となり，価格下落が起きると，スーパーメジャーは経営に打撃を受けるからであった．前述の通り，スーパーメジャーは高コストの油田・ガス田を開発してきた．価格下落が起きると，これまで開発にかかった莫大な費用を回収するのが困難になる．だから，メジャーは開発コストが安価なシェールガス・オイルの開発に簡単に手を出せなかったのだ（藤田，2013: 38-40）．

この状況は，90年代のコンピューター業界に似ているという指摘がある．元々，巨大コンピューター市場を独占していたのはIBMであった．パソコンが登場した時，IBMはパソコン事業を軽視し，マイクロソフト・インテルにアウトソーシングした．結果，IBMは経営危機に陥った（藤田，2013: 46-48）．「シェール革命」でも同様の現象を起きて，スーパーメジャーが経営危機に陥り，世界中の石油・ガス開発から撤退することがあるかもしれない．

7.4.「アメリカ・ファースト」と「生存圏」を争う国際社会へ
——「アメリカ・ファースト」による，世界の新しい潮流

　本章はここまで，「シェール革命」による米国と国際社会の変化をみてきた．「シェール革命」によって，米国が石油・ガスを自国内で自給できるようになり，製造業が復活し，経済全体が活性化していくと，莫大な費用をかけて世界中の油田・ガス田を探して開発し，世界中の海上輸送路を守る「世界の警察」を務めることに次第に関心がなくなっていくことになる．ましてや，世界中の国からの輸出を受け入れて，経済成長を助けるなどということに，意味を見出すことはできなくなる．要は，米国は軍事的にも経済的にも，独りでやっていけるので，他国のことに干渉する必要がなくなる．元々，米国は「孤立主義」の伝統があるが，それが極端な形で出たのが，トランプ大統領の「アメリカ・ファースト」だといえるかもしれない．

　「アメリカ・ファースト」は何かを知るために，トランプ大統領のこれまでの言動を振り返ってみたい．大統領は，就任式での演説で「米国製品を買い，米労働者を雇って，米国を再び偉大な国にする」と宣言した．就任式後には早速，医療保険制度改革（オバマケア）の改廃を支持する大統領令に署名した．「環太平洋経済連携協定（TPP）」からの離脱も宣言した[1]．本章の内容を振り返れば，トランプ大統領の言動の過激さの背景に，「シェール革命」から始まった米国の確実な変化を見ることができるだろう．

　そして，時代の大きな転換点といえる新しい流れが起こっている．米軍は中東への関心を明らかに失っており，特に同盟国であったサウジアラビアとの関係が徐々に弱まっている．その結果起こったことが，サウジアラビアとイランの断交であろう[2]．米国のサウジアラビアに対するプレゼンスが下がったため，中東のもう1つの大国で，米国と関係の悪いイランのパワーが相対的に上がったために起こったことである．また，第1章で取り上げた，中国の南シナ海への進出は，米国がフィリピンの基地から撤退した「力の空白」を中国が埋めたものだ．

　今後世界に起こることは，国境を越えて全ての国が相互依存を深める「グロ

ーバル化」から，それぞれの国が「生存圏」³⁾をどう確立するかという「ブロック化」の時代に変わっていくことだと考える．以降の章では，「ブロック化」の核となるポテンシャルがあると考えられる米国以外の4カ国，英国，ロシア，ドイツ，中国の関係から，中長期的に「新しい世界」がどうなるか，そして日本はどうすべきかを考えてみたい．

注
1）『日本経済新聞』2017年1月21日．
2）『日本経済新聞』2016年1月4日．
3）「生存圏」の概念は，ハウスホーファーの友人だったフリードリヒ・ラッチェルが，弱肉強食を肯定する「社会ダーウィニズム」を基に考え，ハウスホーファーによって，「東欧」をドイツの「生存圏」にすべく支配しなければならないとする理論に練り上げられた．ラッチェル（2006）を参照のこと．またこの過程は，Strausz-Hupe（1942）に詳述されている．

参考文献
大先一正『最近のシェールガスを巡る情勢について―わが国の天然ガス・LNG 政策に対するインプリケーション』2016年，<http://home.a01.itscom.net/my-room/oosakishale2016.pdf>，2017年11月4日．
奥村晧一・竹原美佳他『21世紀世界石油市場と中国インパクト』創風社，2009年．
ゴールドマン，マーシャル・I.『石油国家ロシア』鈴木博信訳，日本経済新聞社，2010年．
ゼイハン，ピーター『地政学で読む世界覇権2030』木村高子訳，東洋経済新報社，2016年．
中原圭介『シェール革命後の世界勢力図』ダイヤモンド社，2013年．
藤田勉『シェール革命で日本が再浮上する』毎日新聞社，2013年．
福富満久『Gゼロ時代のエネルギー地政学』岩波書店，2015年．
ラッチェル，フリードリッヒ『人類地理学』由比濱省吾訳，古今書院，2006年．
渡辺靖『沈まぬアメリカ：拡散するソフト・パワーとその進化』新潮社，2015年．
Strausz-Hupe, R., *Geopolitics, The Struggle for Space and Power*, G. P. Putnam & Sons, 1942.

第8章

「EU 離脱後」の英国を考える

　本章は，英国の将来について考察してみたい．英国は，かつて大英帝国として世界最大のシーパワーであった国であり，第二次世界大戦後に覇権国家となった米国の築いた国際秩序でも，最大の同盟国としての地位を得てきた．しかし，国民投票による「EU 離脱」の決定で，その将来は不透明になってきた．本章は，アメリカ・ファーストの時代に，英国はどのような「生存圏」を築ける可能性があるのかを考えてみたい．

8.1. 英国の「EU 離脱」

　2016年6月23日，英国の「EU 離脱」の是非を決める「国民投票」が実施された．当初，「EU 残留派（以下「残留派」）」が有利と見られていたが，予想に反して「EU 離脱派（以下「離脱派」）」への支持が大幅に伸びた．各種世論調査では，残留派・離脱派の支持率は拮抗し，両派の対立は過熱した．遂に残留派である労働党の女性下院議員ジョー・コックス氏が，「ブリテン・ファースト！」と叫ぶ離脱派とみられる男に銃で撃たれ，死亡する事件まで起こる事態となってしまった[1]．

（1）　ボリス・ジョンソン前ロンドン市長がディビッド・キャメロン首相に挑んだ「権力闘争」としての EU 離脱

　離脱派への支持が大幅に伸びた要因は，保守党下院議員で，前ロンドン市長のボリス・ジョンソン氏が EU 離脱への支持を表明し，離脱派のキャンペーンの中心となったからだろう．ジョンソン氏は，ボサボサのブロンドのヘア・スタイルと聴衆の心を掴む巧みな演説で英国屈指の人気政治家であり，ディビッド・キャメロン首相のライバルとして，次期首相候補とも呼ばれてきた[2]．

最近までロンドン市長を務めてきたジョンソン氏は，世界中の企業をロンドンに誘致することに取り組んできた．規制緩和や構造改革に熱心とみられたジョンソン氏が突如離脱派への支持を表明したことは，英国内に強烈なインパクトを与えた．与党保守党内からは，閣僚からも離脱派が多数出て，残留派のキャメロン首相・オズボーン財務相らと対立し，分裂状態となった．330人の保守党下院議員のうち，100人余りが離脱支持者だと言われた．

英国のEU離脱は，日本では世界経済への影響という観点から論じられることがほとんどだ．だが，これには英国首相の座を巡る権力闘争という側面があった．キャメロン首相は，2014年にスコットランド独立の是非を問う住民投票を勝ち抜いた．財政再建・構造改革を軌道に乗せた経済財政政策へも高い評価を得た．2015年5月の総選挙で勝利を収め，さらに2020年まで5年間の首相任期を手に入れた．そして，イングランド独立党などナショナリズムの台頭をも抑えたことで，キャメロン首相の権力は盤石となったように思えた．

また，キャメロン首相の相棒として，財政再建を軌道に乗せたジョージ・オズボーン財務相の評価も高まった．オズボーン財務相は中国との経済関係強化も主導し，「事実上の外相」とも呼ばれるようになり，首相の後継者として一番手と認識されるようになっていた．

（2） ジョンソン氏はただのポピュリストではなく優れた実務家であり現実主義者

一方，ロンドン市長としてオリンピックを成功させたジョンソン氏は，2015年5月の総選挙までは，有力な首相の後継者と見られてきた．総選挙の直前まで，キャメロン政権の支持率が低迷したこともあり，ジョンソン氏がロンドン市長退任後，保守党党首・首相となることは，近い将来のことと考えられていた．しかし，総選挙の勝利でキャメロン首相・オズボーン財務相が権力基盤を盤石にしていくことになり，ジョンソン氏は次第に存在感を失い始めた．

勢いに乗ったキャメロン首相・オズボーン財務相は，2016年2月のEU首脳会議で移民急増に対応して緊急措置をとったり，各国がEU法案の撤回を求めたりすることができるといった，EU改革案を引き出した．キャメロン首相は「英国はEUのなかで特別な地位を勝ち取った」と自信満々で6月23日の国民

投票に臨むつもりであった[5]．

　この状況を，ジョンソン氏がおもしろくないと感じたことは，想像に難くない．そもそも，英国政治では世代交代が頻繁に起こり，若手の指導者が登場する．5年も待っていたら，キャメロン・オズボーンどころか，さらに若い世代の政治家から突き上げられて，首相候補の座から追い出されてしまう懸念がある．そこで，ジョンソン氏は動いた．突如，EU離脱派の先頭に立ったのである．

　ジョンソン氏の豹変は，国民投票における離脱派の勝利が，盤石な権力基盤を持つキャメロン首相・オズボーン財務相を引きずり降ろし，首相の座をつかみ取る唯一のチャンスだったからだろう．

　ジョンソン氏は，移民の増大によって，英国人の生活に数々の不安がもたらされると煽り，離脱のデメリットを強調する政府や経済界のやり方を「プロジェクトフィアー（恐怖作戦）」だと猛批判した．その過激な発言によって，ジョンソン氏は，「髪型がまだましなドナルド・トランプ」と，残留派のメディアから揶揄されるようになった[6]．

　だが，ジョンソン氏は，ただのポピュリストではない．筆者はかつて学生とともに，ジョンソン氏がロンドン市長として実施していたアプレンティスシップ・プログラム（徒弟制度をモデルにした職人養成制度）などの雇用・職業訓練政策を視察に行ったことがある．

　前述の通り，規制緩和・構造改革への理解もあり，優れた実務家の側面を持っている．また，「結果良ければ全てよし」という現実主義者でもある[7]．EU離脱への支持は，ただ首相になりたいだけの後先考えない行動ではないだろう．ジョンソン氏なりの勝算があったはずだ．

（3）　次期首相候補大本命だったジョンソン氏の突然の不出馬表明

　しかし，住民投票で「EU離脱」が決定した後，与党・保守党内で凄まじい権力闘争が勃発した．まず，驚かされたのが，キャメロン首相が住民投票で「EU残留」が敗北した責任を取って辞任した後，次期首相候補大本命だったジョンソン氏が突然，党首選への不出馬表明をしたことだ．そもそも，首相の座を狙うジョンソン氏がキャメロン首相を引きずり降ろすために動いたことが，

離脱派の勝利をもたらしたのだ．そのジョンソン氏が党首選に出ないのでは，国民投票における離脱派の勝利は，いったいなんだったのかということになる．

ジョンソン氏不出馬の直接的な原因は，離脱派の同志で，党首選でジョンソン氏を支持するはずだったマイケル・ゴーブ司法相が突如「ジョンソン氏には指導力がなく，待ち受ける EU 離脱の使命にふさわしいチームを作れないという結論に達した」と批判し，自ら党首選に出馬すると表明したからだ．[8]

だが，ジョンソン氏不出馬にはそれ以上の裏事情があるようだ．ジョンソン氏の党首選に向けた行動が，ゴーブ司法相の不興を買った可能性がある．英紙によれば，国民投票の後，ジョンソン氏はさまざまな残留派の政治家に対して，首相就任後の人事を餌にしてジョンソン氏への支持を要請して回ったのだという．なんと，残留派の中心であるジョージ・オズボーン財務相に，外相ポストを打診したという噂まで出ているのだ．

ジョンソン氏が残留派に閣僚ポストを約束しなければならなくなったのは，それだけジョンソン氏に対する残留派の包囲網が厳しかったからだといえる．キャメロン首相は潔く退陣を表明したが，その陰でキャメロン支持派の議員たちは党首選に向けて動き回ったという．離脱派に潔く主導権を渡すつもりなど，さらさらなかったのである．

（4） テリーザ・メイ首相の誕生

一方，残留派は女性大物議員であるテリーザ・メイ内務相を党首候補として擁立した．メイ内務相は，国民投票では，表立って活動せず静観していたこともあり，残留派と離脱派の間で融和が図れる人物であった．また，キャメロン政権発足時から 6 年間，内務相を務めてきた．移民政策に精通し，EU に対して厳しい批判を続けてきた．EU との離脱交渉では，現実的かつタフな交渉ができると期待された．

保守党党首選にはメイ内務相，ゴーブ司法相に加えて，リアム・フォックス元国防相（離脱派），ステファン・クラブ雇用年金相（残留派），アンドレア・レッドサム・エネルギー気候変動副大臣（離脱派）が出馬を表明した．しかし，党首選前に，フォックス氏とクラブ氏は勝算を得ることがなく辞退し，党首選第一ラウンドでは，「裏切り者」のレッテルを貼られたゴーブ司法相が最下位

となり脱落した．最終的にメイ氏とレッドサム氏の争いとなった．当初，離脱派の急先鋒であったレッドサム氏に勢いがあったが，経験不足からくる失言で失速した．[9] 一方，元々残留派が党内多数派であることに加えて，キャメロン派・オズボーン派の議員でガッチリ固めたメイ氏が盤石の構えで優位となった．レッドサム氏は決選投票への出馬を辞退し，メイ氏が新しい保守党党首，そして英国首相となった．[10] マーガレット・サッチャー元首相以来，26年ぶりの女性首相誕生でもあった．

　メイ氏の首相就任は，「残留派がEU離脱交渉を行う」という，興味深い状況を生じさせた．その際に英国が目指すことは，「欧州の単一市場に参加し続けながら移民の抑制を可能にできるように求めていく」ということになると思われた．

　これは，現実主義者のジョンソン氏がEU離脱の落とし所と考えていたことと，実は何も変わらないだろう．実際，ジョンソン氏はデイリーテレグラフ紙に寄稿し，「自由な貿易も，単一市場へのアクセスも続き，移民政策の主導権を取り戻せる」と主張していた．[11]

　また，他の離脱派の政治家も国民投票後，微妙に主張を修正している．例えば，ゴーブ司法相は「国内法に対するEU法の優越を終わらせる移民政策の民主的な主導権を取り戻し，国民の優先課題に予算を使う」と発言した．つまり，EU離脱に投票した英国民の感情の問題を別にすれば，政治家の間では，残留派と離脱派の政策志向にほとんど違いがないということだ．規制緩和，低い税率による外資導入を中心とする経済政策の路線は変わらないと考えられた．

（5）　英国総選挙2017――メイ首相は権力強化に失敗した

　要するに，「残留派」のメイ氏が首相となれば「残留派」と「離脱派」の間で融和が図れること，そして「残留派がEU離脱交渉を行う」という興味深い状況が生じることで，「欧州の単一市場に参加し続けながら移民の抑制を可能にできるように求めていく」という「オープン・ブレグジット」の方向に向かうものだと考えた．

　また，国民投票で「残留派」が敗北した一因となったマーガレット・サッチャー政権から保守・労働両党の政権で30年以上継続されてきた「新自由主義

的」な改革政策による庶民の不満を和らげるために，ディビッド・キャメロン政権までは，厳しい緊縮財政，社会保障・福祉政策の削減が続けられてきたが，それらは少し緩められることになると予想していた．だが，結果的には，メイ首相はこの予想と真逆の方向「ハード・ブレグジット」に進んだ．

「ハード・ブレグジット」とは，EUの前提となっている「単一市場＝物，サービス，資本，人の自由な移動」を全て一切排除する強硬路線のことである．メイ首相が「ハード・ブレグジット」に進んでしまった理由は，前述の通り，首相自身が「残留派」でありながら，キャメロン政権の内務大臣として，移民対策に最前線で取り組んできた経験から，EU離脱交渉の最大の課題である移民問題については，「最強硬派」であったからだろう．

首相は，「単一市場」の重要性を認識しながらも，「移民問題」の解決を最優先とした．これが，「移民を制限しながら，単一市場には加わり続けるという，いいとこ取りは許さない」というEU側の強い反発を招いた．[12]

また，保守党内には「ハード・ブレグジット」を強硬に主張し，欧州と合意できないならば，EUとなにも合意せずに離脱する「なし崩し離脱（クリフエッジ）」も躊躇しない「欧州懐疑派」が約40名いるとされる．[13] 彼らは，キャメロン前首相に圧力をかけて，EU離脱の国民投票を実行させた．EU離脱決定後のメイ首相に対しても，「ハード・ブレグジット」以外は一切認めないという姿勢を貫いていた．この「欧州懐疑派」の影響力が強大なのである．

保守党政権は議会で330議席を持つ多数派ではあったが，過半数326のギリギリの議席数を維持していたに過ぎない．メイ首相がEUとの交渉で単一市場に参加し続けるために，EUと妥協を図ろうとしたら，約40名の欧州懐疑派が造反するかもしれない．そうなると，首相は議会で何も通すことができず，身動きできなくなってしまう．そのため，首相は「ハード・ブレグジット」以外の選択肢を口にすることができなくなっていたと考えられる．

2017年5月，メイ首相が突如，解散総選挙を決断した．その狙いは，「欧州離脱派」の影響力を削ぐことだったといわれている．「ハード・ブレグジット」を掲げていた首相だが，本音はやはり，離脱後も単一市場や関税同盟へのアクセスを確保するために必要な妥協はしたいということだ．首相が総選挙を決断した時，労働党に支持率で20％近い大差をつけていた．その勢いで選挙に

圧勝すれば，「欧州離脱派」が造反しても安定多数を確保できる．EUとの交渉にフリーハンドで臨みたい．それが首相の目論見だったはずだ．[14]

しかし，メイ首相の思惑は裏目に出てしまった．当初，保守党が圧勝すると予想されていたが，保守党がマニフェストで高齢者の介護費用の自己負担額を引き上げることなど，社会保障の負担増などを打ち出したことが不評となった．野党やメディアから「認知症税」などと猛批判を浴びてしまったのだ．そして，EU離脱を主に支持していた高齢者層を怒らせてしまった．[15] 保守党は慌てて公約を修正したが，政策の一貫性のなさが有権者全体の心証を悪くした．

そして，メイ首相の失策を逃さなかったのが，ジェレミー・コービン労働党党首だった．急進左派のコービン党首は，2015年の総選挙で労働党が過去最低の議席数で敗北した後，泡沫（ほうまつ）候補から予想外に党首選出された．その政策は，鉄道の再国有化や消費税率を大幅に引き上げての大学授業料無償化や公的医療の国民保健サービス（NHS）など，時代に逆行し実現性がないものだ．党内の造反に繰り返し見舞われてもいた．[16]

コービン党首は，今回の総選挙後に辞任に追い込まれると見られていた．ところが，保守党の失策によって，選挙の争点が「EU離脱」から「国民の生活」に移った．党内の造反を凌ぎ，したたかに生き残ってきたコービン党首がこの機を逃すはずがなかった．労働党は国内の90カ所で集会を実施するなど，草の根の選挙活動を展開した．労働党は保守党の経済・財政運営に不満を抱える国民を取り込むことに成功した．[17]

結局，与党・保守党が改選前の330議席から12議席減らした318議席となり，過半数（326議席）に届かない敗北を喫した．一方，最大野党・労働党は33議席増の262議席に伸ばした．いずれの政党も過半数に達しない「ハングパーラメント（宙づり議会）」となるなか，保守党は，10議席を持つ北アイルランドの民族政党・民主統一党（DUP）と，重要法案などで連携する閣外協力することで大筋合意し，合計328議席で過半数を確保した．[18]

メイ首相の続投が可能になったが，政権基盤の不安定さは続くことになった．6月19日に開始されたEU離脱交渉の先行きは不透明となり，「クリフエッジ」となる事態がリアリティを持って語られ始めている．更に，英国社会の深刻な「分断」が進んだという見方も広がっている．

（6） 民主主義の優位性——悲観論だけとはいえない英国の将来

　ここからは，総選挙後に英国政治・社会はどうなるかを考える．繰り返すが，EU離脱交渉は迷走し，英国社会も深刻な「分断」が進むと予想するのは簡単だ．だが，選挙結果を細かく見てみると，むしろ英国は「分断」から「歩み寄り」に向かい始めるように思える．

　まず，「スコットランド独立」の可能性が低くなったことだ．スコットランド民族党（SNP）は56の現有勢力のうち21議席を失う敗北を喫したのだ．昨年の国民投票後，EU残留を支持していたニコラ・スタージョン党首は，スコットランド独立の是非を問う2度目の国民投票を目指していたが，支持を得られなかったといえる．

　一方，スコットランド保守党はゼロ議席から13議席獲得の躍進となった．ルース・デービッドソン代表は「望まれていない2度目の国民投票にスタージョン氏が照準を合わせていなければ，SNPがこれほど議席を失うことはなかった」との見方を示し，「スコットランドの住民の多くはスタージョン氏に対して国民投票への反対を明確に表明した．スタージョン氏は主張を取り下げるべきだ」と述べた．

　スコットランドが単独でEUに加盟すれば，「連合王国の一角」という地位を失い，ただの一小国となってしまう．現在認められている自治権は制限され，画一的に緊縮財政を強いられ，福祉政策も制限される．経済状況の悪い国からの移民を引き受けなければならなくなる．スコットランドが単独でのEU加盟に，何のメリットもないと気づくのに，時間はかからなかった．スコットランド独立という英国の「分断」の可能性は，ほぼなくなったといえる（トッド，2016: 52-53）．

　次に，サッチャー政権以降続いていた，「新自由主義的な政策」による「格差の拡大」が，ようやく修正されることになることだ．本来は，昨年の国民投票で改革派の政治家や官僚が，あまりにも都市部と地方の格差問題を放置しすぎたことを思い知り，厳しすぎる緊縮財政や福祉・社会保障の削減を緩め，再配分政策を強化するよう舵を切るべきであった．遅まきながら，総選挙の惨敗で，今度こそ保守党政権は政策の修正を行うことになるのではないだろうか．

　労働党への支持の高まりは，「コービン政権」の誕生を望むものではない．

コービン党首は，例えば米国のバーニー・サンダース氏のようなカリスマ的な人気があったわけではない．選挙直前まで「極左的な変わり者」という評価で，不人気に悩まされていたのだ．また，国民の大多数は「鉄道の国有化」などの社会主義的な古臭い政策が実現できると思っていないし，それが英国経済に深刻な打撃を与えることもわかっている．要は，メイ首相に対する批判票以上の意味はないのだ．

　英国民が望むのは，メイ首相と保守党が変わることである．選挙後，首相はリーダーシップのスタイルを改めると表明している．サッチャー元首相のような「鉄の女」を目指すのではなく，より穏健で，幅広い支持を得るスタイルに変わらねばならない．

　もちろん，メイ首相が今後，退陣する可能性はあるが，後継首相に望まれる最大の条件は，幅広いコンセンサスを得ていく政治手腕を持つということになろう．かつて，「ゆりかごから墓場まで」と言われ，保守党と労働党のどちらが政権を取ろうとも，手厚い福祉政策を経済的に行った「コンセンサス政治」の伝統が英国にはある（小堀，1997）．今回の選挙が，「新自由主義的」な政策による格差を是正する方向に向かうきっかけになるなら，それは英国社会・政治の「分断」を正すことにつながっていくのではないだろうか．

　そして，EU 離脱交渉の行方である．もちろん前述の通り，メイ首相は保守党内の「欧州離脱派」の影響力排除に失敗したのだから，EU 離脱交渉で身動きが取れなくなり，何も決められないまま離脱する「クリフエッジ」となる懸念は大きい．

　2016年の国民投票後，「ブレグレット（Bregret）＝英国の後悔」という言葉が英国内に広がった．離脱を支持した政治家や国民の多くは，次第に現実を見つめてポピュリズム的な主張を次第に修正している．「欧州懐疑派」は，保守党内では一大勢力であるが，英国議会全体の中では，孤立した小さな集団に過ぎない．メイ首相が世論を背景に，より柔軟に「オープン・ブレグジット」の交渉を行える余地は，広がっているといえなくもない．

　筆者は，英国が EU の交渉においては，「自由な移民の移動」という原則は受け入れ，その代わりに国民医療制度（NHS）を移民のみならず，旅行者までもが無料で利用できるような，社会保障・福祉サービスを自由に外国人が享受

できることを，英国の国内法で制限できるようにすると主張してもいいと考える．

EU はこれまで政治面・制度面で一体化を進めていく「絶えず緊密化する連合（ever close union）」を理念としてきた．だが，オランダ，イタリアなど，この理念に懐疑的な見方をしている国は少なくない．むしろ経済発展の段階や政治制度の違いを認めながら，緩やかな連合体を目指そうという動きが出てきている（ブードル，2015）．

民主主義における選挙には「学習」という効果がある．選挙に参加し，その結果に関わることで，政治家も，官僚も，国民も，初めて国家・社会の現実を知ることができるということだ．「学習」こそが，様々な政治体制の中で，民主主義だけが持っているものである．

よく，「国家の大事なことはエリートが決めればいい．選挙に委ねるのは間違い」という主張があるが，正しいとは思わない．かつての共産主義国など，エリートが全てを決める「計画経済」の国はほとんど失敗した．エリートは自らの誤りになかなか気づけないものだ．選挙という民主主義のプロセスを通じて，エリートが一般国民によって間違いに気づかされる．また，一般国民もまた学ぶことができる．

英国民は，次第に分断から歩み寄りに向かうと考える．これこそが，民主主義の優位性なのである．筆者は，EU 離脱後の英国を，決して悲観的には見ていない．

8.2. 英国が持つ巨大なリソース

EU 離脱交渉は混迷を極めているように見える．EU 残留派は，英国の EU 離脱が英国経済に甚大な損失を与え，世界経済にも大きな打撃を与えると繰り返し主張してきた．英国にとって最大の輸出相手国・地域は EU で，そのシェアは40％を超えている（ブードル，2015）．英国が EU から離脱すれば，高い関税障壁に直面することになり，EU と新たな貿易協定を結ぶのに多大な時間がかかるため，貿易量は激減し，雇用の減少など悪影響があると考えられている．

また，英国は直接投資の受け入れ額も大きい．日本の大企業も英国に拠点を

置き，欧州で売り上げを稼いでいるところが多い．EU との貿易が縮小すれば，海外企業を呼び込むことも難しくなる懸念がある．さらに，金融市場の大混乱も予想されている．英国ポンドが大暴落するだけでなく，欧州の統一通貨ユーロも下落するという．

英国財務省は，ショックシナリオとして失業者が182万人増加し GDP が2年で6％減少するとの試算結果を公表している．離脱の悪影響は，EU 域内にとどまらず，世界経済，金融市場に及ぶと主張する（伊藤，2016）．

一方で，EU 離脱派は，離脱による経済的な悪影響は，短期的にはあるとしても，長期的にみれば，残留派が主張するほど劇的なものにはならないと反論する[19]．まず，国民投票で離脱が決まっても，即座に離脱のプロセスが進むわけではなく，2年間は EU のルールが英国に適用される．現実主義者のジョンソン氏は，その間に EU と新たな貿易協定を結び直すことを考えているかもしれない．

EU 側からすれば，英国離脱後，ドミノ倒しにさまざまな加盟国が離脱に走るような事態を避けるため，英国に制裁的な対応をすることはできないとの見方がある．ジョンソン氏は EU に対して有利な交渉が可能と考えているかもしれない．また，EU は現時点で米国や中国などの巨大市場と貿易協定を結んでいない．その意味では，離脱しても米中という二大市場との貿易の条件が悪化するわけではない．

(1) 英国と新興国企業――新しい特別な関係

英国は，仮に EU との交渉が不調に終わり，「ハード・ブレグジット」となっても，それを乗り越えられるかもしれないリソースを，国家として持っているかもしれない．英経済紙「エコノミスト」が「新興国企業と英国：新しい特別な関係」という記事を出したことがある[20]．

《新興国は，自国の政治的リスクを避けるために英国市場に積極的に投資する．インドのタタ財閥は，コーラス（旧ブリティッシュ・スティール），ジャガー・ランドローバーなどを総額150億ポンド（約1兆8000億円）で買収した．新興国からの投資で，英国市場の規模は急拡大している．これは，米国に比

べて規制が少なく，企業買収が簡単なオープンな市場だからだ．また，新興国にとって，英国のブランド力と高度なノウハウ・知識の蓄積も大きな魅力的だ．その結果，新興国に買収されても，英国企業の本社・工場は国内に留まっている．英国と旧植民地である新興国との「新しい関係」は，「オープンな英国」の勝利を示すものだ．》

一見，違和感のある記事だ．英国といえば，製造業が衰退し，金融・法律，会計，コンサルタントなどの高度サービス中心に移行した国とされる．だが，この記事は，インドなど新興国の企業による英国製造業の積極的買収と，英国内工場の操業によって，英国の製造業は拡大しているという．

日本では一般的に，外資による日本企業の買収を「敗北」と捉えがちだ．しかし，英国では「勝利」と言い切っており，驚きである．また，衰退した英国の製造業に新興国が魅力を感じるのも，日本人としては違和感を拭えない．

日本では，国内の高コスト体質のために製造業が競争力を失い，海外に工場を次々と移している．海外からの日本の製造業買収の動きは，ルノーによる日産の買収などを除けば，非常に少ない．英国も日本同様，労働コストは高い．なぜインド，中国などの新興国企業は積極的に英国に進出するだろうか．

筆者は，立命館大学政策科学部の学生とともに，英国内の外資系製造業と英国の「新しい関係」を調査することにした．そして，調査を進めていた学生が，筆者の母校，ウォーリック大学（University of Warwick）の研究所 Warwick Manufacturing Group（WMG）とインド・タタ財閥の中核企業であるタタ・モータースの共同研究開発施設を見つけた．そこで，WMGに連絡を取り，WMGのプログラムマネジャー，ニック・マリンソン博士に会うことができた．

WMGの活動の中心は，大学が集積する高度な技術・知識の産業界への移転だ．WMGはタタ・モータース，タタ・スチール，ジャガー＆ランド・ローバーなど約500社の世界中のグローバル企業と協力関係を結んでいる．その活動は英国内に留まらず，技術開発センターを香港，インド，シンガポール，マレーシア，タイに設置する．大学間のネットワーキングにも積極的で，中国，マレーシアの大学などの大学と提携関係にある．全日制と定時制のコースがあり，定時制には，タタ・モータースなどのエンジニアが派遣されて学んでいる．特

に定時制コースでは，企業派遣の学生が，自社の問題を研究課題とし，修士論文や博士論文としてまとめている．

次に，WMGとタタ・モータースの関係を紹介する．タタ財閥はWMGに約300人のエンジニアを派遣している．現在，自動車としての「タタ・ブランド」は，世界では低評価に甘んじている．いわゆる，「安かろう，悪かろう」という評価だ．それでは世界のマーケットで日本車・韓国車と競争できない．

図8-1　ウォーリック大学とタタ・モータースの共同研究施設を見学する立命館大学生
（出所）筆者撮影．

また，タタ・モータースはWMG内に研究開発拠点を持つ英国の自動車メーカー，ジャガーを買収した．その理由は，「有名ブランド」のジャガーを巨大市場であるインド，中国で販売し，莫大な利益を上げることだ．但し，タタ・モータースはジャガー・ブランドを手に入れた後も，ジャガーの英国工場をそのまま維持して操業している．エンジンや高品質の自動車部品は，「高い技術力」「質の高い労働力」のある英国工場で製造し，インドに送る．インドの工場でそれらを組み立てて，インド，中国などアジア地域に販売している．また，北米・欧州への輸出は，買収後も英国の工場から行っている．

要するに，タタ・モータースは，「有名ブランド」，「地理的条件の良さ（欧州，北米に加えて，中東，アフリカ，アジアをカバーできる）」「知識・情報の集積」「高い技術力」「質の高い労働力」を手に入れるために英国に進出し，ジャガーを買収した．また，マリンソン博士によれば，英国の「市場への参入規制の低さ」「英語という共通語の優位性」「政治的リスクの低さ」も，英国進出の理由であるという．

特に「政治的リスク」は，日本人が想像するよりも重要度が高いようだ．新興国では，政権が安定せず，政変によって政治制度・経済制度が簡単に変わり，企業の財産の没収などが容易に起こりうる．だから，新興国企業は，安心して

ビジネスができる先進国に進出したがるというのだ.

　ここで，ウォーリック大学のような英国の大学が，タタ・モータースのような新興国の企業を受け入れて，研究開発施設を設置するのはなぜだろうかという疑問が生じる．日本では，かつて新日本製鉄とポスコ（韓国），三菱自動車と現代自動車（韓国）など海外企業との協力関係について，日本企業の高度な技術が流出するとの批判があった．日本には，「技術を盗まれる」という考え方が根強く，海外企業に対して閉鎖的になりがちだ．マリンソン博士に我々の疑問をぶつけてみた．

　マリンソン博士は「頑なに自社の技術を守ろうとするより，世界中のさまざまな企業，大学とアイディアを交換することがより重要だ．世界中には多様な考え方，価値観，知識，技術をもつ優秀な人材がいる．彼らを集めて議論を繰り返すことで，これまでになかった新しいいいものが生まれる．海外の企業と協力関係を築くことにリスクなどない」と答えた．

　また，マリンソン博士は多くの日本企業が研究開発部門を日本に残していることが，むしろ問題だと指摘した．WMGは，ホンダ，トヨタなどの多くの企業や大学に，共同研究開発を呼びかけているが返事は皆無だという．特に，英国に工場があり，ルノーと資本関係にある日産には，電気自動車の共同研究開発を呼びかけ続けているが，実現していない．マリンソン博士は，「日本企業は大学を信頼せず，自社内で研究開発を続け，日本の大学も企業との共同研究開発に消極的だ」という印象を持っている．

　マリンソン博士は，企業が研究開発を国外で行うことのメリットを指摘する．さまざまな国・地域で研究開発すれば，よりその国・地域のマーケットに適したモデルを開発できるからだ．

　例えば数年前，欧州でホンダ・シビックのロードノイズ（車が走行するとき，タイヤと路面の接触によって発生するゴーといった騒音）が大きすぎると不評だった．調査の結果，「欧州では，日本よりロードノイズが少ないことが好まれる」という，日欧の好みの違いが問題だという結論になった．

　マリンソン博士は，「日本の自動車企業はベストクオリティーを徹底的に追究するが，それは1980年代の成功モデルだ．グローバル経済では，国・地域ごとのマーケットで，ユーザーがなにを望んでいるかを的確に把握して，製品の

研究開発を行わなければならない」と述べた．そのために，企業は海外に出て，より国・地域のニーズに近い場所で研究開発活動を行うべきなのだという．

WMG は，世界中の企業から資金提供を受けている．それは，研究開発活動に大学が持つ高度な知識・技術と優秀な人材を有効に活用すべきだという考え方が世界中に広がっているからだ．また，グローバル経済の時代に，企業が国際競争力を維持するためには，コスト削減の努力を継続しなければならないという現実からも，大学との共同研究開発が重要視されているという．企業の研究開発予算が縮小する中で，高い技術力を維持するためには，大学という外部機関を使って研究開発を行うしかないからだ．

「ウィンブルドン現象」という言葉がある．英国で開催されるテニスのウィンブルドン選手権で，英国人選手がほとんど活躍しないが，外国人選手の活躍で大人気だということと，英国経済が活況を呈しながら，そこで活躍する企業は外資系ばかりであることを掛けた言葉である．確かに，英国経済に占める製造業の割合は1960年代以降低下し，英国の製造業は，外資に次々と買収されてきた．自動車産業では，英国籍の企業はほとんどなくなった．だが，英国内には BMW，フォード（プレミアオートモビルグループ），ゼネラルモーターズ（ボクスホール），ホンダ，日産，PSA，トヨタ，フォルクスワーゲン（ベントレー）という8つのグローバルな自動車メーカーが工場を設置している．また，インド，中国など新興国の企業も自動車産業に進出している．ロールス・ロイス，ミニ，ジャガーなど「英国ブランド」の高い人気もあり，実は活況を呈している．これは英国内の労働者の雇用拡大など，不況に苦しむ英国経済を下支えする役割も果たしている（日本経済新聞社編，2007）．

もちろん，英国で生産される自動車の多くは，EU 単一市場向けの輸出であり，EU 離脱の影響は小さいとはいえない．しかし，エコノミスト誌の記事に戻れば，英国の優位性は「政治的リスクの低さ」「地理的条件の良さ（欧州，北米，中東，アフリカ，アジアを全てカバーできる）」「知識・情報の集積」「高い技術力」「質の高い労働力」「ブランド」「英語」「参入規制の低さ」と，多岐に渡っている．単純に，EU に加盟しているということだけが，英国の魅力ではないことを忘れてはならないだろう．

最後に，英国の製造業は，軍事大国のベースを生かし，民間航空企業や空軍，

陸軍，海軍の装備を製造している BAE システムズ，航空宇宙エンジン，発電システムを製造する VT グループ，GKN，ロールス・ロイスなどのハイテク企業が世界的に高い競争力を誇っている（日本経済新聞社編，2007）．英国は，単純に「安売り競争」をやっているわけではないことも指摘しておきたい．

（2） 英国の多国籍企業体の実力は「日本の常識」では捉え切れない

　本書では，BP，ロイヤル・ダッチ・シェルという英国系の石油企業を取り上げてきた．英国系とはいうが，BP は現在のイラン，ミャンマーで，シェルはインドシナで発祥し，現在では世界中に展開する多国籍企業体である．英国企業は，日本企業とはその歴史・組織形態が全く異なっている．

　本章で取り上げるのは HSBC である．英国企業でありながら，「香港上海」と名乗っている．その由来が，19世紀に中国で発祥したことであること．現在でも「香港ドル」の発券銀行で，華僑経済の心臓の役割を果たしていること．「現地化」「地域化」を徹底していること．それは，ヨーロッパ，アジア太平洋地域，アメリカ大陸，中東，アフリカにまたがる83の国と地域に1万を超える拠点（シティグループの2倍）を擁しているだけではなく，経営陣が多国籍化しており，特に香港人が歴代取締役に名を連ねていること．これら全てが，日本企業の「常識」からかけ離れているのだ（野口，2016: 47-54）．

　HSBC 本社を訪問してヒアリングしたことがある．前編で紹介した「25歳・女性・上海出身・LSE 卒業のマネージャー」というグローバル人材が登場してきた．彼女は，中国語アクセントのほとんどない英語で流暢にプレゼンテーションした．内容も，HSBC の組織哲学，価値観などグローバルなもので，中国人のアイデンティティが全く出なかった．筆者が学生に話してきた「人種・国籍・民族性に関係なく，英語を流暢に操り，高い専門性で勝負する，欧米で教育を受けたアジアの若者」が目の前に現れたのだ．

　HSBC を調査して興味深かったのは次の2点だった．1つは，HSBC が世界の金融業界の中で，サブプライム問題の深刻化を素早く分析してリスクを回避し，最も利益を出した企業体だということだった．それは，世界中にある拠点にリスク分散した一方で，急成長する新興国に集中的に投資できたからだという．それは日本国内の景気悪化・円高・大震災に苦しむ日本企業と対極にある

と映ったようだ．日本企業は，日本国と運命共同体であるが，HSBCなど英系グローバル企業はそうではない．英国経済が悪化しようと，急成長する新興国で莫大な利益を上げることができる．また，その利益が英国内に還元されるよう，政府が規制緩和を行っていることも重要だろう．

更に，「HSBCプレミア」という金融商品にも注目した[21]．これは，1000万円以上の金融資産を持つ富裕

図8-2　HSBCに対するヒアリング
（注）　プレゼンターは25歳・女性・上海出身・LSE卒業のマネージャー．
（出所）　筆者撮影．

層を対象にした商品で，「多少リスクがあっても積極的に資産運用したい」という積極的な投資ニーズに対応して，新興国や資源国を対象とした外国資産の保有・運用のサービスを行うものだ．新興国市場に精通したHSBCならではの商品で，日本を含む世界45以上の国と地域で300万人以上の顧客を持っているという．この商品の存在は，英国社会では「グローバル企業」だけではなく，「個人」レベルも国家と運命共同体ではないことを示している．

日本からすれば，主要産業というのは自動車，機械，鉄鋼，重工業などであり，それらがEUの単一市場を失うことでダメージを受ければ，その国の経済は衰退するとイメージしがちである．しかし，英国経済を牽引しているのは，たとえ英国が衰退しても運命と心中することがない，世界中にリスクを分散し，世界中で稼ぐことができる多国籍企業体であることを忘れてはならないだろう．

（3）　金融──EU離脱で中長期的にはむしろ英国に資金が集まるようになる

金融については，短期的にはポンドが暴落するような事態が想定される．それはその通りだろう．しかし，中長期的にみれば，EUから離脱することによって，むしろロシアや中東，そして，EU圏内の富裕層からの資金は，これまで以上にシティに集中し，結局ポンド高になるのではないだろうか．

なぜなら，シティは規制が少ない上に，英国は世界中にタックスヘイブンを

持っているからだ（シャクソン，2012；野口，2016: 31-36）．筆者が英国にいた頃から，中東・ロシア，そして EU 圏から規制が多いユーロを避けて，ロンドンに資金が集まっているという実感があった[22]．

例えば，本書第10章で後述するが，ウクライナ問題での西側諸国のロシアへの経済制裁に関連して，プーチン大統領や政府高官には，ロンドンに巨額の不正蓄財の巨額の蓄えがあるとの「噂」がある．

また，第11章で後述するが，中国共産党幹部が，香港にペーパーカンパニーを設立し，巨額の貯蓄をしているという「噂」や，英領ヴァージン諸島に資金を移して，マネーロンダリングをしているという「噂」もある．これは，「パナマ文書」が公開されたことで，単なる「噂」ではないことが明らかになったといえる[23]．

「パナマ文書」によって，タックスヘイブンに対する規制が厳しくなるというかもしれないが，文書が明らかにしたのは，世界中のタックスヘイブンのごく一部でしかない．世界中に点在する英国領のタックスヘイブンはいまだブラックボックスのままで，規制しようとしてもできるものではない（シャクソン，2012）．従来から，金融規制が緩い英国領には，世界から資金が集中する傾向があったといえるが，EU の金融規制から解放されることによって，ますます資金が集まりやすくなる可能性があるのではないだろうか（野口，2016: 16-18）．

（4）「英連邦」が凄まじく巨大な経済圏として出現する

そして，英国が持っている「英連邦」という巨大な「緩やかな国家連合体」の存在を軽視してはならないだろう．英連邦には54カ国が加盟している[24]．国連に次ぐ規模を持つ国家連合だ．世界のほとんどの宗教，人種，政治的思想をカバーし，世界で1番大きな国土を持つカナダ，2番目に人口の多いインド，世界で1番小さな共和国ナウル，GNP の最貧国モザンビークと多彩な国々が含まれる．世界のほとんどの宗教，人種，政治的思想をカバーしている．英語が共通言語であり，共通の教育システムを持っているのも特徴だ[25]．

英連邦については，高校時代に世界史で，「英国は英連邦から EC に移った」というイメージで教わるのではないだろうか．英連邦は大英帝国の残骸を残しているに過ぎないというのが日本での一般的なイメージだ．だが，実態は

全く違っている．特筆すべきは，今でも加盟国が増加していることだ．2009年にはルワンダが加盟した．先日，国連に加盟申請したパレスチナ自治区も加盟を希望している．旧英国植民地ではなかった南スーダンまでもが加盟に前向きである．

英連邦の利点は，条約ベースの国連など他の国家連合と比べて，「緩やかな連合体」であることだ．独裁政権を倒して民主化を果たした小国（主にアフリカ諸国）や，新しく誕生した国家でも加盟しやすい．そして国連よりも，国際社会で発言する機会を得やすいので，加盟を希望する国が多いのだという．もちろん，英系グローバル企業とのネットワークによる，経済成長を期待する国もある．

英連邦の活動を具体的に見ていきたい．まず政府間の関係として，国家元首会議，英連邦首脳会議や，経済，教育，農業など閣僚会議が定期的に開催されている．だが，重要なのは，政府間の関係よりも，さまざまな相互協力事業だろう．それは平和活動，貧困や保健衛生，環境問題の解決，民主主義・市民社会の普及，法律の作成，税制度，情報・統計管理の支援，人権擁護活動，株式市場の設立支援，マクロ経済政策の専門的支援，会計処理システムの開発，高度な技術を持つ専門家，技術者の交流など多岐に渡る．教育制度の整備も重要な活動である．加盟国の小中高校の教育制度の整備や，英国やカナダから太平洋島嶼国に対する遠隔教育による教育の普及，加盟国の大学間連携，大学入学のための奨学金の提供などがある．

英連邦ではこれらの活動を公務員中心ではなく，NGOなど市民社会や民間企業の大規模な参加によって実施している．また，その活動資金が公的資金ではなく，「英連邦基金」が市民社会やリオ・チント・ジンク社，デビアス社など英系グローバル企業から集めたものを原資としていることも，日本と全く違っており驚かされた．

英連邦は小国だけではなく，資源大国であるカナダ，オーストラリア，南アフリカ，世界で2番目に人口が多く，ハイテク国家としても知られるインドや，マレーシア，シンガポールなど東南アジアの多くの国も含まれる．そして，今後，「世界の工場」となることが期待されるアフリカ諸国の多くも英連邦だ．EU離脱となれば，当然英国は，英連邦との関係を固めることになるだろう．

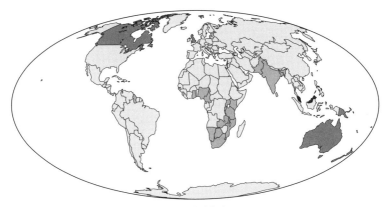

図 8-3 英連邦加盟国
(注) 色のついている国が加盟国であり，色の一番濃いところが英連邦王国（英国との同君連合），次に濃いところが共和国，一番淡いところが連邦内で独自の王制を保っている諸国である．
(出所) 英連邦 HP を参考に筆者作成．

英国は，単体では人口6000万人の小さな島でしかないかもしれないが，英連邦を1つの経済圏と考えれば，その規模は凄まじく巨大なものとなるのではないだろうか（ブードル，2015: 365-369）．

(5)「UK の大学」——大学を中心とした人材還流システム

ここからは，「英連邦」という巨大経済圏の能力について考察してみたい．本書では，既に「資源大国」については論じてきたが，ここでは「人材」に焦点を当てる．「欧米で教育を受けた世界の若者」を生み出す，英国の大学の「人材還流システム」の実像にも迫ってみたい．

① ブリティッシュカウンシル（British Council）
　英国の公的な国際文化交流機関であり，英国と諸外国の間の信頼と理解の構築を目的とする．世界中に「英国ファン」を増やす「パブリックディプロマシー」を担う機関として，その活動は多岐に渡る．その中心的業務が，英語学校を世界中に設立し，英国の大学への留学するための窓口機能だ．また，主に公務員を対象とした奨学金を諸外国に幅広く支給している．ブリティッシュカウンシルは，「人材還流システム」の戦略実行の中核を担っている．

② インターナショナル・スクール

インド，中国，香港，シンガポール，マレーシアなどアジア諸国には，各国独自の教育制度と別に，主に裕福な家庭の子を対象に，英国の教育制度に準じたインターナショナル・スクールが設置されている．これらの学校を卒業した子弟は，英国の大学に直接留学できる．[26]

一方，日本の高校を卒業した場合，直接大学の学部に正規入学できない．まず，各大学が設置する1年間の大学入学準備コース（ファンデーションコース）を履修しなければならない．[27] これは，日本では一般的に英語力の問題と捉えられがちだ．だが，実際は英国と日本では教育制度の互換性がないと見做されるためであり，英語が完璧な学生でも，基本的には直接大学への入学が許可されることはない．

③ 英国の大学の留学生受け入れ戦略

英国の各大学は，ブリティッシュカウンシルの「パブリックディプロマシー」に沿った形で，個別の戦略を構築している（金子・北野，2007: 131-149）．ウォーリック大学の国際部担当者は，学生のインタビューに対して「入学時の学術レベルは重要視しない．あえていえば，有名になりそうな人材を選出する」と述べた．英国の大学が，留学生が母国に帰国した後，王族，政治家，高級官僚，経済人として活躍することを重要視していることを示している．

また，ウォーリックの担当者は，留学生の在学中の満足度を高めることも重要と指摘した．例えば，特にアジア・アフリカ諸国からの留学生のニーズが高い，「ビジネス」「エンジニアリング」などの実学教育を重視する方向にカリキュラムを変えてきた．英国の大学には，より積極的に留学生を獲得するために，アジアに分校を設立した大学がある．今回の訪問したノッティンガム大学は，マレーシアと中国に分校を設立した．寧波市にある中国キャンパスは，2003年に中国政府は外国資本が国内に大学を創ることを認めたことで設置された．中国国内最初の外国資本による大学だ．学生数は約4000人である．[28]

マレーシアキャンパスはクアラルンプールにある．1999年のアジア通貨危機で多くの東南アジア出身の留学生が帰国を余儀なくされたことに対応して開校された．2008年度で，学生数は60カ国以上から3300人．全体の34％，新入生の

41％がアフリカ，インド，東南アジア諸国からの留学生だ．2010年までに6000人になる見込みである．どちらの分校も，授業は英語で行われ，アジアの実学志向に対応した，応用心理学，バイオテクノロジー，ビジネス経営，コンピュータ科学，情報工学，教育，工学，法律，薬学という9つのコースが設置されている．卒業時には，ノッティンガム大学の学位が授与される．[29]

④ 卒業生のキャリアの戦略的フォロー

　英国の大学は，卒業生の就職をサポートするシステムを発達させていない．学生の卒業後の就職は個人任せだ．だが国家レベルでは，卒業生のキャリアを戦略的にフォローしてきたといえる．

　例えば，筆者はウォーリック大学に留学中，タイ人の留学生と多数知り合った．彼らは皆，とても留学生活に幸せを感じているのが印象的だった．それは，タイではチュラロンコーン大学，タマサート大学（タイの東大，京大に相当する）を卒業し，ウォーリックなど英国の大学院を修了することが，政治家や高級官僚となるルートとして確立していたからだ．英国の大学院に留学すれば，将来の出世を約束されるので，彼らの留学生活は幸せだったのだ．これは，立命館大学のタイ人博士候補生に確認したが，私の認識は正しいと言われた．タイのアピシット元首相はオックスフォード大学卒業である．

　また，シンガポールからの留学生に聞いたところ，公的なシステムが確立されている．英国など海外の有名大学で学んだ国家奨学金受給者は，卒業後に一定期間政府機関で働くことを義務付ける「ボンド政策」という制度が存在するという．これは，英国とシンガポールの政府間関係の強化につながっている．

　ここで，独自の人材育成システムを確立している英国の大学を紹介する．サリー大学は英国内ランキング30位台の中堅大学だ．しかし，世界110カ国以上から2000人を超える留学生がいる．サリー大学のカリキュラムの特徴は，徹底的な実学教育と，「サリー・システム」という，世界中の企業・団体との信頼関係醸成により，長期インターンシップから正社員として就職させるシステムを確立していることだ．[30]

　図の灰色の部分が，「サリー・システム」を通じて，学生が就職した企業がある国だ．英連邦圏のほとんどをカバーし，主な就職先としてはインドのタタ

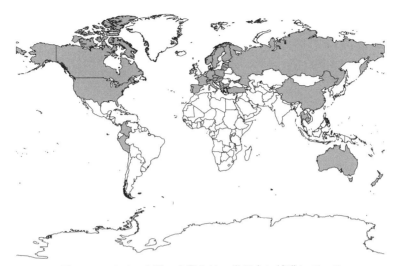

図 8-4　サリー大学の卒業生は，世界中に就職している
（出所）　筆者がサリー大学にヒアリングした結果に基づき作成．

財閥なども含まれる．学生のレベル差があるので，単純比較はできないが，学生の就職率自体はオックスフォード，ウォーリックより高い．

　筆者は，サリー大学の教授に「どのようにこのネットワークを構築したか」と質問した．彼は「世界中の企業がロンドンに支店を持っている．そこへ1人1人の教授たちが，インターン生受け入れを依頼して回った．20年かけて信頼を獲得し，現在のネットワークを築いた」と答え，こう付け加えた．「日本の大学は同じことをできるわけだ．日本には，世界中の多くの企業のオフィスがあるのですから」．

　学生は様々な大学に対して「英国では学生が就職するために重要な『資格』はなにか」と質問した．日本の就職活動の場合，TOEIC などの英語の資格，簿記検定，宅建（宅地建物取引士）などの「資格」を持てば有利となるからだ．ところが，大学の回答は皆，「学位」であった．

　意外な回答だったが，グローバル企業が必要とする人材像を考えるには，示唆的だ．日本での「資格」は，日本企業以外には通用しない．グローバル企業が，人種・国籍に関係なく人材を採用するには，「学位」しか評価基準となる

ものがない．したがって，大学側は，グローバル企業のニーズに対応するために，「学位」の価値を高めようとしてきたという．そして，それには優秀な教員を世界中から集めて，英語の学術論文の発表本数を増やすことで，国際的大学評価機関でのランキングを上げることが重要だということだった．

要するに，英国は戦略的にアジアから多数の留学生を獲得している．大学では，留学生のニーズに合う実学教育を推進し，「英国ファン」を生み出している．そして，英国の大学院を修了すれば，母国で国家エリートになれるし，「グローバル企業」に就職できるとなれるキャリア・ルートを確立している．

一方，日本の大学も国際化を進めてはいるが，日本企業の国際化に対応するので精いっぱいだ．現状では，「グローバル企業」への学生の就職は不可能だ．現状を打開するには，現在「グローバル 4」（早稲田大学国際教養学部，国際基督教大学，国際教養大，立命館アジア太平洋大学）で主に行われている，英語基準コース（英語のみで受講できて学位が取得できるコース）を，多くの大学で開講していく．そして，アジアから留学生をできるだけ多く迎えることだ．

次に，「サリー・システム」を参考に，グローバル企業との長期インターンシップ・プログラムを作る．戦略的には，まず留学生をインターン生として送り，就職の実績を積み重ねる．大学と企業の間に信頼関係を築ければ，徐々に日本人のインターン生も増やし，就職の実績を作っていく．このような長期的な戦略を立てて，粘り強く取り組む必要があるだろう．

もちろん，「学位」の評価を高める努力は重要だ．それには，優秀な教員を世界中から採用し，英語での学術論文発表の業績を増やさねばならない．そして，小・中・高校の教育改革も待ったなしであると感じる．

8.3. まとめ——EU 離脱は英国に不利にならない可能性がある

このように考えると，英国の EU 離脱は中長期的にみれば，英国にとって不利益とならない可能性もあるのではないだろうか．むしろ，英国に抜けられる EU の不利益となるのではないだろうか．換言すれば，ギリシャなど財政悪化に苦しみ，経済の弱い国を抱える EU こそ，英国にとって「お荷物」な存在なのだと考えることもできないわけではない．

英国はEU離脱で，確かに短期的に損失があるかもしれないが，「木を見て，森を見ない」話ではないだろうか．例えば，離脱派の先頭に立っていたジョンソン氏は大衆政治家であると同時に，国王ジョージ2世の末裔でもある．歴史的に積み上げてきた英国の底力を現実的に見抜いていないわけがないだろう．

注

1) "Jo Cox: Britain in shock after killing of Labour MP Jo Cox," *The Financial Times*, 17 June, 2016, <https://www.ft.com/content/53ac09fe-33c3-11e6-ad39-3fee5ffe5b5b>, 2017年11月10日．

2) ボリス・ジョンソン氏の考え方を知るには，ジョンソン，ボリス『チャーチル・ファクター たった一人で歴史と世界を変える力』石塚雅彦・小林恭子訳，プレジデント社，2016年，を参照のこと．

3) ジョンソン氏がロンドン市長だった2011年4月1日，ロンドンのプロモーションを担う新組織「ロンドン・アンド・パートナーズ（London & Partners）」が設置された．これは，ロンドンの観光促進業務を担う「ビジット・ロンドン（Visit London）」，ロンドンへの投資誘致機関である「シンク・ロンドン（Think London）」，海外の学生向けにロンドン内の大学への留学情報を提供する「スタディ・ロンドン（Study London）」が合併・統合して設置された組織である．ロンドン・アンド・パートナーズのHPを参照のこと．<http://www.londonandpartners.com/>

4) "UK general election: in depth," *The Financial Times*, <http://www.ft.com/intl/indepth/uk-general-election>, 2017年11月10日．

5) "EU summit: Cameron secures deal and starts campaign to keep Britain in – as it happened," *The Guardian*, 20 February 2016, <https://www.theguardian.com/world/live/2016/feb/19/eu-summit-all-night-negotiations-deal-cameron-live>, 2017年11月10日．

6) "Boris Johnson is not the British Donald Trump," *The Financial Times*, 31 May 2016, <https://www.ft.com/content/4e7e2f5a-271d-11e6-8ba3-cdd781d02d89>, 2017年11月10日．

7) 「髪の毛ボサボサの人気者が書いたチャーチル論」『JBPress』<http://jbpress.ismedia.jp/articles/-/47073>, 2017年11月13日．

8) "Michael Gove delivered the biggest blow to Boris Johnson's career yet," *The Guardian*, 20 June, 2016, <https://www.theguardian.com/commentisfree/2016/jun/30/michael-gove-boris-johnson-tory-leadership-downing-street>, 2017年11月10日．

9) 『日本経済新聞』2016年7月10日．

10) "Andrea Leadsom pulls out of Conservative leadership election," *The Independent*, 19 July, 2016, <http://www.independent.co.uk/news/uk/politics/andrea-leadsom-

pulls-out-of-conservative-leadership-election-a7130686.html>，2017年11月10日．
11) Boris Johnson, "Tory candidates need a plan for Brexit - here's mine in 5 points," *The Telegraph*, 3 July, 2016, <http://www.telegraph.co.uk/news/2016/07/03/tory-candidates-need-a-plan-for-brexit---heres-mine-in-5-points/>，2016年11月10日．
12) "Theresa May's blueprint for Brexit: full speech transcript," *The Financial Times*, 17 January, 2017, <https://www.ft.com/content/589da76c-dcb3-11e6-9d7c-be108f1c1dce>，2017年11月10日．
13) 「The Economist：メイ首相の選挙決断，敵は党内？」『日経ビジネス』2017年5月1日号，pp. 92-93．
14) Loc.cit.
15) "Labour hopes to win over pensioners hit by Tory manifesto," *The Financial Times*, 19 May, 2017, <https://www.ft.com/content/02fd2e12-3c90-11e7-821a-6027b8a20f23>，2017年11月1日．
16) "Labour draft election manifesto leaked: Jeremy Corbyn to renationalise Royal Mail and pledge £6bn a year for NHS," *The Independent*, 10, May, 2017, <http://www.independent.co.uk/news/uk/politics/labour-manifesto-leak-policies-read-jeremy-corbyn-pledges-election-2017-a7729206.html>，2017年11月10日．
17) "Jeremy Corbyn: Labour are on their way to victory on 8 June," *Politics Home*, 31 May, 2016, <https://www.politicshome.com/news/uk/political-parties/labour-party/jeremy-corbyn/news/86344/jeremy-corbyn-labour-are-their-way>，2017年11月1日．
18) "How a minority government does (not) work," *The Economist*, <http://www.economist.com/blogs/speakerscorner/2017/06/adding-up>，2017年11月10日．
19) D. Millar, "Win or Lose, The Brexit Vote Shows How Hard It Is to Defend the EU" *Foreign Policy*, June 22, 2016, <http://foreignpolicy.com/2016/06/22win-lose-the-brexit-vote-shows-how-hard-it-is-to-defend-the-eu/>，2017年11月10日．
20) "Emerging-market firms and Britain: The new special relationship," *The Economist*, <http://www.economist.com/node/21528626>，2017年11月10日．
21) HSBC Premier <https://www.hsbcpremier.com/1/2/>，2017年11月10日．
22) ロンドンのシティはウォール街と唯一対抗できる国際金融センターである．ここには米国外で流通するユーロダラーのほとんどが集まり，世界中のオフショアに流れていく．英国本土近くには，ジャージー島，ガーンジー島，マン島というオフショアがあり，地中海にはジブラルタル，カリブ海にはケイマン島，ブリティッシュ・ヴァージン・アイランド（BVI）などがある．また，ドバイやアブダビは英国の旧保護国であり，香港やシンガポールは大英帝国の旧領だった（山田，2015: 213-216）．
23) The International Consortium of Investigative Journalists (ICIJ) "The Panama Papers: Leaked Files Offer Many Clues To Offshore Dealings by Top Chinese," <https://panamapapers.icij.org/20160406-china-red-nobility-offshore-dealings.html>，

2017年3月14日.
24) 英連邦については, 小川（2012）を参照のこと. 英連邦の形成と歴史は秋田（2012）, 木畑（2007）が詳しい.
25) The Commonwealth, <http://thecommonwealth.org/>2017年11月10日.
26) 筧智子「海外での「子どもの学校選び」はココが肝心どこにする!?日本人学校，インター, 現地校」『東洋経済オンライン』<http://toyokeizai.net/articles/-/122169>, 2017年11月10日.
27) 例えば, SOAS, University of London, "International Foundation Courses and English Language Studies," <https://www.soas.ac.uk/ifcels/>, 2017年11月12日.
28) University of Nottingham Ningbo China, <http://www.nottingham.edu.cn/en/index.aspx>, 2017年11月10日.
29) University of Nottingham Malaysia, <http://www.nottingham.edu.my/index.aspx>, 2017年11月10日.
30) University of Surrey HP. <https://www.surrey.ac.uk/about/facts/professional-training>, 2017年10月11日.

参考文献

秋田茂『イギリス帝国の歴史：アジアから考える』中央公論社（中公新書）2012.
伊藤さゆり『EU分裂と世界経済危機』NHK出版（NHK出版新書）2016年.
小川浩之『英連邦：王冠への忠誠と自由な連合』中央公論社（中公叢書）2012年.
金子将史・北野充『パブリックディプロマシー』PHP研究所, 2007年.
木畑洋一『イギリス帝国と帝国主義：比較と関係の視座』有志社, 2007年.
小堀眞裕「1997年英国総選挙に関する一考察：ニュー・レイバーと戦後コンセンサスについて」立命館法學（253）1997, pp. 486-532.
ジョンソン, ボリス『チャーチル・ファクター たった一人で歴史と世界を変える力』石塚雅彦・小林恭子訳, プレジデント社, 2016年.
シャクソン, ニコラス『タックスヘイブンの闇』藤井清美訳, 朝日新聞出版, 2012年.
トッド, エマニュエル『問題は英国ではない, EUなのだ：21世紀の新・国家論』堀茂樹訳, 文藝春秋, 2016年.
日本経済新聞社編『イギリス経済再生の真実』日本経済新聞出版社, 2007年.
野口悠紀雄『英EU離脱！日本は円高に対処できるか』ダイヤモンド社, 2016年.
ブードル, ロジャー『欧州解体：ドイツ一極支配の恐怖』町田敦夫訳, 東洋経済新報社, 2015年.
山田順『円安亡国：ドルで見る日本経済の真実』文春新書, 2015年.

第9章

ドイツの「生存圏」確保のために存在するEU

　本章では，英国に離脱されることを決定されたEUについて考える．EUが創設された大きな理由の1つは「ドイツの脅威を封じ込める」ことにあった．1871年に，それまで35君主国と4つの自由市に分裂していたドイツが統一国家になった．それからドイツは，他国を侵略し二度の世界大戦を引き起こした．EUが創設されたのは，ドイツを再び戦争を起こす国にしないことだったと言っても過言ではない．

9.1. そもそもEUが創設された理由は「ドイツ問題」だった

　地政学的にみれば，前述の通り，リムランドに位置するドイツが統一してハンブルクという港を獲得したり，ベルリン―バクダット鉄道を建設して中東に出ていくことになると，「ランドパワー」が「シーパワー」を兼ねることになる．ドイツは，英国などシーパワーからみれば，許しがたい脅威ということになり，シーパワーが全力でドイツの拡大を防ぐことで衝突し，戦争に至った．

　また，ドイツは後発の帝国主義国であったために，英国，フランス，スペインなどの世界的な植民地獲得競争に乗り遅れた．そのため，中東，アフリカなどに石油など資源の権益を得ることができなかった．化学品など工業が主要産業であったドイツは大量の石油を必要としたが，ドイツ国内の石油市場は英米系の「セブンシスターズ」に抑えられ，石油は高価で販売されていた．ドイツは自前の石油権益を求めて，既に他国が獲得していたものを奪う，拡張主義に走らざるを得なかった．

　このように，外へ外へと出ていくドイツはシーパワーにとって常に脅威であった．だが，ドイツ側からみれば，ドイツは常に，周辺から攻撃を受ける脅威を感じ続けなければならない深刻な運命を抱えていた．ドイツは，北ヨーロッ

パ平野に位置している．北ヨーロッパ平野には東西に高い山脈がなく，防御的にみて極めて脆弱である．ところが，平野の西側には，長い統一の歴史を持つ強力な隣国フランスがあり，東側には世界最大の領土を持つランドパワー・ロシアが存在している．ドイツが抱えている究極的なリスクは，この2つの大国に同時に平野の回廊から攻撃されることであった．その恐怖心が，何度も悲劇的な結末をもたらしてきたといえる (Kaplan, 2012: 15-37)．

　ドイツは，第一次世界大戦の開戦前に，ロシア，フランスから挟み撃ちに遭うリスクへの対応を真剣に検討した．ドイツ参謀総長（当時）アルフレート・フォン・シュリーフェンはロシア，フランスの挟み撃ちを防ぐための手段として「シュリーフェン・プラン」を立案した．これは，広大な領土を持つロシアが軍の総動員体制を完了するまでの時間差を利用するものである．ロシアが総動員を発令したことを察知するや否や，ドイツは即座にベルギーに侵攻してフランスの背後に回りこみ，対仏戦争に早期に勝利する．その後，反転してロシアを叩くという戦争計画だった．実際に，第一次世界大戦の開戦後，ベルギーに侵入した後，ロシア，フランスに宣戦布告した．

　第二次世界大戦でも，ドイツは1939年8月に独ソ不可侵条約を締結した上で，1940年5月に欧州西部への侵攻を開始，6月14日にパリを占領し，フランスを降伏させた．そして，1941年6月22日，独ソ不可侵条約を一方的に破棄し，ソ連に侵入した．

　だが，両大戦とも，シェリーフェン・プランは最終的に破たんした．その理由は，このプランが戦争遂行のための純軍事技術的側面を重視し，政治を軽視したことにあった (フリードマン，2017)．ドイツの軍事学者・カール・フォン・クラウゼヴィッツが残した有名な言葉「戦争とは，他の手段をもってする政治の延長である」と真逆で行動であったためである (クラウゼヴィッツ，1965)．中立国・ベルギーを侵攻したり，独ソ不可侵条約を一方的に破棄したりしたことは，ドイツの国際的な信頼を失墜させて，米国，英国などが対独参戦を決定するなど，不必要に敵を増やしてしまうことになった (Blouet, 2005)．

　このような，2つの大国に同時に北ヨーロッパ平野の回廊から攻撃されるという恐怖から逃れようとすることから起こる「ドイツ問題」の解決策は，第一次・第二次世界大戦の2つの大惨事の後，圧倒的な力を誇る大国である米国を

欧州に受け入れることであった．米国は，北大西洋条約機構（NATO）を結成し，戦後に台頭してきたソ連を中心とする共産主義ブロックと対峙する西欧の集団的安全保障体制を確立し，その中に西ドイツを組み込んで，「ドイツ問題」を封じ込んだ．それは結果として，経済面でのEUの創設につながっていった（ゼイハン，2016）．

9.2. 「ドイツを封じ込めるため」から「ドイツ独り勝ち」へ

このように，EUの創設は，ドイツが抱える地理的な問題から，欧州を戦火に巻き込んでしまう「ドイツ問題」を封じ込めることが目的だった（Layne, 1997；トッド，2016: 41-42）．その結果は，米国の支援もあり，想定された以上だったといえる．

現在のEUは，歴史的に敵対を続けてきたフランスとドイツが両手でしっかりと手をつなぎ，片手を自由に動かして相手を殴ることがないようになっている．米国によってアレンジされた独仏の新しい友好関係は，戦火が続いてきた西欧に安全保障の安定をもたらし，EUを世界最大の経済圏の1つにのし上げた．

特に，ドイツにとっては，思いのほかうまく事が運んだ．EUはドイツを封じ込めるためのものだったのだが，現在では「EUはドイツのためにある」とまで言われるようになった．ドイツは欧州の中で突出して強力な経済力を誇っているからだ．現在のEU圏内では，ドイツ経済だけが好調で，ギリシャ，スペイン，ポルトガル，イタリアなど他の加盟国の多くが，経済的に困難な状況を抱えている「ドイツ独り勝ち」の状況になっている．経済面での連合であるEUで，ドイツはもう1つの大国・フランスをはるかに凌ぎ，盟主の座に就いたと言っても過言ではない．

なぜ，ドイツだけが好調なのか．NATOの結成によって，フランスとの敵対関係がなくなった上に，対ソ連で米国を中心とする集団的安全保障体制が確立された．それによって，ドイツ最大の弱点であった北ヨーロッパ平野が，最大のアドバンテージに変わったからだ．第二次世界大戦の敗戦後，ドイツは北ヨーロッパ平野で，軍隊に代わって伝統の製造業の力を存分に発揮することに

なった．「ドイツ製」というタグをつけた商品は，ライン川やエルベ川を下り，アウトバーンを進んで，北へ，南へ，西へと欧州に広がった．東西冷戦終結後の1990年以降は，東へ向かうものも増加した．

　伝統的に製造業が強力なドイツは，輸出主導の産業構造であり，輸出がGDPの35%から40%を占めている．同じように30%台なのは「世界の工場」中国であり，米国は10%台だ．「貿易立国」と呼ばれ，輸出依存度が高いというイメージがある日本だが，2014年の輸出の対GDP比は15.2%である．また，ドイツからの輸出の約半分は，単一市場で自由貿易圏であるEU域内向けである．関税によって保護されることのない巨大な市場への輸出によって，ドイツは巨額の利益を得てきた．

　しかし，これを逆から見れば，関税のかけられない単一市場の自由貿易圏で，EU域内の他国は，ドイツからの輸入を大量に受け入れ続けることで，大きな損失を被ることになっている．だが，EUは加盟国に対して財政赤字をGDP比の3%に抑える義務を課している．厳しい緊縮財政を強いられることで，景気悪化に対して，一国の政府の独立した判断で対策を打つことが事実上できない．経済対策の独立性・柔軟性を奪われたこれらの国では，失業に追い込まれた若い労働者が職を求めてドイツに移動している．そして，それはドイツ経済を益々成長させていくことになっている（Dustman, Fitzenberger, Schonberg, and Spitz-Oener, 2015）．

　大きな損失を抱え，窮地に陥ったギリシャ，ポルトガル，スペインなど他の国々は，ドイツに救済を求めた．しかし，ドイツはそれを拒否した．ドイツはこれらの国が，自分たちの怠惰と腐敗のせいで危機になったと考えたからである．欧州には，ドイツ人が規律正しく勤勉なのに対して，他の民族，特に南欧人は無気力で無責任という昔からの通念がある．まじめにやっているドイツが，なぜ不真面目な国を助けなければならないのかということである．特に，政治家以上にドイツ国民が，他国を助けることを支持しない．

　ドイツの首相は，EU域内で圧倒的な影響力を誇っている．しかし，ドイツの首相は欧州全体のことを考えるわけではない．ドイツの世論に応えるだけであり，ドイツの国益のために動くだけである（トッド，2016: 34）．ドイツの国益は他国の損害なのだが，それが救済されることはない．ドイツの首相は，怠

惰と腐敗を乗り越えるための緊縮財政だけを他国に強制し続けるようになった．

例えば，2010年に欧州経済危機が起こった時，その対応策としてEUには3つの選択肢があった．1つは，欧州の中で最も裕福なドイツが，ギリシャや他の南欧債務国の債務を肩代わりすること．2つめは，ギリシャが他に依存せず，自らの財政支出の削減によって債務を履行すること．3つめは，銀行がギリシャなどの国に対する債務を放棄することだった．

ギリシャは1つめのドイツによる救済を望んだが，ドイツはそれを拒否した．妥協案は，銀行がギリシャへの債務の一部を放棄し，その損失は，EU，欧州中央銀行，国際通貨基金（IMF）からの支援で穴埋めする．一方，ギリシャは緊縮型の予算を組んで，歳出削減に努めて財政再建する，というものであった．

ギリシャは，歳出削減を断行するために，医師などをはじめ，多くの公的サービスに従事している人材の給与を減額し，雇用削減を行った．その結果，ギリシャの失業率は25％を超えるほどになった．

このような，ドイツによるEU域内の緊縮財政の強制と，その結果としての他のEU諸国からドイツへの若い移民の増加は，ドイツによる欧州諸国の経済的掌握をもたらした（トッド，2016；ブードル，2015: 187-193）．

9.3. EUは，ランドパワー化したドイツの「生存圏」確保のためにある

第1章で詳述したように，東西冷戦終結後，ソ連崩壊，共産主義ブロックの解体によって，東西ドイツが統一した．ソ連による支配から解放された他の東欧諸国や中央アジア諸国を，米国を中心とする西側陣営は民主化していった．NATOとEUは東方に拡大した[1]．かつてはドイツ・ベルリンまで延びていたロシアの影響圏は，東欧圏をほぼ失い，ウクライナまで下がっている．

「ドイツを封じ込めるため」に創設されたEUは，いまやドイツの「生存圏」確保の戦略のためにあるという見方に変わっている．前述の通り，リムランドにあるドイツは，東西冷戦で分断された．西ドイツは米国，英国などの西側陣営に組み込まれて，再びランドパワー化することを封じられるとともに，共産主義陣営と対峙するフロントラインとなった．

しかし，冷戦終結後，ドイツを取り巻く状況は一変した．米英の旧共産圏を民主化する戦略に乗じて，EU は東欧諸国を民主化する行政的な実務を担った．いわば，EU は東欧民主化の「実働部隊」となることで東方への拡大を成功させたのである（ブードル，2015: 33-35）．

結果として，ドイツはシーパワーの影響下にあるリムランドの一部ではなく，西欧，南欧の中堅国を経済的に掌握するとともに，東欧にも拡大した EU の中核となり，欧州を支配するランドパワーとして復活した（Brzezinski, 1997）．そして，フランス，ロシアに脅かされ続けた「ドイツ問題」を完全に克服し，確固たる「生存圏」を築いたといえる．

更に言えば，ドイツはランドパワー化を超えて，シーパワー英国を経済的に支配しようとしていたという見方も成り立つ．英国の「EU 離脱」とは，ドイツのシーパワー化を拒絶しようとしたものだと解釈できるだろう．

9.4.「ドイツ独り勝ち」に対する不満が爆発する

だが，このドイツ「独り勝ち」状態には，不平・不満が広がっている．ドイツ経済の繁栄は，ドイツが自分に都合よく EU の単一市場の自由貿易圏を利用し，他の欧州諸国への輸出を拡大しているからなのだが，ドイツ国民はそれを十分に認識していない．前述のように，ドイツ人は，欧州の他の国々がドイツほど豊かでないのは，怠惰と身勝手さの結果であると主張しているのだ．

ギリシャやスペイン，ポルトガルや地中海沿岸の南欧諸国は，EU に加入すれば，フランスやドイツ並みに生活水準が向上すると期待していた．だが，前述の経済危機によって南欧諸国のその期待は打ち砕かれた．EU の単一市場の自由貿易圏は，ドイツに富も人材も吸い上げられるだけだと，失望が広がっている（フリードマン，2017）．

また，景気が悪くなると，移民に対する敵対の感情が生まれる．現在の欧州はまさにこの状況である．中東の政情不安から，北ヨーロッパへの移民や難民は増加する一方である．例えば，ドイツは2015年に89万人，2016年には28万人の移民や難民を受け入れた．

しかし，2015年11月に起こった IS によるパリ同時多発テロなど，欧州で頻

発する一連のテロ事件と移民の関連性が取りざたされるようになった．EU 圏内で国境を自由に行き来できる，いわゆる「シェンゲン圏」は大きな打撃を受けた．様々な国が，セキュリティを理由に出入国管理出を再び導入した（ブードル，2015）．

現在，EU 域内では，それらの不満・失望の受け皿として，極右政党への支持が高まり，「懐古主義的なナショナリズム」が広がっている．2017年5月に行われたフランス大統領選では，マリーヌ・ルペン国民戦線党首が決選投票に残った．このルペン氏を破って新大統領になったエマニュエル・マクロン氏も，既存政党ではない新しい政治勢力を率いて登場した．2017年9月のドイツ総選挙でも，極右政党の台頭があった．

アンゲラ・メルケル独首相は，難民受け入れ人数の上限を設けることに抵抗してきた．しかし，選挙結果を受けて，保守与党，キリスト教民主・社会同盟（CDU・CSU）は，難民らの年間受け入れ人数を20万人以下に抑制する方針を決めた．CDU・CSU は2017年9月の総選挙で第1党を維持したが，大きく議席を減らしたため国民に難民政策の厳格化を印象付ける必要があった．

このように，「既存政党への不信感」「政治的な不安定性」は，EU の大きなリスクとなっている．但し，1つだけ指摘しておきたいことがある．我々は，欧州諸国が大量に押し寄せる難民への対応に苦戦している姿が繰り返しメディアで映し出されることで，欧州の民主主義体制の問題点を批判しがちになる．だが，本質的に重要なことが見えなくなりがちなのではないだろうか．

本質的に重要なこととは，「なぜ難民は欧州を目指すのか」ということだ．それは，欧州に行けば，生きられる．仕事があると思っているからだ．「人々は誰でも，自由民主主義が定着し，生命の安全，人権が守られて，雇用が確保される社会を望む」ということだ．それについて，自由民主主義が全体主義，独裁体制に比べて圧倒的な優位性があることを見逃してはならないだろう．

9.5. ドイツ経済が抱えるリスク

前述のように，ドイツは緊縮財政を強制によって，EU 域内の諸国の経済的支配を強めてきた．「ドイツ独り勝ち」状態を強めてきたのだが，その将来に

懸念がないわけではない．

　ドイツが輸出主導の経済構造であることは，ドイツ国内の製造業の生産能力が，国内の消費能力を大きく上回っていることを示している．換言すれば，ドイツ国内の消費市場の規模は大きくないということだ．したがってドイツは，ドイツ製品の買い手が国外にいて輸出ができる限りにおいては繁栄を続けられる．しかし，買い手がいなくなったら，輸出ができず経済危機に直面することになる（ブードル，2015）．

　ドイツは，EU 域内の他国が，怠惰と身勝手さをやめて，緊縮財政によってドイツのような勤勉さと規律を守るようになれば，経済危機を脱して，これから先もドイツ製品の買い手であり続けると信じているように思える．だが，事はそう単純ではない．

　欧州の経済システム全体に，大きな問題があるからだ．欧州各国が，緊縮財政を行うためには，政府機関の人員を削減し，政府の支出を減らす必要がある．そうすると，経済が余計に減速し，税収が減ることになる．その結果，欧州の国の中には，公的債務の返済が困難になる国が出てくることになる．

　ここで問題となるのは，ドイツ，フランスなど欧州各国の銀行は，欧州各国の公債を多く購入していることである．これが，新たな銀行危機をもたらしてしまう懸念がある．ギリシャ，スペイン，ポルトガルなどの国が，もし債務不履行という事態となれば，欧州各国の銀行が倒産し，欧州の経済システム全体が崩壊してしまうことも考えられる（フリードマン，2017）．これは実際，2010年の「欧州ソブリン危機」で，現実の問題として浮上したことである．

　繰り返すが，ドイツが「独り勝ち」状態を続けるには，輸出を続けられる単一市場の自由貿易圏が必要だ．それがなければ，ドイツは国内経済を維持できず，失業率も上がってしまう．ドイツは，他の輸出依存度の低い加盟国に比べて EU を強く必要としているといえる．

　しかし，ドイツが他の国々に緊縮財政を強制する厳しい姿勢を変えて，ギリシャや他の南欧債務国の債務を肩代わりするか，ドイツの銀行がそれらの国々の公債を放棄して，支援をしなければ単一市場は維持できない．ドイツ「独り勝ち」は，実は非常に脆弱な経済システムの上で成り立っている．

9.6. EUは「エネルギー自給」に問題があり,「生存圏」を築けない

　本書が主張してきたように,トランプ大統領の登場後,世界は「ブロック化」する流れとなっている.しかし,EUは世界の「ブロック化」の流れの中で,より本質的な脆弱性があるように思う.特に,「生存圏」を築くために重要な,「エネルギーの自給」について問題がある.

　米国が中東への関心を失い,海上輸送路の安全性確保から撤退すると,EUは,ロシアからのガス・パイプラインへの依存度が極めて高くなる (LeVine, 2010).そのため,原子力や再生エネルギーを利用する「エネルギーの多角化」を進めてきた (飯田編, 2005).しかし,フランスなどが推進する原子力は,福島第一原発事故後,展望が不透明になり,ドイツなどが積極的である再生エネルギーは,補助金依存の高コスト体質を変えられないままだ.このままでは,EUは「ブロック化」の流れの中で,没落するしかない運命かもしれない.

注
1) 2017年の時点NATOには新たに13カ国が加盟し(全加盟国は29カ国),EUには新たに16カ国が加盟した(全加盟国は28カ国).

参考文献
飯田哲也編『自然エネルギー市場』築地書館, 2005年.
クラウゼヴィッツ,カール・フォン『戦争論』淡徳三郎訳, 徳間書店, 1965年.
ゼイハン,ピーター『地政学で読む世界覇権2030』木村高子訳, 東洋経済新報社, 2016年.
トッド,エマニュエル『問題は英国ではない,EUなのだ:21世紀の新・国家論』堀茂樹訳, 文藝春秋, 2016年.
ブードル,ロジャー『欧州解体:ドイツ一極支配の恐怖』町田敦夫訳, 東洋経済新報社, 2015年.
フリードマン,ジョージ『ヨーロッパ炎上:新・100年予測　動乱の地政学』夏目大訳, 早川書房, 2017年.
Blouet, B. W., "Halford Mackinder and the Pivotal Heartland," In Blouet, B. W. ed., *Global Geostrategy: Mackinder and the Defence of the West*, Frank Cass, 2005.
Brzezinski, Z., *The Grand Chessboard: American Primacy and Its Geostrategic Imperatives*, Basic Books, 1997.

Dustman, C., B. Fitzenberger, U. Schonberg, and A. Spitz-Oener, "From sick Man of Europe to Economic Superstar. Germany's Resurgent Economy," *Journal of economic Perspectives*, 28 (1), Winter, pp. 167-188, 2015.

Kaplan, R.D., *The Revenge of Geography*, Brandt & Hochmam Literary Agents, Inc., 2012.

Layne, C., "From Preponderance to Offshore Balancing: America's Future Grand Strategy," *International Security*, 22 (1), 1997, pp. 89-92.

LeVine, S., "Pipeline Politics Redux," *Foreign Policy*, 2010.

第10章

ロシア——停滞と復活の間で

　本章は，地政学を用いて，ロシアの置かれた現状と，今後どのように行動するかを考えてみたい．既に第1章で論じたように，東西冷戦が終結した後，英米は地政学を戦略として採用し，実行した．具体的にいえば，90年代の東欧・バルト諸国の民主化，NATO加盟と，東欧への米軍の常駐はドイツとロシアの2つのランドパワーの分断である．一方，2000年代のグルジア，ウクライナ，キルギスなど中央アジア諸国の民主化の取り組みは，英米がロシアと中国の分断を狙ったものだったといえる．

　一方，これに対抗したロシアの戦略は，中国と組んだ「上海協力機構」を発足させ，中央アジアやインド・パキスタン・イランなどを取り込もうとすることだった．つまり，90年代以降のユーラシア大陸の国際政治は，まさに地政学の理論通りに，シーパワー（英米）による東欧・中央アジア，中国とロシアの分離と，ランドパワー（ロシア・中国）の一体化によるユーラシア大陸統合の戦いが行われていたといえる．そして，シーパワー（英米）とランドパワー（ロシア・中国）のどちらの戦略が成功しているのだろうか．

10.1. 英米系地政学で考えるランドパワー・ロシアの戦略的敗北

（1）ウクライナ情勢を巡るロシアと西欧の対立

　ウクライナを巡る国際政治を事例に，どちらの戦略が成功しているか考えてみよう．通説的にいえば，この問題ではプーチン大統領の腕力が目立った．「大国ロシアの復活」という論調も目立ったが，本当だろうか．

　1991年の独立以来，ウクライナでは親ロシア派と親欧米派の間で権力闘争が続いてきた．2014年のクーデターでは，親ロ派のヤヌコビッチ政権が崩壊し，親欧米派が権力を掌握した．新政権は，ヤヌコビッチ政権が凍結していた欧州

連合（EU）と包括的関係を強化する連合協定調印の早期実現を目指す構えを見せた．

　ヤヌコビッチ大統領はロシアへ逃亡し保護された．プーチン露大統領は，武装グループが3カ月間にわたり，首都キエフ中心部の公道や広場を占拠し大統領府などを攻撃したことを「武力による権力奪取」と断じた．ウクライナ新政権には「法的な正統性がない」とし，ヤヌコビッチ氏こそ「現実的には権力を持っていないが，法的には合法的な大統領だ」と訴えたのだ．新政権が目指す大統領選挙の実施も「認められない」と切り捨てた[1]．

　その時，プーチン大統領は，ロシア系住民が多いウクライナ南部クリミア半島にロシア軍を展開させて，実効支配した．同じくロシア系市民が多いウクライナ東部に関しても「（ロシア系）市民を守るために全ての手段を使う権利を保持している」と訴え，事態が悪化した場合の更なる軍事介入の可能性を示唆している．そして，クリミア自治共和国議会が，ロシア編入の是非を問う住民投票の3月16日実施を決議した．賛成多数で承認されたことで，ロシアはクリミア半島の編入に乗り出した[2]．

　一方，オバマ米大統領（当時）は，クリミア自治共和国の住民投票の実施は「ウクライナ憲法と国際法に違反する」と表明し，「ウクライナの将来は，合法的なウクライナ政府によって決められねばならない」と強調した．米国は，ロシアへの対抗措置として「ウクライナの主権と領土的一体性を脅かす」ロシアとウクライナの一部当局者に対して，米国への渡航禁止と在外資産の一部凍結を決定した．更に，ロシアがウクライナ東部への新たな介入行動に乗り出した場合には，追加措置を講じる用意があると述べ，プーチン政権を強く警告した[3]．

　ロシアとの経済相互依存関係が深く，対ロ経済制裁に慎重と見られていた欧州連合（EU）も，「ロシアが危機解決に踏み出さなければ，渡航禁止や資産凍結，EU・ロシア首脳会議の中止などの制裁を科す」との声明を採択した．ロシアとのビザ（査証）なし渡航実現に向けた協議の停止も決めた[4]．

　この問題はその後どうなったか．結論から言えば，ウクライナ情勢を有利に進めるために，ロシアがEUに対して天然ガスを交渉材料に使うということはなかった．一方，EUは米国の対ロ経済制裁発動に，躊躇なく続けた．2014年にロシアはルーブルが暴落し，深刻な経済危機に陥った[5]．

結局，プーチン大統領は更なる強硬路線に走ることなく，事態収拾を図った．ロシアは，ウクライナ東部の親ロシア派が求める「独立」のための住民投票を認めなかった．一方で，2014年5月25日に行われたウクライナ大統領選で，親欧米派のペトロ・ポロシェンコ元外相が圧勝した結果を承認したのだ．[6]

　そして，プーチン大統領は，アンゲラ・メルケル独首相，ディビッド・キャメロン英首相，フランソワ・オランド仏大統領など，欧米の首脳との対話を始めた．また，ウクライナとの国境周辺で軍事演習を続けてきた数万人規模のロシア軍部隊に対して，所属基地への引き揚げを命じた．[7] 大統領は，クリミア半島のロシア編入既成事実化だけは，なんとか守りながら，欧米との関係正常化を図り始めたのだ．

　要するに，プーチン大統領は，欧米の経済制裁にギリギリまで耐えて，クリミア半島のロシア編入，ウクライナ分裂が既成事実化しようとした．それは，20年間のユーラシアの覇権争いの中では小さな反撃でしかなかったが，ロシアの「強いイメージ」をなんとか残し，ロシアにとってほぼ負け戦のこの争いを，なんとかメンツを保つ形で終息させようとしたのである．

　それにしても，プーチン大統領の「大国ロシア復活」のアピールとは裏腹に，[8] なぜロシアは天然ガスを交渉カードに使えず，経済制裁に対抗できなかったのかを考えてみたい．

（2） 東西冷戦後の地政学的敗北

　まず，冷戦終結後の勢力圏後退がある．地政学を基に，東西冷戦後の長期的観点から見れば，ランドパワー・ロシアはシーパワー・英米によって完全に封じ込められてきた．第1章で指摘したように，東欧，中央アジアは民主化し，ロシアは遥かベルリンまで続いていた旧ソ連時代の「衛星国」を喪失した．いまや東欧は民主主義政権の下で，「EUの工場」と呼ばれる経済発展を遂げている．ロシアはグルジアやウクライナに介入しているが，それは英米の攻勢でロシアが防戦一方となっている．ウクライナ分裂は，ロシアが東西冷戦期から遥かに勢力圏を後退させたという大きな流れの中で，かろうじて繰り出したカウンターパンチ程度でしかない（Sloan, 1999: 31）．

　一方，ロシアはウクライナを巡る問題で中国と協力関係を築けるかというと，

それも難しいのが現実だ．中国はロシアのウクライナへの軍事介入について，立場を明らかにせず静観の構えを崩すことはなかった．中国は，国内で新疆ウイグル自治区やチベット自治区の独立問題を抱えている．ウクライナ・クリミア自治共和国のロシアを後ろ盾とした分離・独立の動きを中国が支持すれば，国内の独立運動を刺激しかねないからだ．

　地政学の観点から長期的に見れば，ランドパワー・ロシアの戦略はシーパワー・英米によって完全に封じ込められているといえる．ロシアには，東西冷戦期のように，欧米に対して，強気の姿勢を貫くことは難しいのだ．

（3）　石油・天然ガスの単純な輸出に依存する経済

　ロシアがなぜ経済制裁に対して脆弱な体質であるのかを考えてみたい．まず，ロシアは旧ソ連時代の軍需産業のような高度な技術力を失っている．モノを作る技術力がなく，石油・天然ガスを単純に輸出するだけだと，価格の下落は経済力低下に直結する（藤，2017: 55-58）．

　その原油などの資源価格をコントロールしているのは，実質的にはロンドンなど欧米の市場だ（奥村他，2009）．もちろん英米政府は原油価格を操作できない．しかし英米が動かす市場がロシア経済の生殺与奪を握っているとなると，ロシアは英米に対してなかなか強気に出られないということもありえる．

　実際，ロシア経済の弱点は2008年の世界同時不況で明らかになった．石油価格がピークの3分の1以下に落ち込んだ結果，石油・天然ガス関係企業は開発投資の大幅見直しを始め，生産に急速なブレーキがかかった．アルミ，銅，石炭，鉄鋼，石油化学，自動車など各産業でも生産縮小や工場閉鎖が始まった．ロシア経済は破滅的な状況に陥ったのだ．

　更に問題なのは，欧米からの投資がロシアから次々と撤退していることだ．かつてのロシアの高飛車な態度のせいか，欧州はガスの調達先や輸入ルートの変更，原子力発電の見直しなどエネルギー政策の転換を模索し，ロシアに投資しなくなったのだ．現在，ロシア政府は歳入が大幅に落ち込み，財政破たんもささやかれる状況である．

（4） 天然ガスビジネスは，ロシアにとって深刻なリスクになった

　欧州との天然ガス・パイプラインのビジネスが，ロシアにとって深刻なリスクになっている．通説では，天然ガス・パイプラインのビジネスでは，供給国であるロシアが，需要国である EU に対して有利な立場になるとされてきた．しかし，実際には本書第4章で論じた通り，供給国と需要国の間に有利不利はない．

　パイプラインでの取引では，物理的に取引相手を容易に変えられないからだ．パイプラインを止めると，供給国は収入を失ってしまう一方で，需要国は瞬間的にはエネルギー不足に悩むものの，長期的には天然ガスは石油・石炭・原子力・新エネルギーで代替可能である．つまり，国際政治の交渉手段として，天然ガスを使うことは事実上不可能で，それをやればロシアは自らの首を絞めることになる．ウクライナ危機以降，天然ガス・パイプラインは，ロシアの強力な交渉材料ではなく，むしろ大きなリスクとなったのではないだろうか（石井, 2008）．

（5） ロシアの支配層は資産凍結により大打撃を受ける

　2006年，英国ロンドンで，英国に亡命中の反プーチン派リトビネンコ氏が急死した「リトビネンコ事件」が起きた．この暗殺にはロシアの関与がささやかれ，英国検察当局はFSBの前身・KGBの元職員ルゴボイ氏を容疑者と断定し，ロシアに引き渡しを求めた．ロシア側はこれを拒否し，逆に英国に亡命中のボリス・ベレゾフスキー氏の政治犯としての引き渡しを英国に要求，英国がこれを拒否し，ロシアへの報復措置として英国駐在のロシア外交官4人を国外追放した．だが，ロシアは「常識的な行動を英国に求める」とトーンダウンした（Cowell, 2008）．なぜ英国はロシアを恐れず，ロシアは英国に報復できなかったのか．それは，英国がロシア経済の弱点を熟知していたからだ．

　英国はベレゾフスキーを始め，サッカー・イングランド・プレミアリーグのチェルシーを買収したアブラモヴィッチなど「反プーチン」派のロシアの新興財閥を公然とサポートしている．更に，「チェチェン亡命政府」などもロンドンにある．

　サッカー・イングランド・プレミアリーグのチェルシーのオーナーであるロ

マン・アブラモヴィッチ氏は，ACミランのアンドリー・シェフチェンコ選手のチェルシーへの移籍の際，移籍金「100億円」をポケットマネーから出したと言われているが，彼などの「反プーチン派」のロシアの新興財閥（オリガーキー）がロンドンで蓄財し，英国政府のサポートを受けていることも幅広く知られている（広瀬，2004）．

英国がロシアに対して強気なのは，北海油田や中東・アフリカなどの利権によって資源・エネルギーでロシアに依存していないからだろう．英国は急速に再大国化するロシアにとってもなかなか手の出せない相手である．

だが，ロンドンに蓄財しているのは「反プーチン派」だけではない．なんとプーチン大統領や政府高官も，西側に巨額の蓄えがあると以前から噂されている[9]．そして，おそらく大統領らは，政府からの給料だけでこの財をなしたというわけではないと見られている．

莫大なロシアマネーが西側の銀行に預けられたり，欧州の資産に投資されたりしている．英紙ガーディアンによれば，2010年から2014年にロシア国外に流出した資金は少なくとも200億ドルであるという[10]．そして，その3分の2は犯罪によるものだった可能性があるという．MI6，CIAなど西側の諜報機関が，ロシアマネーの出所，その資金が現在どこにあるのか，把握していないはずがない．

ウクライナへの軍事介入に関与したロシアの指導者にビザ発給停止，資産凍結の適用範囲を拡大したならば，欧州で蓄えてきた資金や資産に手を出せなくなるだけでない．彼らの蓄財の過程が明らかになると，空前の大スキャンダルになる可能性があった．その大変なリスクが顕在化することを恐れて，プーチン大統領らは，ウクライナ問題で更なる強硬策に出ることができなかった可能性がある．

（6） 欧州での天然ガス・パイプライン・ビジネスが，ロシアのリスクとなったこと

欧州での天然ガス・パイプライン・ビジネスが，ロシアのリスクとなったことで，ロシアは極東地域の開発を重要視し始めた．まず，ロシアは中国に接近した．そして，価格面で折り合いがつかず10年越しの懸案であった，総額4000

億ドル（約40兆円）に上る歴史的な天然ガスの供給契約を中国と結んだのだ[11]．

また，プーチン大統領は，契約調印後，今回の東シベリアから極東を通り，中国北東部に至るパイプラインを建設する「東ルート」に加えて，西シベリアからモンゴルの西側を通り中国につながる2本目のパイプラインの新たな計画も明らかにした[12]．中露間で，エネルギー安全保障の強固な協力関係が構築されつつあるといえる．

また，習近平中国国家主席とプーチン大統領は，日米欧を強烈に牽制する共同声明を発表した．「もっと公正で合理的な国際秩序」を目指すとし，「他国の内政への干渉」や「一方的な制裁」への反対を打ち出し，「第2次世界大戦後の国際秩序を壊そうとするたくらみ」への反対までも明記したのだ[13]．日本を牽制したい中国と，欧米を牽制したいロシアの思惑が一致した共同声明だといえる．

しかし，中国とのシベリアにおける関係強化も，ロシアにとって悩ましい部分がある．中国が得意とする人海戦術的な進出で，シベリアを実効支配されることを恐れているからだ．

筆者の恩師でもある，日本・北朝鮮を専門とする地域研究家である英ウォーリック大学のクリストファー・ヒューズ教授は，英・ガーディアン紙に対して「ロシアは極東で非常に弱い立場にある．ロシアは極東に軍事プレゼンスがなきに等しい」と答えた．ヒューズ教授は，極東・シベリアがいずれ中国の影響下に入ってしまうという懸念をロシアが持っていることを指摘しているのだ[14]．

要するに，シベリアでは中国の影響力拡大の不安がある．ロシアは日本の技術と資金を必要としているのだ．

10.2. プーチン大統領が掲げる「大国ロシア」は虚構に過ぎない

ロシアの弱みを書き連ねていくと，違和感を持つ方がいるだろう．プーチン政権下で「ロシア大国主義」が復活しているというのが通説なのは筆者も承知している．だが，「大国ロシア」は，実は虚構に過ぎないのである．

ソ連崩壊後，ロシア人には様々なコンプレックスが残り，明確なアイデンティティがなくなっている．明確な国家的思想もなく，国家を団結させる唯一の路線もない．社会はソ連のアイデンティティから，新しいロシアのアイデンテ

ィティを探し求めながら揺れ動いてきた（木村他，2010）．

　プーチン大統領は，2000年の就任演説以降「大国ロシア」という言葉を頻繁に使用してきた．2000年代前半には，エネルギー価格の高騰もあいまって急速な経済力の回復を実現させたことで，プーチン大統領の掲げる「大国ロシア」は，自信を取り戻したロシアの新しいアイデンティティとなった．

　だが，繰り返すが「大国ロシア」は虚構に過ぎない．現在のロシアには，どこかを征服したり，失った領土を再併合しようという国力はない．隣国に対する関心はあるがそれも「ソフトに」優位に立ちたいということであって，厳格にコントロールしようとするものではない．「大国」という概念は，過去の遺物でしかないのである（トレーニン，2012）．

　それでも，プーチン大統領が「大国ロシア」の虚構を演出しているのはなぜか．経済の好調により，国内批判を容易に抑え込めた第一次・第二次プーチン政権期（2000～2008年）と異なり，ウクライナ危機以降の経済停滞による国民の不満が広がり，大規模な反プーチン・デモを経験した第三次プーチン政権（2012年5月～）では，国内世論の動向に従来以上の注意が必要になっているからだ．プーチン大統領は「大国ロシア」を訴え続けることで，国内の保守層・大衆層の支持を確保し続ける必要があるのだ．[15]

10.3. 「生存圏」確保のためにロシアとドイツは接近する

　本書は，EU はドイツの「生存圏」を確保するために存在すると指摘した．しかし，EU にはいくつかの脆弱性がある．まず，「生存圏」を築くために重要な「エネルギー自給」に問題がある．そして，経済における「ドイツ独り勝ち」に対する EU 域内の諸国に起こった怒りが形となったナショナリズムの勃興である．

　ロシアは，そんなドイツに接近すると考えられる．ロシアの地政学者であるアレクサンドル・ドゥーギンは，日本語の著書が翻訳されていないため，ほとんど日本では知られていない．しかし，その著書はソ連崩壊後のロシアで，初めて刊行された地政学専門書として，ロシアで大反響となったものである．

　ドゥーギンは，ドイツ地政学のカール・ハウスホーファーの理論を基に

「『ユーラシア帝国』が，大西洋主義の覇権に対抗して連携を呼びかける諸国は，ドイツ，イラン，そして日本である」と主張する．そして，「日独をロシア側に引き寄せるためには，両国に領土問題で譲歩すべき」だとして，「日米安保の破棄」を条件として，北方領土の返還を提案している（黒岩，2002）．

現在のウラジーミル・プーチン政権の中東への積極的関与，日本への急接近と経済協力の進展，そしてプーチン大統領の「日露の信頼関係を阻害しているのは，日米安全保障条約」という意味の発言を見ると，ロシアの戦略は，ドゥーギン地政学と一致しているのは明らかだ．とすれば，ロシアが次にドイツに接近していくことになる．

ロシアは，英国と長年にわたり，激しい対立関係にある．その英国がEUから離脱すれば，ロシアはドイツに接近するのを妨げる障害がなくなることになる．また，トランプ大統領とメルケル首相が激しい批判合戦を展開するなど，今後米国とドイツの関係も，悪化することが考えられる．プーチン大統領がこの好機を逃すわけがない．

そしてロシアにとってドイツ，日本，イランと連携する目的は，英米「シーパワー」に奪われた東欧という勢力圏を奪い返すことはもちろんだが，それだけではない．「一帯一路」構想を掲げ，ユーラシア大陸に巨大経済圏を築こうとする中国に対する対抗の意味もある．

一方のドイツだが，現在は「グローバリゼーションの最後の砦」というイメージだが，EU諸国に対する緊縮財政や移民政策を厳格に強いる姿勢からわかるように，元々権威主義的，統制主義的な国柄だ．実はロシアとは親和性があり，歴史的に見ても，近づいたり離れたりを繰り返す複雑な関係だ．米英との対立は，ドイツを一挙にロシアに接近させる可能性がある．ドイツが持ち前のしたたかさを発揮すれば，ロシアと中国を天秤にかけるような駆け引きをするかもしれない．

注
1）『日本経済新聞』2014年2月28日．
2）『朝日新聞』2014年3月17日．
3）「ウクライナ情勢一段と緊迫，クリミアがロシア編入決議」『REUTERS』2014年3月7日，<https://jp.reuters.com/article/l3n0m34qd-ukraine-wrapup-idJPTYEA2600A

20140307>，2017年11月4日．
4） 「EU，ロシアに制裁警告＝「経済に影響」と圧力―緊急首脳会談」『時事ドットコム』2014年3月7日，<http://www.jiji.com/jc/c?g=int_date2&k=2014030700037>，2017年11月4日．
5） 「ルーブル暴落，1998年のロシア金融危機よりも危機的な事態になる可能性か」『ハフィントンポスト』2014年12月17日，<http://www.huffingtonpost.jp/2014/12/17/care-about-the-collapsing-ruble_n_6338370.html>，2017年11月2日．
6） 『日本経済新聞』2017年5月27日．
7） 『朝日新聞』2017年5月20日．
8） プーチン大統領は，ソ連崩壊を「20世紀最大の地政学的惨事」と呼ぶ（藤，2017）．
9） "Ukraine crisis: Russia is in no position to fight a new cold war" *The Financial Times*, <https://www.ft.com/content/cf1ec118-a099-11e3-8557-00144feab7de?siteedition=intl#axzz2vGZPaVsT>，2017年11月10日．
10） "Laundered Russian Cash Went Through Big Banks, Guardian Says," *Bloomberg Market*, 21 March, 2017, <https://www.bloomberg.com/news/articles/2017-03-20/laundered-russian-cash-flowed-through-major-banks-guardian-says>，2017年11月10日．
11） 『朝日新聞』2014年5月23日．
12） 『日本経済新聞』2014年11月15日．
13） Loc.cit.
14） "Two-timing the Chinese," *The Guardian*, 23 November 2005, <https://www.theguardian.com/world/2005/nov/23/japan.tisdallbriefing>，2017年1月31日．
15） Stephens, P., "Putin's Russia: Frozen in Decline," Financial Times, October 14, 2011.

参考文献
石井彰『天然ガスが日本を救う：知られざる資源の政治経済学』日経BP社，2008年．
奥村晧一・竹原美佳他『21世紀世界石油市場と中国インパクト』創風社，2009年．
黒岩幸子「書評：アレクサンドル・ドゥーギン『地政学の基礎　ロシアの地政学的未来／空間をもって志向する』」『総合政策』第4巻第1号，2002年，pp. 93-101．
木村汎・袴田茂樹・山内聡彦『現代ロシアを見る眼「プーチンの十年」の衝撃』NHK出版，2010年．
トレーニン，ドミトリー『ロシア新戦略―ユーラシアの大変動を読み解く』作品社，2012年．
広瀬隆『一本の鎖』ダイヤモンド社，2004年．
藤和彦『国益から見たロシア入門』PHP研究所（PHP新書）2017年．
Cowell, A., *The Terminal Spy: A True Story of Espionage, Betrayal and Murder*, Random House, 2008.
Sloan, G., "Sir Halford J. Mackinder: The Heartland Theory Then and Now," in Gray, C. S. and G. Sloan eds., *Geopolitics, Geography, and Strategy*, Frank Cass, 1999.

第11章

急拡大する中国とどう対峙するか

　ここからは，中国の現在と将来のあり方について，考えてみたい．日中関係について論じた研究は，星の数ほど多くある．しかし，その多くは日本と中国の「違い」を明らかにするものだろう．お互いの考えの違いを認識し，立場の違いを理解することで，両国間の紛争回避を図ろうとするものである．だが，中国との「違い」を知ることはできても，そこから先へはなかなか進めていないのではないだろうか．

　これに対して，本章は日本と中国の「共通の基盤」に焦点を当てたい．「共通の基盤」というものをスタートにして，お互いにどう歩み寄るかを考えてみるのである．本書では，それを，短期的には「市場経済」，長期的には「民主主義」と考える．

11.1.　中国の軍事的拡大，経済発展と民主化を考える

　ここでも，地政学の理論を援用する．なぜ地政学の枠組が重要なのか．前述のように，日中関係が国際政治経済で問題となるのは，世界第2位と第3位の経済大国というライバル関係があるからだけではない．両大国が，地理的に近接していることから，様々な問題が起きているのだ．地理的に遠い欧州にとって，急拡大する中国は新しい「ビジネスパートナー」であり，「脅威」とはならないのである．

　また，地政学では，海洋国家である日本は「シーパワー」，大陸国家である中国は「ランドパワー」と考えられ，国家としての思考や行動のパターンが異なる（Mackinder, 1919）．この国家の思考・行動の理論をベースに，日本と中国の歩み寄りのあり方を考えてみたいのである．

（1） 英米系地政学による対中国戦略

　日本，米国，英国など海洋国家（シーパワー）の戦略は，経済関係構築にも当てはまるのは言うまでもない．端的な例は，本書で何度も取り上げている東西冷戦期に米国が戦略拠点にある同盟国を経済成長させた戦略であろう．今後の対中国でも，経済に焦点を当てて戦略を考えることができるのではないだろうか．

　経済成長著しい中国沿岸部は，「リムランド」の一部と見なすことができる．これをシーパワーが取り込むとは，「積極的に中国の経済発展に関与することで，中国を欧米ルールに従う市場経済圏として発展させること」となる．そして，それは「中国が資源ナショナリズムに走らせず，海洋権益に手を出すことのデメリットを認識させる」ということを意味する．

　中国の南シナ海・東シナ海への軍事的拡大は，ランドパワー・中国のシーパワー化を意味する．本書で紹介している地政学の理論を当てはめれば，いかに中国の海洋進出が日本や米国にとって深刻な脅威かがわかるだろう．

　一方で，WTOに加盟するなど，経済，通商，為替について欧米が築いてきたルール・制度に従いながら，経済大国化を目指してきた．そして，そのために日本の資金と技術力，環境分野，金融，情報通信技術，知的財産保護での知識と経験を必要としてきたのだ．また，アジア全体を見渡せば，中国は日本，韓国，台湾，東南アジアから部品や原材料を輸入し，加工，組み立てて欧米に輸出する「東アジア加工貿易ネットワーク」を形成している．

　つまり，急拡大する中国では「軍事的な覇権国家」と「市場経済のルールの枠内での経済大国」の2つの方向性がせめぎ合っているといえる．シーパワー・日本としては，中国がランドパワー化して海洋進出するのはなんとか避けねばならない．それには，中国が軍事よりも経済を重要視し続けるように「戦略的互恵関係」構築に努めることだ．具体的には，日本は，積極的に中国の経済発展に関与するべきである．そして，中国を欧米ルールに従う市場経済圏として発展させ，人民元レートの操作，資源ナショナリズムに走らせず，日本の海洋権益に手を出すことのデメリットを認識させる．これは中国沿岸部の都市部をハートランドから切り離し，経済的に「リムランド化」するものである．

（2） シーパワー・日本の対中国「積極関与戦略」──「海上」を守り，「陸上」に関与する

しかし，現状は「中国経済をリムランド化する」戦略と，真逆の方向に進んでいるかもしれない．2015年6月の米中首脳会談では，習近平・中国国家主席が首脳会談で，太平洋を米中二大国で分割支配しようと持ちかけた．これは，地政学的には，ランドパワー中国の海洋進出を許してしまうことを意味する．シーパワーの日本にとって最悪な状況である．

日本が対中国戦略として，今できることを考えてみる．安倍晋三政権が狙う「憲法改正」によって，自主防衛が可能な戦力を保持することだろうか．だが，現実的に急拡大する中国軍の侵攻を防ぎきるだけの軍備増強が可能ではない．また，軍拡路線は中国を更に強硬姿勢にさせ，米国の支持も得られないだろう．米国の意向次第であって，日本としては，軍事力に頼る，伝統的安全保障政策だけでは，打つ手がないということだ．

そこで，中国の経済へ積極関与する「経済的リムランド」戦略が必要になる．本書では，「シルクロード経済圏（一帯一路）構想」への，積極的関与を提唱する．

「一帯一路」とは，中国西部から中央アジアを経由してヨーロッパにつながる「シルクロード経済ベルト」（「一帯」の意味）と，中国沿岸部から東南アジア，インド，アラビア半島の沿岸部，アフリカ東岸を結ぶ「21世紀海上シルクロード」（「一路」の意味）の2つの地域で，鉄道やパイプライン，通信網などのインフラ整を援助することで，中東や中央アジアからの資源輸入の輸送ルートを整備することを目的としている[1]．

しかし，「21世紀海上シルクロード」（「一路」）については，米軍が南シナ海に進軍し，中国が自国の領土と主張しているスプラトリー（南沙）諸島のミスチーフ（美済）岩礁とスービ（渚碧）岩礁の12海里（約22km）内を航行させる「航行の自由作戦」を展開中だ[2]．米国や日本のようなシーパワーにとって，ランドパワー（中国）を海上に進出させることは致命的であり，米国の行動には戦略的合理性がある．したがって，「一路」については，日本は中国に協力できない．

一方，「シルクロード経済ベルト」（「一帯」）については，積極的な関与が可

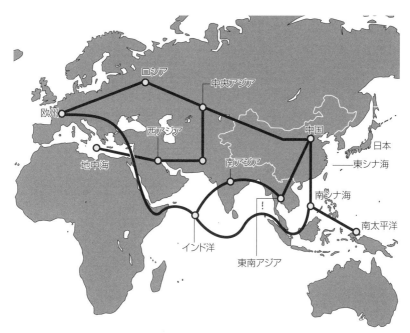

図11-1　中国政府が推進する「一帯一路」構想

能だ．ユーラシア内陸部に，英国などの多国籍資源企業は既に多数入ってビジネスをしている．日本も積極的に入っていくべきだ．資源開発，インフラ整備に日本企業が貢献できることは少なくない．例えば，安倍首相は2015年10月末に，中央アジア5カ国・モンゴルを歴訪し，「日本は中央アジアの自立的な発展を官民で連携して支えていく．民間企業の意欲はすでに高まっている．日本政府も公的協力，民間投資の後押し，インフラ整備，人づくりを支援する．今後，3兆円を超えるビジネスチャンスを生み出す」と発表した[3]．これは，日本にとってのビジネスチャンスであると同時に，中国の「シルクロード構想」推進を支援することにもなる．だが，日本は躊躇なく進めていくべきだ．

　筆者は，2016年1月17日に立命館大学で開催された国際シンポジウム「北東アジアのエネルギー国際政治」でパネリストを務めた．そこで，一緒にパネリストとして登壇した朱志群バックネル大学中国研究所長が指摘したのが「中国にとって，なにより深刻なのはエネルギーの確保．そのために冒険的な拡張主

義をとる．エネルギー問題が安定すれば，中国は落ち着いていく」ということだった．

前述のように，中国は，アフリカや南米などで石油権益を獲得しているが，その多くは地質的に有望でなく，採算性に疑問があるものばかりだ．アフリカ・南米の産油国は，欧米に対する政治的牽制として中国と交渉しており，中国は実態がないものばかり掴まされている（藤，2008）．ゆえに，中国にとって，資源獲得の中心は，むしろユーラシアの内陸部にある．そのために打ち出したのが，「一帯一路構想」である．

ユーラシア内陸部の開発が進めば，中国のエネルギー資源確保の安定につながる．そして，中国の海洋権益への拡張主義が収まっていくことになる．尖閣諸島や南シナ海を巡る中国の挑発的行動も鎮まっていく．軍事的な緊張を和らげ，領土問題の間接的な解決策にもなりえるのだ．そして，それ以上に重要なのは，日本がユーラシア内陸部でビジネスを展開することで，ユーラシア内陸部に市場経済に基づいたビジネスのルールを確立することだ．そして，中国のビジネスマンや労働者に市場ルールが定着していくことは，中国に内側からの経済制度，社会制度の変革と，民主化を迫ることになると確信する．

（3） 日本が参考にすべき，英国のAIIB加盟による「積極的関与戦略」

日本が中国の経済発展に積極的に関与する際に，参考にすべき事例がある．英国である．前述の通り，英国は100年以上に渡り，ロシアや中東と石油を巡る争いを展開してきた経験を持っている．その英国が，中国が主導するアジアインフラ投資銀行（AIIB）への加盟を決断した．

AIIBとは，中国が2013年秋に提唱し，主導する形で発足した，アジア向けの国際開発金融機関である．2014年10月に北京でAIIB設立の覚書が調印された時，参加を表明した21カ国に，米国の主要な同盟国はいなかった．だが，AIIBの仕組み作りに関わる「創設メンバー」の申請期限である3月31日を前に，雪崩を打ったようにさまざまな国が参加へと方針転換し，40カ国以上が参加を表明することになった．

この流れを生み出したのは3月11日に参加表明した「英国」である．英国に続いてフランス，ドイツ，イタリア，そして韓国，オーストラリアという米国

の同盟国が相次いで参加表明し，トルコ，ブラジル，エジプト，そして台湾など投資を受ける側となる国々の参加も決まった．英国にAIIBが入ることで，中国の言いなりにならなくてすむ度合いが高まったからだという指摘がある[4]．「英国は中国に屈した」という見方が広がっているが，一方で，「英国は，中国に恩を売った」というのも，あながち的外れとはいえない．

　例えば，前述の通り，英国はエネルギーを巡ってロシアと100年以上に渡って対峙してきた経験がある．「強硬姿勢のロシア」と「したたかな英国」という国際社会における対立構図は，歴史的には19世紀の石油開発の開始まで遡る．その後も，ロシア（ソ連）の石油産業は「外資導入による生産拡大」と「外資追放・国有化による停滞」を何度も繰り返していった．英国は，「協力」「排除」の間で揺れ動くロシアに振り回されながらも，技術・資金力をベースに，したたかにロシアとの付き合いを続けてきたのである．

　英国の経験は，ロシアだけにとどまらない．中東では1960〜70年代に，イランからのBPの追放など，石油産業の国有化とOPEC（石油輸出国機構）の台頭を経験した．南米・アフリカなどでは，「資源ナショナリズム」とも英国は対峙してきた．だが，結局これらの国は，自分で石油を掘る技術もなければ経営のノウハウもなく，「資源ナショナリズム」を叫びながら，裏ではメジャーと手を組まなければやっていけないのが現実だった．

　現在，PDVSA（ベネズエラ），ADNOC（UAE），NNPC（ナイジェリア），ペトロブラス（ブラジル）など，ほとんどの産油国の石油企業は，メジャーと共同開発を行っている．英国は，産油国の国営・民営石油会社をメジャーのパートナーとして取り込む「Win-Win」の関係を築いてきたのだ．

　更に言えば，第二次世界大戦後の，当時の「成り上がり新興国」であった米国への国際金融の覇権移譲も，英国の「経験値」を構成しているといえるだろう．二度の大戦で，英国が金備蓄を使い果たした一方で，米国に世界の富の大半が集まっていた．国際金融覇権の移譲は必然だったが，英国は米国とともに「ブレトンウッズ会議」を主導することで，覇権を失った後も「ドル基軸体制」で米国を補佐する確固たる地位を獲得したのだ．

　このように，英国は様々な「成り上がり新興国」に対して，したたかに振る舞い，国際社会での確固たる地位を維持してきた．少なくとも「参加すること

で内部から AIIB の経営を監督する」と言い切るだけの「経験値」を持ってはいるのである.

　日本は，米国の「AIIB に参加するな」という暗黙の要請を忠実に守ってきた.「AIIB には透明性がないので（世界はついていかないだろう）」（麻生太郎副総理・財務相）という楽観的な見方は，見事に外れた. 日本は国際的に孤立してしまうかもしれない. 今からでは遅いかもしれない. だが, それでも日本は AIIB に参加すべきだろう.

　日本は，たとえ主導権を取れなくてもいいではないか. AIIB の経営を監督する英国を裏方として支える「共同戦線」を張るべきだ. 英国の「経験値」の高さからすれば，中国の意向を一方的に押し付けられることはない. その上, 日本の圧倒的な資金力もあるのだ. 英国との共同戦線に勝算はある. 麻生副総理・財務相は「投資透明度確保などの条件が整うなら加盟を検討する」と発言しているが，むしろ条件が整わないからこそ，日本に入り込む余地があるのではないだろうか.

(4) 中国の「市場主義化」促進のために，共産党の意思決定に積極的に関与する可能性

　繰り返すが，中国では「軍事的な覇権国家」と「市場経済のルールの枠内での経済大国」の 2 つの方向性がせめぎ合っている. ここからは，中国の決定した経済政策に協力するという「受け身」な取り組みだけではなく，中国共産党の意思決定そのものに関与して，より積極的に「市場経済化」を促す可能性を考察する.

　欧米や日本など民主主義国家では，産業界などが自らの利益を実現するために「利益集団」となり，政府の意思決定に影響を与える「ロビイング」が行われる（Mearsheimer and Walt, 2007）. 中国が改革開放政策を推進して社会主義市場経済体制を構築していく過程で，共産主義体制下の国営企業のみならず，多くの民間企業が台頭している. 世界的な企業に成長するものも出てきている. 中国政府の経済運営は，市場経済と統制経済，規制強化と規制緩和をバランスして慎重に行われているように見える. 共産党と企業は様々なコミュニケーションがあるはずだ. それは，日本の高度経済成長をもたらした「開発主義国

家」体制における官僚と産業界の関係と，ある部分において類似性がある（Gabusi, 2017）．日本の政治学研究者の立場からみれば，共産党政権と企業の間で，ロビイングが行われていると考えるのが自然だ．米国や英国の研究者と対話しても，筆者の考えは理解を得られる．

しかし，中国人研究者に聞けば，その多くがロビイングの存在を完全否定する．中国共産党は企業に対して，「自由に金儲けをしてもいい．しかし，政治にはかかわるな」とメッセージを送り続けているという．企業は，政治には従順なのだという．

中国共産党の意思決定は，外部からは見えづらく，密室で行われている．ロビイングを示す証拠を見つけるのは難しい．したがって，本章は，中国で共産党政権の意思決定に影響を与えるロビイングが行われる可能性を指摘したい．

（5） ロビイングの理論

ロビイングについての先行研究によれば，ロビイングは2つのタイプに分けられる．（Kollman, 1998, Gais and Walker, 1991）．1つは「ダイレクト・ロビイング」で，政策決定者やそのスタッフに直接コンタクトし，法律やルールの決定に影響を与えるものである．もう1つは，利益集団の指導者によって試みられる「インダイレクト・ロビイング」である．それは宣伝などの方法を用いて，政策立案過程の外部にいる市民を動員して，政策立案者に圧力をかけるものである．市民運動や労働組合がこの手法を使う．一般的に，中国共産党が，民主的な選挙制度や議会・野党が存在しないにもかかわらず，国内・国外の世論に非常に敏感であることはよく知られている．よって，中国においてインダイレクト・ロビイングの有効性は，決して軽視できないと考えられる．

民主国家において，ロビイストがどのように政府に影響を与えるかの先行研究も存在する．大嶽（1996）は，ロビイストが，様々なリソースを用いて政府に関与することを示している．まず，ロビイストは，政府の情報の独占を破るため，情報を掌握しようとする．次に，ロビイストは資金力，生産力や技術の独占，労働力，選挙での票など人的リソースを確保しようとする．そして，ロビイストはそれらのリソースを交渉力の源泉として，政府に圧力をかけるのである．

（6） 華人ネットワークはロビイストたり得るか

それでは，中国で共産党に対するロビイストになり得る人たちのことを考えてみる．まず，華人ネットワークを取り上げる．中国というと，我々は中国共産党だけをイメージしがちだ．だが，中華系（華人）の社会は，それ以外にも台湾，香港やシンガポール，マレーシア，タイなどの東南アジアに広がっている．また，その経済活動は，前述のように欧米の植民地だった時代からの歴史があり，現在でも HSBC やスタンダード・チャータード銀行を通じて欧米と深いつながりがあり，中国共産党と一枚岩の関係にはないのだ（Efferin and Pontjoharyo, 2006）．

華人が経営する企業は，台湾，香港，シンガポール，マレーシア，タイなどアジア地域や，北米，欧州など世界中に存在している．特に，華人企業は，農業から製造業，不動産，金融など多角的なビジネスを行う財閥を形成し，アジア地域で確固たる地位を築いてきた．代表的な華人財閥は，香港の「不動産王」李嘉誠グループ（長江実業グループ），台湾の王永慶・王永在兄弟によって設立された台湾プラスチックグループ（Formosa Plastics Group），タイのチャルーンポーカパン（Charoen Phokphan = CP）財閥，インドネシアのサリム（Salim）グループ，シンガポールの OCBC グループなどである（Pananond, 2006; Yeung 2004; Yeung and Soh, 2000）．華人財閥は，アジアの高度経済成長に多大なる貢献を果たしてきた．そして，華人は共産党に対して強い政治力を持ち得る経済リソースと人的リソースがある．

習近平国家主席は若い頃，福建省福州市書記を務めた．その時，インドネシアの華人財閥・サリムグループの協力によって「福州貧困脱出計画」と名付けたプロジェクトを開始した．大規模な外資導入に成功した結果，福州市は全国トップの経済成長を達成した．その実績によって習主席の行政手腕は高く評価されることになり，習主席は出世の階段を上り始めた（Borsuk and Chng, 2014）．

また，現在でも習主席の経済改革には華人が密接に関係しているという．習主席とリー・クワン・ユー元シンガポール首相との緊密な関係があったことは有名である．リー元首相は，習主席の経済運営に，アドバイスを送り続けていたという．そして，習主席とシンガポール華人財閥との協力関係の構築に尽力したという．このように，華人財閥に対して，習主席は決して忘れることがで

きない「恩義」があり，華人財閥は現在の政権運営でも必要不可欠な存在となっている[5]．

　また，習主席の登場以前にも，中国共産党と華人財閥は歴史的に深い協力関係を構築してきた．例えば，毛沢東は福建出身の，シンガポールのゴム王，タン・カーキーとの親交が知られている．1949年の中華人民共和国成立後，タン・カーキーは中国に帰国し，アジアの華僑社会を取りまとめて毛政権の経済運営をサポートしたという（Yong, 1989）．

　そして，「改革開放政策」を打ち出し，中国を高度経済成長に導いた鄧小平は，タイのCP財閥のタニン・チャラワノンと協力関係を築いた．また，台湾の王永慶や香港の李嘉誠らの財閥が，広東省に積極的な大規模投資を行い，中国の経済成長の実現に貢献した．合成樹脂，繊維，石油化学，電子部品などの工場が次々と広東省に移転されたことで，中国は「世界の工場」としての地位を確立することができた（宮崎，2004）．

（7）　中国共産党幹部の「噂」——華人社会は中国共産党の「弱点」を握れるか

　次に指摘するのは，中国共産党の「弱点」である．中国共産党幹部が，巨額の貯蓄を香港に移転しているという「噂」がある．彼らは，香港にペーパーカンパニーを設立し，資金を管理しているという．さらに，共産党幹部は旧英国植民地だった香港のコネクションを生かして，英領ヴァージン諸島に資金を移して，マネーロンダリングをしているという「噂」もある[6]．もしこれが「事実」ならば，華人社会がその情報を掴むのはさほど難しいことではないだろう．華人社会が共産党幹部のマネーロンダリングの情報を掌握するならば，それを政治的駆け引きに材料として利用することができることになる．

　さらに，李嘉誠グループなど，華人財閥がさまざまな「チャイナリスク」を避けるため，中国本土への投資を引き揚げ，欧州に資産を移転し始めているという話もある．この動きが本格化すれば，中国政府が大打撃を受けることはいうまでもない．中国政府は，なんとか華人財閥を中国本土に引き留めるために，さまざまな政治的妥協を強いられるかもしれない．

(8) 共産党がコントロールできない,若手ベンチャービジネス

経済的に急拡大する中国では,従来の華人ビジネスと共産党の関係を超えた,共産党による規制が効かないビジネスが急増し,「チャイナ・ドリーム」と呼ばれている.「レノボ・コンピューター」の製造元として知られる「聯想集団」は,1984年に「中国のビル・ゲイツ」と呼ばれる柳伝志ら11人の若者が創業したが,当初中国政府から営業免許がもらえず,規制のない香港でビジネスを拡大し,北京に再上陸した企業だ(Ling, 2006).

近年注目を集めるのは,「海亀派」と呼ばれる海外から帰国したベンチャー企業家である.彼らは米国で教育され,民主主義的価値観を分かち合える近代の意識を持ち,米国流のマネージメントを身に着けている.米国の経済学で武装し,MBAか博士号を取得したインテリ層である[7].

中国の都市部では,経済成長によって派手な消費が生活形態を激変させた.その結果,消費需要が多様化し,新しい職業を生んだ.プログラマー,マルチメディア制作者,服飾デザイナー,色彩コンサルタント,ウェブ・デザイナー,カラー・コーディネーターなどである.これらの新しいビジネスに対して,共産党の対策は後手後手に回っている.就業資格の認定,業種基準の制定など新興職業に対する管理を強化するという時代錯誤の対応をしている.近い将来,共産党の管理が全く効かず,共産党がビジネスの進歩に合わせざるを得なくなるかもしれない(宮崎, 2004).

このように,華人のビジネスマンは,中国共産党の意思決定に影響を与えることが可能な「経済リソース」「政治リソース」を有しているように思える.日本としては,彼らとの関係を深めて,彼らを通じて中国共産党が「市場経済化」の志向を強めるように間接的に働きかけることが可能と考えられる.

(9) 太子党が身に着けるコスモポリタンな思考

次に華人社会が,中国共産党による「情報の独占」を超えて,意思決定に影響を与え得るかを考える.現状は,中国共産党にとって,国民を民主社会の情報から遮断することは困難であるように思われる.

まず,「太子党」を取り上げる.太子党とは,共産党の高級幹部の子息のことである.習主席も太子党であり,このように父親の跡を継いで政治家になる

者は少なくない．だが，より若い世代になると，政治家になるよりも父親のコネクションを生かして，ビジネスの世界で金儲けをしようとする者が増えている[8]．

　例えば，江沢民 元国家主席の息子の1人は，台湾でIT企業を経営している．李鵬元首相の一族は三峡ダムの建設にも深く関与した，中国の電力の利権を支配する財閥を形成している（Tong, 2015）．鄧小平の一族も不動産業など多角的にビジネスを行っている[9]．そして，朱鎔基元首相の息子の一人は，外資系金融機関の幹部を務めている[10]．

　彼らは，英国やスイスのボーディングスクールや，米国の大学で学んだ経験を持っている．習主席や李克強首相の子息も海外に留学していた[11]．華人ビジネスマンの子息同様，欧米的でコスモポリタン的な思想を身に着けていると思われる．彼らの動きは読みづらいが，彼らにとって究極的に大事なのは「金儲け」だ．「金儲け」に有利な条件を整えるために政治的に動く可能性はあるだろう．

11.2. 将来の民主化につながる学生という名の「政治アクター」

　最後に，将来の中国の民主化の可能性を感じさせる，学生の存在を取り上げる．若者の政治意識が低いと批判されがちな日本からはイメージしにくいが，政治学的にいえば，日本を除く世界の多くの国では，政策過程において「大学生」が重要な「アクター」の1つである．「大学生」は政府の意思決定に強い影響力を持つ存在なのだ．

　例えば，英国では2012年度に大学の学費が従来の3倍に値上げされた．その時，英国中の大学で，次々と「学費値上げ反対」の激しいデモが起こった．英国以外でも，大学生は「民族問題」「マイノリティの人権」「反核」「軍縮」「環境問題」など，さまざまな社会問題に対して，デモなどの方法で常に意見を表明している．諸外国では，大学生のデモ活動など政治的な意思表明は，世論に大きな影響を与え，政府がその扱い方を誤れば，不安定化してしまう．多くの国の政府にとって，無視することができない存在となっているのだ．

　更に，学生から国会議員が誕生するケースが世界中にある．2016年5月の英

国総選挙では，スコットランド国民党から20歳の女子大生メアリー・ブラックが当選した[12]．また，被選挙権が満23歳以上の台湾では，2014年に馬英九・前政権下での過度の対中接近に警戒心を強めた学生らが立法院（国会）議場を占拠した「ひまわり学生運動」の後に，学生を中心とした「時代力量」という政党が誕生した．台湾の国会である中華民国立法委員選挙で5人の当選者を出し，国民党，民進党に次ぐ「第3の勢力」と呼ばれるまでに成長している[13]．

さて，中国において学生はどのような存在であろうか．2014年10月には，香港で民主派のデモ活動「雨傘運動」が起こった．9月26日に香港中文大の学生によって始められた運動は，香港のトップを選ぶ「2017年の行政長官選挙」の立候補者の資格に，中国政府が一定の制限を設ける決定をしたことへの抗議であった．デモは数千人の学生や市民らを集め，週末の9月28日には，ビジネス街「中環（セントラル）」周縁の主要道路など幹線道路にデモ参加者が殺到した．香港中心部をデモ隊が占拠したことに対して，遂に警察がデモ隊排除のために催涙弾87発を発射した．デモ隊がこれにゴーグルを着用し，傘を開いて防御したことで，このデモは「雨傘運動」と呼ばれた[14]．

しかし，中国政府は，香港の民主化デモに一歩も退かない姿勢を貫いた．諸外国のメディアと政府に対しても，「香港でどんなことが起きても，全国人民代表大会で決まった選挙方法を変えることはない」「香港は中国の内政問題であり，外国が誤ったメッセージを送らないように希望する」と牽制した．梁行政長官は，学生側との対話の要求には応じたが，「対話は香港基本法と中国側の決定を前提として進めなければならない」と発言し，中国政府の決定を受け入れるべきとの考えを変えていない．梁行政長官自身の辞職も拒否した．行政機能がマヒし，金融機関の臨時休業や，学校の休校も続いている事態に対しては，香港市民からも批判が出て，最終的に「中環」を占拠した学生は解散し，雨傘革命は失敗に終わった[15]．

そして，多くの学生は民主化運動に希望を失い離れていった．香港は金融業，不動産業，海運業などの一大拠点である．エリートである学生の多くは，卒業すればビジネスの世界に入っていく．長期間ビジネス街を占拠する行動が社会的信頼を失えば，学生は「就職」を考えて，運動と距離を置くようになっていくのは自然なことだったと言えるだろう．

しかし，学生の政治運動には，大学卒業後も就職せず，政治活動を続けようとするコアなメンバーが存在するものだ．香港では，「雨傘運動」が解散した後，その中心メンバーだった羅冠聰（ネイサン・ロー）氏，黄之鋒（ジョシュア・ウォン）氏，周庭（アグネス・チョウ）氏らが「デモで選挙制度は変えられなかったが，将来を自分たちで決めたいなら若者の政党をつくるべきだ」と考え，今年4月に新党「デモシスト（Demosisto）」を結成した．満21歳から被選挙権を得られる彼らには，香港立法会への立候補は，現実的な目標となり得るものだったからだろう．そして，香港立法会選挙では，デモシストの羅冠聰（ネイサン・ロー）氏が23歳の史上最年少当選を果たした．雨傘運動は終わっても，民主化の流れは消えたわけではない．

デモシストの中心メンバーの1人であるアグネス・チョウ氏は現役の大学生だが，筆者の招聘により，2016年12月に立命館大学政策科学部で日本人学生向けと留学生向けに2度特別講義を行った．特に留学生向けは筆者が担当する授業で，タイ，インド，インドネシア，香港，台湾などからの留学生15人と民主主義についての討論を行った．残念ながら5人の中国人学生は全て欠席だった．中国人学生と香港民主化運動の指導者が直接語り合うのは，難しい問題があるのだろう．

しかし，アグネス・チョウ氏はこれまでも他の日本の大学に何度も訪問して

図11-2　立命館大学政策科学部で講演するアグネス・チョウ氏
（出所）筆者撮影．

いるし，今後も同様に日本の大学の留学生と香港民主化運動の対話の場を作れるはずである．アグネス氏も，筆者のインタビューに対して，「中国の若者に我々の考えを伝えたい」と発言した．日本の大学は，香港と中国の学生の間を結ぶ，ブリッジとなれると考える．

　また，筆者が担当する授業は，中国人学生と他の留学生の議論が日常的に行われる場となっている．例えば，ある授業では日本の集団的自衛権行使の是非について議論を行った．東南アジアからの留学生は，日本の集団的自衛権の限定的行使に対して肯定的な意見を表明した．彼らにとっては，中国の軍事的・経済的な急拡大は，リアルな脅威として感じていることである．彼らは，中国の拡大に対して，米国の東南アジアに対する経済的・軍事的プレゼンスが維持されること，つまり中国と米国の「勢力均衡（Balance of Power）」を望んでいるのである．そして，米国とともに日本の経済的プレゼンスも維持され，軍事的にも集団的自衛権の限定的行使が認められて，米軍の後方支援に自衛隊が入るのならば，それは歓迎するというのである．議論には中国人学生も参加していた．東南アジアの学生の意見を肯定はしなかったが，理解はできると話した．

　日本の文部科学省は2010年度から2012年度にかけて，「グローバル30」と呼ばれる，日本の国公私立大学の国際化のためのネットワーク形成の推進を支援する支援事業を行った．対象となる大学の学部・研究科では「英語学位コース」が設置された．2011年時点で，日本国内の「国私13大学」に「大学院で90」，「学部課程に16」のコースが設置されている．その後も，「世界展開力強化事業」「スーパー・グローバル・ユニバーシティ事業」と，文科省による大学の国際化拠点整備事業は継続されている．日本の大学は，中国と日本，他の国々の学生をつなぐ場として機能できる．中国の将来を担う「核」となる学生たちが，世界には多様な民族・国家があり，多様な価値観があることを認識し，民主主義を理解することをサポートする場となるべきである．

11.3. 第Ⅰ部のまとめ——アメリカ・ファーストの時代を生き抜くために

　現代は，時代の大きな転換点にある．それは，世界が国境を越えて全ての国

が相互依存を深める「グローバル化」から，それぞれの国が「生存圏」をどう確立するかを考える「ブロック化」の時代に変わっていくことだ．

　米国は「シェール革命」によって世界有数の産油国になり，世界最大の石油の輸入国から輸出国に転じようとしている．そして，米国内で「ものづくり」を復活させ，米国内に360万人もの新しい雇用を生み出すという．米国が，圧倒的な「生存圏」を持っているからこそ，トランプ大統領は「米国第一主義（アメリカ・ファースト）」を主張できるのだ．そして，英国，ドイツ，中国，ロシアも，それぞれ難しい課題を抱えながらも「生存圏」を確立できる国である．

　「世界のブロック化」が現実化していけば，日本は非常に厳しい状況に陥ることになる．軍事力も資源も十分に持たない日本は，「極東の一小国」の地位に落ちてしまうリスクが高いからだ．楽観論は無意味だ．最悪の状況を想定してどうすべきかを考えるしかないかもしれない．

　当面は，米国に「警察官」を続けてもらい，「米国市場」を開き続けてもらうしかない．つまり，トランプ大統領のご機嫌を取り，「超対米従属」を続けながら，「自由貿易体制」と「グローバリゼーション」を守っていくしかない．その意味では，安倍首相の現在の外交スタンスは適切だと評価できるし，首相は口には出さないが，日本の置かれた厳しい状況をよく理解しているのだろう．一方，世の中には「自主防衛」とか「反グローバリズム」を訴える人がいるが，日本の本当の国力を客観的に見ることができない暴論だといえるだろう．

　第II部では，様々な政策課題を，地政学をベースに考えていく．そこに，日本が新しい時代を生きていくヒントがあるかもしれない．

注

1) "China's Great Game: Road to a new empire," *The Financial Times*, 13 October, 2015, <https://www.ft.com/content/6e098274-587a-11e5-a28b-50226830d644>，2017年5月2日．

2) "China says US warship's Spratly islands passage 'illegal'," *BBC News*, 27 October 2015, <http://www.bbc.com/news/world-asia-china-34647651>，2017年3月5日．

3) "Policy Speech by Prime Minister Shinzo Abe in Kazakhstan," *Prime Minister of Japan and his cabinet*, <http://japan.kantei.go.jp/97_abe/statement/201510/1213894_9930.html>，2017年5月5日．

4) "Aso remarks show Japan dilemma over China-led bank," *The Financial times*, 20

March, 2015, <https://www.ft.com/content/836e0ba2-cec4-11e4-893d-00144feab7de?siteedition=uk#axzz3Vzmeqhyj>，2017年21月10日．

5 ）"Lee Kuan Yew: The Father of Modern China?," *The Diplomat*, 25 March 25 2015, a <http://thediplomat.com/2015/03/lee-kuan-yew-the-father-of-modern-china/>，2017年5月13日．

6 ）The Journalists in the worlds point out money laundering of leaders in CPC. For instance, the International Consortium of Investigative Journalists (ICIJ) "The Panama Papers: Leaked Files Offer Many Clues To Offshore Dealings by Top Chinese, " <https://panamapapers.icij.org/20160406-china-red-nobility-offshore-dealings.html>，2017年3月14日．"China police swoop over $125bn in illegal cash transfers," *The Financial Times*, <https://www.ft.com/content/83387282-8f60-11e5-8be4-3506bf20cc2bT>，2015年11月20日．and "Panama Papers tie more top China leaders to offshore companies," *The Financial Times*, <https://www.ft.com/content/60e5acee-fc71-11e5-b3f6-11d5706b613b>，2017年5月14日．

7 ）Zweig, D., "Learning to compete: China's efforts to encourage a "reverse brain drain"," In International Labour Office ed., Competing for Global Talent, 187-213, 2006, <http://www.ilo.org/wcmsps/groups/public/---dgreports/---dcomm/---publ/documents/publication/wcms_publ_9290147768_en.pdf>，2017年5月14日．

8 ）"Billions in Hidden Riches for Family of Chinese Leader," *The New York Times*, 26 October 26, 2012, <http://www.nytimes.com/2012/10/26/business/global/family-of-wen-jiabao-holds-a-hidden-fortune-in-china.html>，2017年4月15日．

9 ）"China's former 'first family': Deng children enjoy privilege, jealous attention," *CNN. com*, <http://edition.cnn.com/SPECIALS/1999/china.50/inside.china/profiles/deng.xiaoping/children/>，2017年3月20日．

10）"Report: Zhu Yunlai, Son Of Former Chinese Premier Zhu Rongji, Leaves CICC," *Forbes Asia*, 13 October 2014, <https://www.forbes.com/sites/ywang/2014/10/13/reportzhu-yunlai-son-of-former-chinese-premier-zhu-rongji-leaves-cicc/#6e374aeb9b42>，2017年3月25日．

11）"Profile: Xi Jinping," *BBC News*, 5 June 2013, <http://www.bbc.com/news/world-asia-pacific-11551399>，2017年3月13日．"China: Exodus of central leaders' children from the US could forebode war," *China Daily Mail*, 27 March 2013,<https://chinadailymail.com/2013/03/27/china-exodus-of-central-leaders-children-from-the-us-could-forebode-war/>，2013年3月27日．

12）"SNP's Mhairi Black becomes Britain's youngest MP since 1667 after defeating Douglas Alexander," *The Telegraph*, 8 May 2015, <http://www.telegraph.co.uk/news/politics/SNP/11591144/SNPs-Mhairi-Black-becomes-Britains-youngest-MP-since-1667-after-defeating-Douglas-Alexander.html>，2017年5月1日．

13) "Taiwan's New Power Party: Time to relate to China like any other country, chairman says," *Nikkei Asahi Review*, 3 February 2016, <http://asia.nikkei.com/Politics-Economy/Policy-Politics/Time-to-relate-to-China-like-any-other-country-chairman-says>, 2017年3月15日.
14) "Hong Kong's students want you to stop calling their protest a 'revolution'," *Washington Post*, 4 October, 2014, <https://www.washingtonpost.com/news/worldviews/wp/2014/10/04/hong-kongs-students-want-you-to-stop-calling-their-protest-a-revolution/?utm_term=.1ce3be4a85de>, 2017年5月1日.
15) "Police clear final Hong Kong protest site at Causeway Bay," *BBC News*, 15 December 2014, <http://www.bbc.com/news/world-asia-30474687>, 2017年5月14日.

参考文献

大嶽秀夫『現代日本の政治権力経済権力』三一書房, 1996年.
藤和彦『石油を読む：地政学的発想を超えて』日本経済新聞出版社, 2017年.
宮崎正弘『中国財閥の正体』扶桑社, 2004年.
Borsuk, R. and N. Chng, *Liem Sioe Liong's Salim Group: The Business Pillar Of Suharto's Indonesia*, Singapore: Institute of Southeast Asian Studies, 2014.
Efferin, S., and W. P. Pontjoharyo, "Southeast Asia's Chinese Businesses in an Era of Globalization: Coping with the Rise of China.", In L. Suryadinata ed., *Chinese Indonesian Business in the Era of Globalization: Ethnicity, Culture and the Rise of China*, 102-161, Institute of Southeast Asian Studies, 2016.
Gabusi, G., "The reports of my death have been greatly exaggerated': China and the developmental state 25 years after Governing the Market," *The Pacific Review*, 2017, 30:2, pp. 232-250.
Gais, T. L., and J. L. Walker, Jr., "Pathways to Influence in American Politics," In J. L. Walker, Jr. ed., *Mobilizing Interest Groups in America*, University of Michigan Press, 1991, pp. 103-121.
Kollman, K., *Outside Lobbying: Public Opinion & Interest Group Strategies*, Princeton University Press, 1998.
Ling, Z., *The Lenovo Affair: The Growth of China's Computer Giant and Its Takeover of IBM-PC*, John Wiley & Sons, 2006.
Mackinder, H. J., *Democratic Ideals and Reality: A Study in the Politics of Reconstruction*, Constable, 1919.
Mearsheimer, J. and S. Walt., *The Israel Lobby and U.S. Foreign Policy*, Farrar Straus & Giroux, 2007.
Pananond, P., "The Changing Dynamics of the Thailand CP Group's International

Expansion," In L. Suryadinata ed., *Southeast Asia's Chinese Businesses in an Era of Globalisation: Coping with the Rise of China*, Institute of Southeast Asian. 2006, pp. 321-363.

Tong, J., *Investigative Journalism, Environmental Problems and Modernisation in China*, Palgrave Macmillan, 2015.

Yeung, H. W. C., and Soh, T. M., "Corporate Governance and the Global Reach of Chinese Family Firms in Singapore," *Seoul Journal of Economics*, 13 (3), 2000, pp. 301-334.

Yeung, H. W. C., *Chinese Capitalism in a Global Era: Towards Hybrid Capitalism*, Routledge, 2004.

Yong C. F., *Tan Kah.Kee The Making of an Overseas Chinese Legend*, Oxford University Press, 1989.

第Ⅱ部

地理で考える政策科学

第12章

国際通貨政策の地政学

　本章では，従来「地政学」では取り扱ってこなかった，国際通貨政策を考える．国際通貨政策は，通常「経済学」で扱うものであり，政治学的課題になることは少ない．しかし，国際通貨政策は，純粋に経済学に基づくものというより，むしろ国際政治学において扱われるべきもののように思える（Knapp, 2013: 109）．

　現在の国際通貨体制を端的にいえば，ドルが世界の基軸通貨として国際貿易の決済に幅広く使われると同時に，世界の各地域では，欧州のユーロ，アジアの人民元，円などが一国で用いられるだけではなく，地域内において貿易の決済通貨として流通している．

　通常，1つの国が輸出を拡大して高度経済成長を果たすと，その国の通貨の価値が上がり，輸出が停滞する．先進国が低成長に移行する1つの理由であり，日本が経験してきた「円高」が典型的な例である．しかし，その国の通貨が国内を超えて海外貿易の決済通貨となる「通貨の国際化」ができれば，為替リスクを避けられる．また，通貨高を利用して海外に投資を拡大することで，高い企業業績と経済成長を維持できる．これは，筆者が住んでいた時（2000-2007年）の英国が，ポンド高で好景気を維持していたことが，事例となるだろう．したがって，経済成長を成し遂げた国が次に目指すことが，「通貨の国際化」ということになる．

　しかし，同様に経済成長を成し遂げて，強力な通貨を持つ先進国が近接する地域に存在する場合どうなるだろう．両国の間に競合関係が生じることになると考えるのが自然である．その事例が，地理的に近接する日本・円と中国・人民元の関係である[1]．

12.1. 経済学における「円の国際化」「人民元の国際化」の先行研究

「円の国際化」「人民元の国際化」は，経済学でさまざまな先行研究がある．経済学では円・人民元の国際化を「政策論」として評価している．総じて，「アジア通貨危機」の発生の原因が，アジア諸国の通貨が過度に米ドルに連動するペッグ制（固定相場制）を採用していたことを指摘し，アジア地域の通貨協力，共通通貨の必要性を主張している．そして，そのためには円・人民元などアジアの主要通貨の国際化が重要だとする（関志雄, 2003; 村瀬, 2000など）．また，国際化の先にある「アジア共通通貨（ACU）」創設の戦略を提示しているものもある（Ogawa and Ito, 2000など）．

ただ，経済学者の論考には，重要な点が欠けている．彼らが理論的には合理性があるという円・人民元の国際化戦略が，これまでなぜ進んでこなかったのかは説明してくれないのである．端的に言えば，経済学は「周囲に何もない更地で通貨が国際化していく」過程と，そのメリットは説明してくれる．だが，実際には日本と中国は同じアジア地域でライバル関係にある大国同士なので，何の障害もなく通過の国際化ができるわけがない．これは，円と人民元の国際化には，純粋に経済学だけでは解けない，政治的な競合関係があることを示している．

本章は，地政学の立場から，円・人民元がアジア地域において競合する関係にあること，その背後には基軸通貨を持つ米国の影響力があることを明らかにしたい．

12.2. 日本の「円の国際化」の取り組み

円が貿易の決済通貨として広く使用されるようになる「円の国際化」を，日本の財務省（大蔵省）は約30年前から進めてきた．しかし，2017年の時点でそれは成功していない．「円の国際化」が進まないのは，日本政府が財務省主導で「円の国際化」戦略を掲げる一方で，同じ日本政府がそれとは真逆の政策で

ある，輸出産業を守るために為替相場に介入し，円の価値を下落させて円高を阻止しているという，国際金融・通貨政策の「ダブルスタンダード」があるからだと考える．

（1）「円の国際化」の始まり

「円の国際化」は，米国の圧力により始まった．1980年代前半，日本の貿易黒字が急拡大し，米国内では，産業界から効果的な対日貿易赤字政策を取らない米政府に対する批判が高まっていた．本書が第Ⅰ部で論じたように，日本の貿易黒字の急拡大は，東西冷戦期の米国の国際戦略によるものであった．しかし，いまや世界第2位の経済大国となった日本を，いつまでも「食わしてやる」のはおかしいという議論が，米国内から出てきたということだ．

米産業界は為替相場を円高・ドル安に誘導することで貿易不均衡を是正することを求めた．1983年11月，ロナルド・レーガン米大統領と中曽根康弘首相との日米首脳会談で「日米円ドル委員会」の設置が決まった．米国は，日本に金融自由化・国際化を推進させ，為替相場の円高・ドル安を達成しようとした．円が国際的に広く使われれば，円に対する需要が高まり，円相場は上昇する．そして，日本の輸入が拡大し，対米貿易黒字も抑制されるという考え方だった（今松，2000）．

この日米円ドル委員会を契機として，大蔵省国際金融局（当時）の審議会である外国為替等審議会は，円の国際化の検討をスタートさせて，1985年に「円の国際化について」という報告書を発表した．ただし，日本にとって円の国際化は緊急の課題とはならなかった．外国為替取引を行っている輸出産業や輸入産業，金融業界が円の国際化の必要性を全く感じていなかったからである．日本国内では，米国の圧力で円の国際化を進めるとしても，あくまでステップ・バイ・ステップで進めていくべきと考えられていた（今松，2010: 104）．

（2）経済の最盛期での「円の国際化」の挫折

80年代から90年代初頭まで，日本は「バブル経済」に突入し，まさに最盛期にあった．89年12月28日には，日経平均株価が4万円目前に達し，東京市場の時価総額が世界一となった．世界経済で日本の存在感が高まり，日本の金融・

資本市場の国際化への期待が高まった．日本の証券会社や銀行の子会社証券による海外市場での引き受けの拡大，ジャパンマネーの海外での活発な取引が重なり，80年代末には東京がロンドン，ニューヨークと並ぶ世界三大国際金融市場となったと思われた（今松, 2000）．円は，米ドル，独マルクとともに世界の基軸通貨になると考えられたのだ．

85年9月，ニューヨーク・プラザホテルで先進5カ国蔵相・中央銀行総裁会議でドル高是正が合意された「プラザ合意」をきっかけに，円相場は1ドル＝240円台から87年末には120円台に急上昇した（日本経済新聞社編, 2001）．この時期，日本の経済的パフォーマンスは良好であり，円高を生かした「円の国際化」の好機であった．

しかし，高い経済成長の達成には，円高が阻害要因となるとの固定観念が日本の政界，官界，経済界を支配していた．いわゆる，「円高恐怖症（シンドローム）」である．特に，国内の利益誘導と選挙での業界団体からの支持獲得に関心が強く，国際経済に関心が薄かった自民党幹部は，金融当局に対して再三に渡って円高是正のための圧力をかけた（翁・白川・白塚, 2000）．

また，当時は円の貿易取引，資本取引の両面で国際通貨としての機能を高めるために必要な，法令整備，制度面の整備が進んでいなかった．前述のように，「いかに米国に輸出するか」だけが重要であり，海外からの輸入や投資はできるだけ防ぐのが，東西冷戦期の日本の戦略だったのだから，無理もないことだった．円の国際化には，外国為替・外国貿易管理法の抜本改革や，非居住者に障害となる取引慣行の見直し，短期金融市場の整備などが必要だった．

しかし，これらの改革にも，国内金融業界やその意向を受けた大蔵省の国内金融部局や日本銀行の強い抵抗があった．そのため，政府や大蔵省国際金融局は，漸進的な金融自由化・規制緩和を行わざるを得なかった（今松, 2000）．

このように，80年代の「円の国際化」は，日本の政治家や財務省など金融当局が，積極的な戦略を持って進めようとしたものではなかった．「円の国際化」は米国が求める市場開放の圧力に対して，受動的に進めたものであった．そのため，「円の国際化」への取り組みは，あくまで国内産業界や経済に悪影響を与えないように，慎重に進められたのである．

(3) 「失われた10年」

90年代前半，バブル経済が崩壊した後，大蔵省や日本銀行は景気対策や株価対策，不良債権対策に集中せざるを得なくなった．円の国際化は緊急の課題ではなく，先送りされた．95年には，円が一時1ドル＝79円台まで急上昇した．これに日本政府は，従来通りの「緊急円高対策」で対応し，海外で円が保有され，貿易通貨に使用されることで為替リスクを回避するという発想を持つことがなかった．産業界も，原料や資材の海外調達を進め，労働コストの安い海外に工場を移転するなどによって円高対策を進めたが，そもそも貿易取引で円を決済通貨に使用することで為替リスク自体をなくすという行動は取らなかった（今松，2000）．

90年代後半に入って，日本は金融システムの抜本的な改革に着手した．大蔵省から国内金融部局が分離され，金融庁が発足した．日銀法が改正され，日銀の金融政策における独立性が確保された．長年の懸案であった外国為替・外国貿易管理法の抜本改正も実現した．そして96年11月，橋本首相の金融システム改革に関する指示によって，「日本版ビッグバン」が断行された．これは東京の国際金融機能を充実させるために規制緩和・自由化を行い，ニューヨーク，ロンドン並みの国際金融市場にすることを目標としていた．90年代のさまざまな金融システム改革の取り組みの結果，日本は制度的には「円の国際化」に必要な基盤を整備できた（今松，2000）．しかし，「円の国際化」は達成できなかった．「失われた10年」と呼ばれた日本経済の悪化，金融システム危機によって円の国際通貨としての地位が低下してしまったからであった．

(4) 「アジア通貨危機後」の円の国際化推進

1997年夏のタイ・バーツ危機を発端にしたアジア通貨危機は，日本の国際金融・通貨政策を転換させる契機となった．通貨危機の原因が，アジア諸国の過剰にドルに依存した通貨制度にあるとの認識が広がったからである（速水，2005；黒田，2005）．それは，財務省国際局を中心とした通貨当局に，円が国際通貨として，特にアジア地域で使われやすくなる手立てを講じていくべきだとの問題意識を持たせることとなった．

大蔵省の外為審，通産省の研究会や自民党などで円の国際化推進に向けた議

論が始まった．97年10月，大蔵省は外為審に「アジア金融・資本市場専門部会」を設置し，学者と有識者を集めて，金融危機の特徴，原因，教訓などについて研究した．欧州通貨統合の99年開始が確定し，円の国際的な存在感低下に対する危機感もあり，さまざまな研究者や実務家の間で，「円の国際化」や「円基軸通貨論」，「円圏」などの議論が活発に展開された（行天，1996；近藤，2003；大西，2005など）．

97年頃，財務省国際局は「円の国際化」戦略を大きく転換していた．それまで基本的に「円の国際化」とは「日本対世界」という考え方だった．具体的には，円が国際通貨として，世界範囲で貿易取引と資本取引の決済通貨として流通し，外貨準備としての機能の強化を目指すものであった．端的に言えば，円を一挙にドルと並ぶ「基軸通貨」にしようとすることであり，現実味がなかった．

「アジア通貨危機」後，財務省国際局の考え方は変化し，アジア地域における円の使用の拡大と国際通貨機能の拡大に重点を置くようになった（関志雄，2003）．その結果として浮上したのが「アジア通貨基金（AMF）構想」であった．これは，各国が外貨準備の一部を拠出して，1000億ドルの「アジア通貨基金」を創設するという提案であった．

また，AMF構想は，財務省国際局のそれまでの受動的な姿勢を，積極的なものに変化させた．AMF構想の原型は，日本が1966年にADB設立の提案をした時にあり，長年大蔵（財務）省内で検討されてきたことではあった．80年代後半から95年までに，大蔵官僚と元官僚による私的グループが定期的に議論し構想をまとめていた（Amyx, 2002: 4-5）．これがアジア通貨危機後に，日本政府の正式な提案となったのである．

特筆すべきは，榊原英資財務官（当時）は，日本は米国から独立し，アジアでより大きなリーダーシップを目指すべきだと主張したことだった（Amyx, 2002: 6）．それまで米国を排除する構想に消極的だった日本が，1997年のAMF構想では，米国抜きの地域機関の設立構想を提案したということだ．結局，AMF構想は，米国や欧州諸国が難色を示し中国とシンガポールが反対したことで頓挫した（Amxy, 2002: 7; 山田，2015: 209-211）．

しかし，日本はその後「新・宮沢プラン」という，アジア諸国に対する300

億ドルの経済支援策を打ち出した．実体経済回復のための中長期の資金支援が150億ドルと短期の資金需要のために150億ドルを，インドネシア，韓国，マレーシア，フィリピン，タイに供与したのである．これは，AMF 構想復活の第一歩と言えた．財務省では，財務官が榊原から黒田東彦に代わり，米国を排除しない枠組の地域金融協力の模索し，IMF 改革にも熱心に取り組むという，新しいリーダーシップの形が現れた．アジア近隣諸国も日本の地域に対するより強い指導力を歓迎した（Amyx, 2002: 26）.

　財務省は更に「円の国際化」の研究を進めていった[3]．大蔵省の下で，日本の学者がアジア通貨協力から「アジア共通通貨（ACU）」の構築による「アジアの通貨統合」に至るプロセスまで研究した（関志雄，2003；村瀬，2000）.

　財務省国際局は，アジア通貨金融協力の推進を積極的に主導した．まず，2000年5月，ASEAN＋3財務相会合で合意された二国間通貨スワップの取り決めとして始まった「チェンマイ・イニシアティブ」（CMI）である．これは，通貨危機の際に，自国通貨ないしドルを融通し合う取り決めである．

　2009年5月の「ASEAN＋3財務相会議」では，CMI の「マルチ化」が合意された．これは CMI を複数の二国間取り決めから一本の多国間取り決めに衣替えするものである．この CMI のマルチ化システムの創設と発展に，日本は積極的に関与した．現在1200億ドルの CMI の中で，日本と中国の割合は32％，韓国は16％，ASEAN は20％となっている．日本と中国が同一割合であることは，日中双方が地域通貨金融協力の中における地位と影響力を互いに認め合ったことの表れであり，日本（円）自身の地域経済における影響力の向上に向けた努力が新しい歴史的条件の下で中国を含む東アジア諸国に認められたことを示す（李暁，2010: 153）．2014年の時点で，CMI は資金規模2400億ドルに拡大している[4]．

　また，財務省国際局は，「アジア債券市場」の育成で，ABMI（アジア債券市場育成イニシアティブ），ABF（アジア債券基金）などの取り組みを主導している．アジア債券市場の発行残高は，2007年末には3兆3950億ドルへと増加し，09年5月の ASEAN＋3財務相会議では，アジアの企業等が発行する債券に対する保証を行う「信用保証・投資メカニズム」（CGIM）を5億円規模で創設することで合意した（清水，2009）.

更に，財務省からの出向者が多数在籍するアジア開発銀行（ADB）で，「アジア通貨単位（ACU）」が推進された．ACU とは，アジア通貨（ASEAN10カ国＋日本，中国，韓国）の加重平均値を示す尺度である．アジアでは，ドル安に従い通貨価値の上昇する円，バーツと，ドルペッグのため価値の下落する人民元などが並存し，域内での通貨摩擦が生じがちである．そこで，各国通貨と，バスケット方式により算出された ACU との乖離状況を指標として示すことにより利上げ・利下げを行い，通貨の均衡を維持しようというものだ．そして，参加国が相互に監視をする事で，特定国の通貨切下げ競争を防ぐ事ができ，域内貿易の為替リスクを軽減させ，レートを安定させることも狙っている．[5]

要するに，日本は1997～8年のアジア金融危機以降，財務省国際局を中心にさまざまな「円の国際化」の議論を行った．「円の国際化」には，国内金融制度の自由化・規制緩和が必要だが，それは大蔵省内や日銀，業界間の対立などの調整に長い時間がかかったものの，90年代後半の「金融ビッグバン」で結実していた．その結果，日本は新・宮沢プラン，チェンマイ・イニシアティブ，アジア債券市場の創設，ACU の推進など，アジア通貨協力体制の構築に貢献してきたのである．

（5） 日本の国際金融・通貨政策の「ダブルスタンダード」

一方，日本では通貨当局が為替相場に介入することで円高を阻止するという政策も定着していた．第二次世界大戦後，今日に至るまで日本政府や日本銀行，産業界は円高を悪と考えてきた（山田，2015）．つまり，日本は円の増価をできる限り阻止する為替政策を基本に置きながら，円の価値を高めて「国際化」を図ろうともするという，矛盾を抱えていたといえる．

特に2000年代に入ってから，日本政府は日銀に対してゼロ金利政策から量的緩和政策へ踏み込んだ政策対応を求めた．また，03～04年には，わずか1年余りで財務省が約34兆円の円売り・ドル買い介入を実施した（須田，2005）．デフレ対策のための金融政策に取り組んだ結果，市場には円が過剰なまでに溢れることになった．

政府が為替介入することで円高を阻止するという政策が定着し，産業界は，為替市場が円高方向に動けば財務省・日銀が即，それを阻止するだろうとの期

待を持ってきた（須田，2005）．また，産業界は与党政治家に対して，輸出産業保護の円安政策を取り続けるよう圧力をかけ続けた．結果的に，日本は自国通貨の価値が増加することを阻止する政策を取り続けることとなった．

　結果として，円の国際通貨としての価値は下がり，貿易取引での円建て比率は上昇しなかった．円は海外の投資家にとって世界で最も資金コストの安い通貨となり，円を借りて，それをドルなどの他の外貨に転換し，利回りの高い金融商品に投資する円キャリー・トレードが広く行われた（今松，2010）．更に，08年秋以降の世界金融・経済危機に対して，日本は数次にわたり経済対策を打ち出したが，その内容は相変わらずの景気底割れ阻止，景気浮揚，成長戦略で，「円の国際化」策は盛り込まれていなかった．

　この時期，日本の製造業は円高が進む中でも競争力を維持してきた．付加価値の高い製品の開発でより収益性の高い市場を開拓してきたし，加工組み立て型を中心に輸出産業がアジアでの現地生産を拡大していた．円を積極的に貿易取引に使っていく「円の国際化」で，急激な円高による輸出企業の為替リスクを軽減するという方策は理論上ありえたはずであった．しかし，この発想は政界にも経済界にもなかったのである（今松，2010）．

　このように，日本では97～8年のアジア通貨危機以降，円をアジアの中でより使われる通貨に高めることや，アジアにおける新たな通貨体制の確立などに向けて議論を行ってきた．その一方で，日本は円高・ドル安を阻止するために史上空前の円売り・ドル買い介入を約1年間続けたように，円の価値増加を阻止する政策を採用し続けた．このような，矛盾する2つの政策を同時進行させる「ダブルスタンダード」によって，円の国際通貨としての地位は低下し続けている．結果として，「円の国際化」は進まなかった．

12.3. 中国の「人民元の国際化」の取り組み

　ここからは，中国の「人民元の国際化」の取り組みを検証する．中国の輸出振興による高度経済成長という中国の国家目標を達成するには，人民元レートの安定が絶対条件である．中国は現在でも，必要であれば中国人民銀行による為替介入を行うことを躊躇わない．中国は国際金融界での発言力を強めている

が，それは人民元相場の安定を確保するという，従来の政策目標を超えるものではない．また，中国は人民元を国際通貨として流通させるほどには，国内の金融市場の自由化・規制緩和が進んでいないが，「人民元の国際化」を念頭に，周辺国・地域との貿易取引で，試験的に人民元を決済通貨として使用する実験を繰り返している．

（1） 輸出振興による高度経済成長達成のための為替管理

まず，現在までの中国の国際金融・通貨政策の変遷を振り返る．中国では，国際金融・通貨政策は政治指導者の最重要関心事の1つであった．高度成長による持続的雇用創出という国家目標を達成するために，人民元の相対的安定を維持して輸出を増大することが目指されてきたからである（石田, 2010）．また，急速な経済発展に比べて，国内金融市場の発展が遅れていることも，中国が人民元の安定に注意を払う理由の1つであった．

長い間，中国は人民元の「非国際化」戦略を取ってきた．人民元の海外流通が国内金融市場に影響を与えると考え，その海外流出を制限してきたのである．しかし，1993年から為替制度改革が徐々に行われ，人民元の流出入限度額は徐々に拡大されるようになった（田中, 2007）．これは，鄧小平の「改革開放政策」の推進によって，対外開放政策の実施に伴う海外貿易と人的交流が拡大したことに対応したものであった．

そして，90年代後半以降，中国経済が急拡大を始めた．中国は，安くて豊富な労働力を持つメリットを生かし，中国は「世界の工場」の地位を獲得した．中国は，日本，韓国，台湾，東南アジア，欧米から部品や原材料を輸入し，それを中国で加工し，組み立てて輸出する「加工貿易ネットワーク」の中心となった．そして，鉄鋼，カラーテレビ，洗濯機，エアコン，扇風機，ラジカセ，繊維製品，自動車，玩具など，ほとんどの製品について中国が世界一の生産高を誇るようになった．

同時に，米国や日本などから中国に対して，人民元を過小評価する政策で中国経済の競争力を一層高めているという批判が高まった．実際，中国は貿易黒字が前年を6割上回るペースで増え続け，大量の外貨が中国に流入していた．流入した外貨を市場に放置すれば国内で人民元への換金が進み，元高が進むは

ずである．だが，中国政府は市場介入で外貨を買い取って，これを阻止した．米国は，人民元は少なくとも全通貨に対して20％，米ドルに対して40％上昇しなければならないはずだと主張したのだ（石田，2010）．

　中国は徐々に為替政策を固定相場制から管理変動相場制へ変更した．中国は，2005年7月，人民元を1ドル＝8.2765人民元から8.11人民元へ2.1％切り上げて，人民元は2008年9月までに対ドルで累計20％強上昇した．だが，輸出の増加は止まらなかった．

　中国人民銀行の周小川総裁は，2009年2月の講演でドル一極是正の必要性に言及した．「IMFのSDR（特別引出権）制度を拡充し，主権国家と結び付いていない準備資産を育成することが，国際通貨体制改革の理想的な目標である」との見解を示したのだ．これは中国が人民元の基軸通貨化を目指し始めたことを示すとの指摘があるが，実際は従来通り人民元相場を安定させるために，国際社会での影響力を確保することが狙いである（石田，2010）．

（2）　将来の「人民元国際化」への布石

　このように，中国政府は人民元国際化の推進に慎重姿勢を示している．しかし，その一方で，将来の「人民元の国際化」についての研究も始めている．2008年の金融危機の頃から，易綱，張明，高海紅など中国の学者は国家競争戦略の観点から人民元の国際化をより積極的に支持するようになった．彼らはドルに代わる国際通貨登場の必要性を指摘し，金融危機後に中国経済が強くなり，人民元が理想的な国際通貨の1つになると主張しているのだ（巴曙松，2004など）．

　また，中国の学者は，「国家が一定の発展段階に達し経済大国になれば，他国との競争の最終形態は通貨の競争である」との認識を持っている．その中で，人民元の国際化をどう進めていくかを具体的に議論しているという．

　彼らは，直接的にドルに挑戦するような試みは，現実的ではないとして，まずは中国の現在の貿易構造を生かし，文化が近く経済・貿易関係が強い周辺国家で人民元が主要決済通貨となり，続いてこれらの国の準備通貨になるという「周辺化」を考えた．そして，人民元が中国，香港，マカオ，台湾を統合した大中華圏において自由流通する共通通貨になる，「漸進的国際化」のアプロー

チを提起した（大西，2005）．

実際，人民元の「周辺化」は，民間で自発的に進行してきた．そこで中国政府は，2008年12月に，中国と特定地域と特定の周辺諸国・地域との貿易決済に人民元を使用するテストを始めることを決定した．

温家宝総理（当時）は，国務院常務会において，広東の対香港，マカオ，台湾との貿易，および広西，雲南の対ASEAN諸国貿易で，人民元を決済通貨として試用することを指示した．続いて，2009年4月8日に国務院は，上海，広州，深圳新，珠海，東莞を人民元貿易決済テストの場と決定した．更に，中国は韓国，香港，マレーシア，インドネシア，およびアルゼンチンと相次いで総額6500億元の通貨スワップ協定を結んだ（石田，2010）．人民元の使用はアジアを越えることになったのである．

12.4. 2008年の世界的金融危機以降，中国の影響力が拡大している

2008年の世界的金融危機の後，国際金融界で中国が影響力を拡大している．周小川中国人民銀行総裁はIMFの特別引出権（Special Disposal Right = SDR）が，現在の「ドル本位制」に取って代わる新通貨体制となる可能性に言及して注目された．また，中国経済の急拡大と共に，人民元の中国の周辺国家・地域での流通量が拡大し，一部の国では準備通貨となった（李婧・管涛・何帆，2004）．「人民元の国際化」は，国際金融界で最も動向が注目されるものとなった．

一方，日本も2008年の金融危機で，IMFに対する10兆円の金融支援を行うなど，積極的に行動した．しかし，日本は国際金融界で十分な発言力を発揮しなかったと批判された．日本は中国と対照的に，G20で麻生太郎首相（当時）が「ドル覇権体制の永続」を主張したが，国際金融界であまり賛同を得られなかったのだ（Katada, 2009）．

前述の通り，「SDR準備通貨化」を主張する中国に加えて，影響力拡大を目指すその他新興国，世界共通通貨を作る構想を示唆した英国，多極的な基軸通貨体制を視野に入れた仏露などの間で，日本は孤立した．

日本は1998年の「アジア通貨危機」に対する経済支援策やアジア地域の金融セーフティネット網構築などを主導し，国際的な金融協力体制の構築に尽力し

てきた．だが，「円の国際化」を推進する強いリーダーシップは発揮してこなかったのだ（Amyx, 2002）．

　2015年，中国は米国主導の国際開発の秩序に対抗し，「アジアインフラ投資銀行（AIIB）」を設立した．米国と日本は参加しなかったが，40カ国以上が参加を表明している．当初，2014年10月に北京でAIIB設立の覚書が調印された時，参加を表明した21カ国に，米国の主要な同盟国はいなかった．だが，AIIBの仕組み作りに関わる「創設メンバー」の申請期限である3月31日を前に，英国が参加を表明したことで，雪崩を打ったようにさまざまな国が参加へと方針転換した．日本は，米国中心の秩序を守ることに拘り，参加することができなかった（山田，2015: 204-205）．

　AIIBは，ユーラシア大陸のインフラ整備の資金供給のみならず，人民元融資を行うことで，人民元の中国国内外での流通を量的に拡大することで，人民元の国際化を目指す狙いがある（田中・湯野，2015: 7）．

　また，同じ2015年，国際通貨基金（IMF）は，中国の人民元を「特別引き出し権（SDR）」の構成通貨に採用することを正式に決めた[6]．2009年3月のG20サミット開催前に，中国人民銀行の周小川総裁が「米ドルに代わり主権国家の枠を超えた存在であるSDRを準備通貨にすべきである」と主張するなど，中国はSDRに対して特別な思い入れを持ってきた．「人民元の国際化」を推進してきた中国にとって，人民元がSDRの構成通貨の一角となることは悲願であったといえる．「アジアインフラ投資銀行（AIIB）」の設立時に続いて，保守的な枠組みに拘った日本は，国際社会で急激に影響力を強める中国に対応できていないように見える．

　本書が主張してきた「中国経済への積極的関与戦略の重要性」は，人民元のSDR構成通貨入りのプロセスでも証明されている．中国人民銀行は，中国国債市場を諸外国の中央銀行に開放し，人民元の対ドルレートの決定方式を変更して市場の役割を高めるなど，さまざまな対策を打ってきた．特に2016年10月には，IMFからの指摘に基づき，これまで基準金利の1.5倍としてきた預金金利の規制を撤廃する思い切った措置を講じた．

　また，習主席が断行する「反腐敗運動」は金融界にも及んでいる．11月に入り，ヘッジファンド業界の著名人をインサイダー取引と株価操作の疑いで取り

調べるとともに，証券監督管理委員会のナンバー2も「重大な規律違反の容疑がある」として中央規律検査委員会で調査している．更には，中国人民銀行にまで汚職調査のメスが入り，同幹部3人を厳重警告処分にした[7]．この事例は，経済・金融制度の不備を理由に中国を排除するのではなく，むしろ積極的に国際ルールに引き込むことで，中国に制度改革を促すことができることを示している．

12.5. 分析——日中国際金融政策過程の比較

本章は，日本と中国の国際金融・通貨政策の立案過程を比較する．日本と中国の政策には一見大きな違いがあるようにみえる．しかし，両国ともに貿易構造が「米国依存」の特徴を持ち，貿易建て通貨は「ドル建て」の比率が高い．対ドルの為替安定によって輸出産業振興を目指す点で基本的に一致している．したがって，両国とも通貨価値の上昇に対して通貨当局は，為替介入も辞さない姿勢で対応してきた．

但し，中国共産党・国務院の指導者は，為替安定のために，強い政治的意思を示してきた．例えば，08年の金融危機の際，中国人民銀行周小川総裁は国際通貨体制改革，SDRの活用などの国際通貨戦略を主張して，国際金融界での影響力を強めることによる人民元相場の安定を図った．一方，日本の首相・財務相がこのような強い主張をすることはない．同じ08年の金融危機時に，麻生太郎首相は現状維持である「ドル基軸体制」の継続に言及するのみであった．

また，日本と中国はともに，通貨の国際化により「ドル依存」のリスクを減らしていくことを志向した．日本の場合は，財務省国際局と学者を中心に検討され，アジア諸国との通貨協力を主導することで，「円の国際化」の環境を整えてきた．しかし，内閣（首相・財務相）は円の国際化を推進する指導力を発揮しなかった．専門性の高い為替政策は財務省・日銀に任せきりであったことに加え，内閣は輸出産業とその意向を受けた政党の族議員の圧力を常に受けており，輸出産業保護の「円安政策」を転換する意思を持たなかった．

一方，中国は共産党・国務院が国際金融・通貨政策を直接立案する．学者からの知識・情報の収集も直接行うため，「人民元の国際化」についても明確な

政治的意思を持つ．共産党・国務院の指導者は，人民元相場の安定を最重要課題としながらも，周辺国との貿易に人民元を決済通貨として使用する実験を開始した．「人民元の国際化」について，明確な政治的意思を持っている．

要するに，日本は1980年代に先進国化し，「円の国際化」に取り組んできた．しかし，米国による「ドル基軸体制」に忠実であり，基本的に現状維持を主張する．円の国際通貨としての実力は十分であり，日本の国際金融界での経験は豊富で，実務的にも有効な支援策を行い貢献してきたが，強い指導力を発揮することに積極的ではない．また，国内の輸出産業からの圧力が円の国際化を阻んできた面もある．更に，AIIBの創設，人民元のSDR入りと，国際金融界での地位向上に積極的な中国に押されて，日本は孤立する場面も少なくない．国際通貨としての実力，実績は円が人民元をはるかに上回っているのは間違いないが，日本が「同盟国」として米国の国際戦略に組み込まれていることと，近接する中国との政治的関係で劣勢に立っていることが問題であるといえる．これは，国際通貨政策が経済学だけではなく，地政学で解くべき問題であることを示している．

注

1) 「円の国際化」については，榊原（2008），櫻川（2012），山田（2015）などを参照のこと．
2) 当時は大蔵省国際金融局．大蔵省は，2001年に改編・改称され財務省となった．以下では記述内容の時期が改編・改称期と重なるため名称を財務省として記述する．
3) 99年9月，円の国際化を推進するための「円の国際化推進研究会」を設置し，00年6月に「中間論点整理」を，01年6月に「円の国際化推進のための5つの措置」をまとめた（村瀬，2000）．
4) 財務省HP「チェンマイ・イニシアティブ（CMI/CMIM）について」<http://www.mof.go.jp/international_policy/financial_cooperation_in_asia/cmi/index.html>，2017年11月10日．
5) 吉冨勝『共通通貨創設の鍵となる「為替レート安定化」3つの条件』経済産業研究所（RIETI）HP，2005年 <http://www.rieti.go.jp/jp/papers/contribution/yoshitomi/03.html>，2017年5月10日．
6) 『日本経済新聞』2015年12月1日．
7) 『日本経済新聞』2015年11月6日．

参考文献

石田護「人民元の安定・国際化と東アジア通貨体制の将来」上川孝夫・李暁編『世界金融危機：日中の対話』春風社，2010年．

今松英悦「円の国際化をめぐる諸問題」上川孝夫・新岡智・増田正人編『通貨危機の経済学』日本経済評論社，2000年．

今松英悦「円国際化の回顧とアジアへの新座標軸」上川孝夫・李暁編『世界金融危機：日中の対話』春風社，2010年．

大西靖『中国における経済政策決定メカニズム』金融財政事情研究会，2005年．

翁邦雄・白川方・白塚重典「資産バブルと金融政策：1980年代後半の日本の経験とその教訓」『金融研究』2000年，p. 281．

関志雄『中国を動かす経済学者たち』東洋経済新報社，2007年．

行天豊雄『円はどこへ行く』講談社，1996年．

黒田東彦『通貨外交』東洋経済新報社，2005年．

近藤健彦『アジア共通通貨戦略』彩流社，2003年．

榊原英資『強い円は日本の国益』東洋経済新報社，2008年．

櫻川昌哉『"円"国際化で日本は復活する！』朝日新聞出版，2012年．

清水聡『アジアの域内金融協力』東洋経済新報，2009年．

須田慎一郎『知られざる通貨マフィア：財務官』祥伝社，2005年．

田中修『検証：現代中国の経済政策決定』日本経済新聞社，2007年．

田中菜採兒・湯野基生「アジアインフラ投資銀行（AIIB）の概要」国立国会図書館『調査と情報』第888号，2015年．

日本経済新聞社編『検証バブル犯意なき過ち』日経ビジネス文庫，2001年．

速水優『強い円，強い経済』東洋経済新報社，2005年．

村瀬哲司『アジア安定通貨圏―ユーロに学ぶ円の役割』勁草書房，2000年．

山田順『円安亡国：ドルで見る日本経済の真実』文藝春秋，2015年．

李暁「円の国際化の歴史とその戦略調整：中国学者の評価」上川孝夫・李暁編『世界金融危機：日中の対話』春風社，2010年．

Amyx, J., "Moving Beyond bilateralism? Japan and Asian Monetary Find," *Pacific Economic Papar*, No. 331, Australia-Japan Research Center, ANU. 2002.

Ogawa, E. and T. Ito, "On the Dasirability of a Regional Basket Currency Arrangement", NBER Working Paper, No. 8002, 2000.

Katada, S., "Mission accomplished, or a Siyphean task? Japan's regulatory responses to the global financial crisis," E. Helleiner, S. Pagliari, H. Zimmermann eds., *Global Financial Crisis: The politics of international Regulatory Change*, Routledge, 2009, pp. 137-152,.

Knapp, F.K., d, Martino Publishing, 2013.

関志雄『亜洲貨幣一体化研究』中国財政経済出版社，2003年．

李婧・管涛・何帆「人民币跨境流通的现状及其对中国经济的影响」『管理世界』第9期，2004年．

巴曙松『金融市场的天使与魔鬼』浙江人民出版社，2004年．

第 *13* 章

成長戦略と地政学

　本章は安倍政権が打ち出しているアベノミクスの「第三の矢・成長戦略」について考える．日本の成長戦略は，結局斜陽産業にお金を渡しているだけで，何も新しいものが生み出されていない．日本が成長したいならば，今，日本にないものを取り入れて創造的破壊を起こすことが必要だと考える．まず必要なのは外資の導入である．ところが，日本は外資の導入への抵抗が強い．本章は，台湾の鴻海（ホンハイ）精密工業（以下，鴻海）に買収されたシャープのように，アジアの経営者を受け入れることで日本が成長できる可能性を考える．これは，成長戦略の地政学的な再検討である．

13.1.　日本の成長戦略は，日本企業の成長とイコールではないはず

　安倍晋三政権は，「成長戦略」をアベノミクスの1つの柱と位置付けてきた．安倍首相は，新しい成長戦略立案に強い意思を示し，産業競争力会議，経済財政諮問会議，規制改革会議，国家戦略特区諮問会議に多士済々の人材が集まっている．その中心は，「国家戦略特区」などを策定する竹中平蔵（慶應義塾大学教授），八田達夫（大阪大学招聘教授），GPIF改革を仕切る伊藤敏隆（東京大学教授）らの学者や，「産業競争力会議」の民間委員となった三木谷浩史（楽天会長・社長），新浪剛史（サントリーホールディングス次期社長）や東レ（繊維），コマツ（建設機械），みずほフィナンシャルグループ（金融），武田薬品工業（製薬）など，世界でビジネスを展開する企業経営者である．[1]

　だが，その結果として，「成長戦略」は産業再編，企業の事業再構築，起業や投資を促進するための法人減税の拡充，海外M&A支援策，イノベーション支援策など「日本企業の国際競争力強化」を支援する方針を打ち出してきた．[2] 日本企業の経営者が集まって考えた成長戦略なのだから，日本企業のためのも

のになるのは仕方がないことなのかもしれない．しかし，それだけでは不十分ではないだろうか．

「日本企業の支援＝日本の経済成長」ではないからだ．もはや斜陽産業となった輸出産業の保護や，国内空洞化を防ごうと，無理に企業の海外進出を引きとめようとする支援策は，結果として経済の停滞を長引かせてしまう．日本の経済成長のためには，日本企業にとって「痛みを伴う」ことになる政策も必要なのではないだろうか．

元々「成長戦略」の立案が始まった時，「円安を活かした外資の導入」が含まれていた．要は，日本企業をアジアの起業家が買収する動きが始まるかどうかということである．中国やASEAN諸国には，欧米で経営を学んだ若手起業家が存在する．彼らは日本の中小企業の技術力に関心を持っており，円安が進めば買収を検討し始める．アジアの経営者と日本の技術力の組み合わせは，新たなビジネスモデルの1つとなり得るということだ．

日本という舞台で活躍するのは日本企業だけでなくていい．世界中から日本に集まってきて，賑やかにビジネスをして儲けていくことが成長につながるはずである．

13.2. 革新機構による産業再編は「国家による斜陽産業の延命」の再現だ

だが，成長戦略を重視するというのは，実は「建前」に過ぎないかもしれない．安倍首相の「本音」は，祖父・岸信介元首相が若手官僚時代に構想した，国家主導の業界再編策を志向する「産業統制」の実行であるように思える．首相は，祖父の構想した国家建設を理想とし，利潤追求ではなく，国家のために貢献する産業界を築こうとするかもしれない．例えば，安倍政権の企業に対する再三に渡る「賃上げ」要請には，企業の利潤追求を「悪」とする国家総動員体制の思想があるように思える（野口，2010）．

一方，経済産業省はかつて一世を風靡した「産業政策」の復活を目指してきたが，首相の「産業統制」的な政策志向を利用してきたフシがある[3]．産業再編，企業の事業再構築については，官民ファンドの「産業革新機構」が中心となっ

て進められている[4]．革新機構は，最大で約2兆円という巨額の資金枠を持ち，いわば国家主導で「日の丸」の威光と力を存分に使って，かつて世界を席巻した「ものづくり大国」を復権させようとしているのだ．シャープの液晶部門を分離してジャパンディスプレイと統合し，白物家電などは東芝の事業再編と絡めて，一気に日本のエレクトロニクス産業の「技術流出」を防ぎ，競争力回復を目指そうとすることは，その典型例であろう．しかし，革新機構がシャープや東芝などの民間企業の再生に乗り出すことには強い疑念の声がある．「斜陽産業」といわざるを得ない電機業界の再編に，欧米では例のない巨大な「官民ファンド」が関わることで，産業の新陳代謝が阻害されてしまうからだ．

実際，東芝，シャープのみならず，革新機構には大企業の救済案件が集中して"駆け込み寺"と化している．また，「救済」の対象であるはずのシャープや東芝が，革新機構そのものの出資者にも名を連ねていることは，これまで散々批判されてきた「日本的な馴れ合い」をいまだに繰り返しているように見える．

なにより，経営の機能不全により危機に陥った企業を，巨額の税金を投入して国・行政が支援することは許されるのかという問題がある．税金を投入して支援することで，責任の所在が曖昧になり，誰も責任を取らないまま支援案件が際限なく増えていくことは，「失われた20年」を振り返れば明らかなことである．

今回，鴻海がシャープに提示した条件は，革新機構が提示する以上の好条件なのだから，シャープが鴻海と合併したのは自然なことだった．革新機構による業界再編が強行されれば，「国家による斜陽産業の延命による，産業構造改革の先送り」という，「いつか来た道」がまた繰り返されることになっていただろう．

13.3. 日本は外資導入が経済成長につながる好条件を備えている

鴻海によるシャープの買収は，これから始まる日本経済の大変革の最初の一歩だと信じたい．そして，日本はその大変革をポジティブなものとする潜在力を持っていると考える．

本書では，度々英国の事例を紹介してきた．経済については，キャメロン政権が「緊縮財政」と「外資の積極的導入」の組み合わせで，2009年にはマイナス4.3％まで落ち込んでいた実質GDP成長率（対前年比）が，14年に2.6％まで回復し，12年1月には8.4％に達していた失業率も5.7％まで下げる経済成長を達成した（Johnson and Chandler, 2015: 185-192; Whiteley, etc., 2015: 4-24）．

　前述の通り，英国では外資の導入を技術流出などの「敗北」とは捉えない．むしろ，外資導入によって巨額の資金を獲得でき，労働者の雇用が維持されることで「オープンな英国の勝利」だと考えている．英国では，インド・タタ財閥によるジャガー買収など，新興国の企業による英国製造業の積極的買収と，英国内工場の操業によって，製造業が拡大している．これは，英国と新興国双方にメリットがある．

　第8章で紹介した，タタ・モータースによるジャガーの買収について，もう一度まとめてみたい．タタは買収によって「有名ブランド」を手に入れ，「知識・情報の集積」「高い技術力」があり，「政治的リスクの低い」英国に研究拠点を設けた．そして重要なことは，日本同様に労働コストが高いにもかかわらず，ジャガーの英国工場をそのまま維持して操業していることだ．

　エンジンや高品質の自動車部品は英国工場で製造し，インドに送って組み立てて，アジア地域に販売している．また，北米・欧州への輸出は，買収後も英国の工場から行っている．一方，英国はインド，中国など新興国など外資の進出によって，国内の自動車工場が廃業に追い込まれずに済み，製造業の雇用が下支えされている．

　ここで重要なことは，タタが英国に進出した理由である「有名ブランド」「地理的条件の良さ」「知識・情報の集積」「高い技術力」「質の高い労働力」「政治的リスクの低さ」という諸条件を，日本も十分に備えているということだ．違うのは，規制の厳しさと，法人税率の高さだけだ．日本は，国内の斜陽産業を救済して，なんとか再び成長軌道に乗せようと無理をするよりも，この好条件を積極的に生かすべきなのではないだろうか．

13.4. 外国製造業の「アジア地域向け研究開発拠点」や「高品質部品の製造拠点」を日本に誘致せよ

　本書は，外資による日本企業の買収を超えて，諸外国の製造業の「アジア地域向け研究開発拠点」や「高品質部品の製造拠点」を日本に誘致するという提案をしたい．そもそも，研究開発と高品質製品の製造拠点の国内維持は，日本企業の一般的な戦略である．その戦略を日本企業に限定せず，世界中の企業の研究開発と高品質製造も日本に呼び込むことで，日本経済の成長につなげようという発想だ．

　前述のジャガーを事例とすれば，欧米の製造業は，研究開発と高品質製品の製造を欧米の工場で行っている．そして，部品を中国，インドなどアジア諸国へ輸送して，最終製品の組み立てを行っている．この研究拠点と高品質製品の製造拠点を日本に移転すれば，欧米企業にとって，輸送費などコスト削減が可能になる．よりアジア市場に近いところで，顧客ニーズを汲み取った開発を，高い能力を持つ日本の技術者を雇用して行うことが可能になる．高い技術力を誇る日本の中小企業を下請けに起用することもできる．

　これは，日本国内の雇用対策としても有効だと考える．アベノミクスで多少円安になったとしても，日本企業がアジアに移転した工場を日本に戻す気が全くないことは明らかになった．しかし，日本国内には多くの労働者がいる．彼らの雇用を確保するには，雇用のパイが増えなければならない．

　それには，斜陽産業の企業同士の合併では，そもそもリストラによって雇用は減るし，日本企業を外資に買ってもらうだけでは経営は改善しても，雇用のパイ自体は増えない．そうなると，外国企業に工場を置いてもらう以外に，新たな雇用のパイは増えないのではないだろうか．

　そして，これは「デフレ対策」でもある．前述の通り，日本に進出する外国の企業は，日本の中小企業を下請けに使うことができる．日本側から見れば，日本企業の下請けだった中小企業が，外国企業からの発注も受けられるようになるのだ．これまで，中小企業は親会社からタダ同然の安売りを強いられてきたことは，よく知られている．しかし，外国企業からの受注が増えれば，親会

社の理不尽な安売り要請を断ることもできる．親会社は中小企業への発注金額を上げざるを得なくなるだろう．中小企業は売上・利益拡大となり，労働者の給与も上げられる．これこそ，まさに「デフレ対策」ではないだろうか．

　実は，外国企業が「研究開発と高品質製品の製造拠点」を日本に置く動きも始まっている．これも鴻海である．鴻海は，シャープやパナソニックなど経営不振の家電メーカーが抱えきれなくなった技術者たちを，最大で40人採用し，スマートフォンなどに使われる先端ディスプレイの開発を進めている．

　鴻海の郭台銘会長は，「日本にはリタイアした優秀な人材がいる．また日本の組織になじめない新卒の学生にも，チャンスを作りたい」「シャープをすでに辞めた人にも，戻ってくるよう呼びかける．また液晶メーカーには，パナソニックや，その他の研究機関もある．日本固有のルールで，ゆっくりとキャリアの階段を昇っていくのは嫌だという人に，私たちは開発環境を用意したい」と発言している．

　この動きを外国勢による「侵略」であると拒絶するよりも，日本という場所とそこで育った個人の力量を最大限に生かし，日本経済に新たな成長の希望が生みだすものだと考えたい．

13.5. 経営学を専門的に学んだアジアの若い経営者が日本企業を経営することの利点

　さらに本書は，鴻海によるシャープ買収から始まると期待される日本経済・社会の大変革について，1つの新たな視角を提示したい．それは，中国やASEANなどアジアの若い経営者が日本企業を積極的に買収するようになることの意味である．

　筆者が英国の大学で見たものの1つは，アジアからの留学生の多くが「実学主義」だったことだ．多くのアジアからの留学生は，「政治学」よりも「経営学」「MBA」を専攻していた．少々おせっかいな性格だった筆者の友人の1人（マレーシア人）は，「なぜ君は30歳を過ぎて，政治学など学びに来たのか．どういう利益があるのか．経営学に専攻を変えるべきだ」と親切心からなんどもアドバイスしてきて，苦笑したものだった．

アジアの若者は，将来ビジネス界で成功するために経営学やMBAを専門的に勉強していた．一方，日本では「現場主義」「ものづくり」への強い「信仰」がある．就活では大学時代の成績や，なにを学んできたのかを企業側はほとんど評価しないし，国立大学の文系廃止の方針も，背景には財界の意向があったという．要は，日本では「学問」「専門性」は軽視されてきたと言わざるを得ないだろう．

日本の製造業では，製造部門出身者が取締役会の多数派を占め，代表取締役会長・社長のポジションを占めることが多い．だが，彼らは経営を専門的に学んだわけではない「素人経営者」であるのは明らかだろう．そして，オリンパス，東芝，シャープなど，素人経営者による不祥事，経営の失敗が多発してきた．タケダのように，M＆Aで獲得した外国企業を日本人が経営できず，社長以下取締役，部長級のほとんどを外国人に切り替えざるを得なかった企業もある．

中小企業についても，高い技術力に基づく「ものづくり」への評価が高いが，実は経営は問題が多いのではないだろうか．親会社の言いなりになって，長年蓄積してきた部品の開発・製造ノウハウが詰まった仕様書を親会社に差し出し，それが外国企業に渡り，技術を盗まれ，商権を失っている．これは日本人の誠実さを示す「美談」として扱われてしまうことも多い．しかし，見方を変えれば，利益を度外視して親会社への忠誠を誓うのは，「素人経営」の極みではないだろうか．

アジアの若手経営者が中小企業を買収すれば，こんなことは起き得ない．彼らは考え方が「ドライ」だからだ．親会社との関係をはじめとして，ものづくりを「聖域化」する裏で隠されてきた中小企業の経営の問題点を，徹底的に洗い出し，純粋に「高い技術力」を生かす経営を，経営学の専門的な観点から考えるはずだ．筆者は，「アジアの経営者」と「日本人の技術者」の相性はいいはずと考える．

グローバルな時代に，どんな国籍の人が経営者になるかなど，本当にどうでもいいことだ．前述の通り，「有名ブランド」「地理的条件の良さ」「知識・情報の集積」「高い技術力」「質の高い労働力」「政治的リスクの低さ」というグローバルビジネスのための好条件を備える日本は，政府が余計な規制を作って

斜陽産業を守るような愚策を取らない限り，世界中からヒト，モノ，カネが集まってきて，「豊かな場所」になるはずなのである．

13.6. 例えば，トランプ政権とシリコンバレーの摩擦解消に一役買う

　今後の日本の成長戦略として，こんなことは考えられないだろうか．本書第Ⅰ部で取り上げた「米国第一主義（アメリカ・ファースト）」への対応だ．トランプ大統領は，自動車産業など製造業とは友好的な関係を築いているが，シリコンバレーのテクノロジー企業は，反トランプ大統領の姿勢を露わにし始めている．そのきっかけは，トランプ大統領が打ち出した一部のイスラム系国家に対する強硬な入国制限措置である．

　テクノロジー企業は，多くの移民が勤める「多国籍軍」である．自らも移民である Facebook のマーク・ザッカーバーグ CEO を始めとして，Apple, Autodesk, Dropbox, Etsy, Google, LinkedIn, Lyft, Salesforce.com, Slack, Square などシリコンバレーの有名企業のトップが，次々と移民である自社社員を擁護し，入国制限に反対し，多様性の重要性やアメリカの価値観を守ることを主張しているのだ．

　日本は，米国のテクノロジー企業を積極的に受け入れてはどうだろうか．日本は現時点では，米国や欧州，そして中国などよりも，多国籍の優秀な人材にとって，比較的に「安全な場所」だといえる．そして，本章で考察してきた通り，日本は外資が参入するのに適した条件をいくつも備えている．

　IT や人工知能など最先端の分野は，日本が弱い領域である．日本では，シリコンバレーで職を得るような人材は育成できていない．しかし，テクノロジー企業のオフィスが日本に来るならば，日本の若者にとって多少は就職しやすくなるだろう．最先端テクノロジー領域を担う人材を，より育成しやすくなるのだ．

注

1）『日本経済新聞』2013年1月13日．

2) 『日本経済新聞』2014年6月17日.
3) 「すべる経産省」『日経ビジネスオンライン』http://business.nikkeibp.co.jp/atcl/report/16/022400113/>，2017年11月2日.
4) 株式会社産業革新機構 HP<https://www.incj.co.jp/>2017年11月10日.
5) 週刊ダイヤモンド「特別レポート【鴻海精密工業】シャープを見切った"皇帝"の素顔 8時間超の株主総会に完全密着」<http://diamond.jp/articles/-/39123>，2017年11月10日.
6) 『日本経済新聞』2017年9月2日.

参考文献

野口悠紀雄『1940年体制（増補版）』東洋経済新報社，2010年.

Johnson, P. and D. Chandler, "The coalition and the economy," In A. Seldon and M. Finn eds., *THE COALITION EFFECT 2010-2015*, Cambridge University Press, 2015, pp. 159-193.

Whiteley, P., H. D. Clarke, D. Sanders, and M. C. Stew+art, "The Economic and Electoral Consequences of Austerity Policies in Britain," *Parliamentary Affairs*, 68, 2015, pp. 4-24.

第14章

エネルギーから
福祉の循環型地域ネットワーク形成と紛争回避
—— ロシア・サハリン州を事例として[1] ——

　2016年12月15, 16日の2日間, 安倍晋三首相は, ロシアのウラジーミル・プーチン大統領との日露首脳会談を行った. 北方領土問題については, 日露双方の法的立場を害さない形の検討による「共同経済活動」の実現に向けて交渉を開始することで合意した. また, 高齢化している北方四島の元島民の墓参など自由訪問の拡充に関し, 現行手続きの簡素化を検討することになった. しかし, 四島の帰属問題では進展がなかった.

　安倍・プーチン両首脳は, 北方四島の共同経済活動に加えて, 日露両政府が調整を続けてきた「8項目の経済協力」について, 民間を含めた80件の案件の具体化で合意した. 日本側の経済協力の総額は3000億円規模となった. しかし, 経済協力ばかりが進み, 領土問題は置き去りの印象は拭えない. 安倍首相が提唱していた「新しいアプローチ」は, そもそも失敗だったという批判が出ている (佐藤, 2017: 19-30). しかし, 本章では, 「新しいアプローチ」が, 地域の紛争回避のための新しい取り組みとなる可能性を指摘したい.

　本章は, ロシア・サハリン州のフィールドワークを通じて把握したロシア社会の現状理解を通じて, 地政学上の重要な問題である今後の日露関係の進むべき方向性について, 1つの提言を行いたい. 日露の経済関係では, 資源の獲得に焦点が当てられ, 日本が資源の開発をどう援助するかに焦点が当たりがちである. しかし, 本章はロシアとの信頼関係を強化するには, 資源に開発だけではなく, 資源ビジネスで得た収入を, どのようにロシア国民の生活向上につなげるかが重要であると主張する.

14.1. 「紛争」に焦点を当てた，従来の石油天然ガスを巡る国際政治学

　従来，石油・天然ガスを巡る国際政治学では，それらを巡る「紛争」に焦点を当ててきたといえる．代表的な例は，「天然ガス・パイプライン」を巡る，供給国と需要国の間の政治的駆け引き」である（Le Billon, 2005）．基本的に，天然ガス・パイプラインのビジネスでは，供給国が需要国に対して有利な立場になるとされてきた．例えば2014年の「ウクライナ危機」では，欧米のロシアに対する経済制裁への対抗策として，ロシアが欧州向けのパイプラインを閉じてガスの供給をストップすると噂された．だから，欧米の経済制裁は効果がないとも言われた．

　しかし，本書が指摘してきたように，実際には供給国と需要国の間に有利不利はない．パイプラインでの取引では，物理的に取引相手を容易に変えられないからだ．パイプラインを止める，供給国は収入を失ってしまう一方で，需要国は瞬間的にはエネルギー不足に悩むものの，長期的には天然ガスは石油・石炭・原子力・新エネルギーで代替可能である．つまり，国際政治の交渉手段として，天然ガスを使うことは事実上不可能で，それをやればロシアは自らの首を絞めることになる（石井，2008: 75-120）．ウクライナ危機以降，天然ガス・パイプラインは，ロシアの強力な交渉材料ではなく，むしろ大きなリスクとなっていた．

　その他にも，エネルギーを巡る紛争としては「中東産油国によるホルムズ海峡封鎖の懸念」（藤，2005: 26-42）や，「中国の石油・天然ガスの権益獲得のための軍事・経済的拡大と他国の対立」（藤，2005: 63-102）などがあるが，要するに希少な天然資源を巡って，需要国同士が資源獲得を激しく競合するというのが，従来の国際関係論の焦点の１つであった．

14.2. 「エネルギーから福祉の循環型地域ネットワーク」の構想

　本章は，このような従来「紛争要因」と考えられがちであったエネルギー獲

得を巡る国際関係を，エネルギーの収入を福祉政策の充実へ循環させ，そのことにより産油国・需要国の双方向の関係が築かれて，紛争回避・地域安全保障体制が実現されると考えるものである．そこで北東アジアの「エネルギーから福祉の循環型地域ネットワーク」の提案を行いたい．

「循環型社会」とは，通常は環境経済学から論じられている（植田，2000；植田，2004；笹尾，2012など）．近年，グローバルな環境問題とドメスティックな福祉問題を融合させた社会の持続可能性の追究も行われている．本章では，国際政治学の枠組みから，エネルギーと福祉を循環させた国際地域協力のあり方にアプローチする．参考となる事例は欧州にあると考える．

まず，エネルギー輸出が輸出国にもたらす莫大な収入に着目する．その収入によってインフラ整備，福祉・社会保障政策を充実させて，住民の生活水準向上につなげるのである．環境経済学の「循環型社会」の考え方を援用すれば，「エネルギーから福祉の循環型地域ネットワーク」の可能性を模索することになる．そして，その実現のために，エネルギー需要国が，供給国のインフラ，福祉・社会保障政策の構築に協力する．それは，地域間協力体制を確立し，地域紛争回避を図るという，「エネルギーから福祉の循環型地域ネットワーク」を構築することにつながると考える．

14.3.「エネルギーから福祉の循環型地域ネットワーク」建設の事例——ノルウェー

この「エネルギーから福祉の循環型地域ネットワーク」構築の参考となる事例は，ノルウェーである．ノルウェーは，元々，主要産業が林業の貧しい国であった．しかし，北海油田の発見により，石油輸出の拡大による経済成長を実現した（Yergin, 1990）．ノルウェー政府は，石油，ガス輸出の収入により，福祉国家の建設を行った．医療政策では，公立病院での医療費を無料とし，教育政策では，小学校から大学までの教育費を無料とした（Stenersen and Libæk, 2003；松村，2004）．そして，年金政策では，「ノルウェー政府年金基金」を設立した．現在の年金を充実させるためだけではない．石油資源が将来枯渇することを見越し，将来の年金に備えることを目的とした．2013年末現在の資産残高

は8200億米ドル（16万米ドル／人）である．更に，年金だけではなく，経済全体を包括する「政府石油基金」も設立している．将来，石油・ガスに依存しない経済を確立するための貯蓄・運用を行っている（坂本，2014；福島，2004）．

また，ノルウェー，スウェーデン，フィンランド，デンマーク，アイスランドの北欧5カ国でエネルギー・福祉政策の相互補完体制が構築されているのも，参考事例となる．これは，北海油田の北海油田からのエネルギー供給を基に，北欧5カ国間で電力供給網を共同化するとともに，相互に補完し合う安全保障制度が構築されているのである．これは，「北欧地域エネルギー・社会保障ネットワーク」と呼ばれる（上子・大塚監訳，2017）．

14.4. ロシア・サハリン州

筆者は，5度にわたってサハリン州を現地調査している．その結果を検証することで，サハリン州における「エネルギーから福祉の循環型地域ネットワーク」形成の可能性を探る．

なぜ，サハリンを調査先に選んだのか．まず，サハリン州が今後，国際政治の中心になっていく可能性があるからである．ウクライナ情勢の悪化等で，ロシアのユーラシア大陸内に対するエネルギー輸出が不安定化した．ロシアは，天然ガス・石油の輸出の中心を今後極東にシフトしていく可能性がある．ロシアが中国と価格面で折り合いがつかず，10年越しの懸案であった総額4000億ドル（約40兆円）に上る歴史的な天然ガスの供給契約を中国と結んだことは，ロシアの極東シフトを象徴している．

サハリン州といえば，石油・天然ガス開発である．サハリン石油ガスプロジェクトは1990年代後半から始まっている．サハリン州内および大陸棚の石油・ガス埋蔵量は石油換算で450億バレルと評価されており，北海の大陸棚の未開発鉱量に匹敵する．サハリン1から9までのプロジェクトが計画されており，現在稼働しているのは，日本も参加する多国籍企業体によって運営されるサハリン1，サハリン2である．

「サハリン1」「サハリン2」を簡単にまとめておく．「サハリン1」は，オペレーターがエクソン・モービル（出資率30%），プロジェクトパートナーには

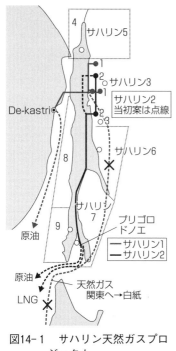

図14-1　サハリン天然ガスプロジェクト

(出所)　<http://blog.knak.jp/2013/04/-rosneft.html>

ロフネスチ・アストラ（同8.5％），サハリン・モルネフチガス・シェリフ（同11.5％），日本の企業連合ソデコ（同30％，JOGMEC・伊藤忠・丸紅等出資），インド国営石油公社ONGCヴェデシュ社（20％）．鉱区は，チャイド，オドプト，アルクトゥン・ダギで，生産開始から，石油5400万トン，ガス52億m^3が採掘されている（2012年現在）．

「サハリンⅡ」は，オペレーターは，サハリンエナジー投資会社．出資者と出資割合は，ガスプロムが50％と1株，シェル27.5％，三井物産12.5％，三菱商事10％．鉱区はピルトゥン・アストフ，ルニで，石油・コンデンセート3700万トン，LNG600億m^3が生産出荷されている[2]．

サハリン州は，石油・天然ガスプロジェクトで劇的に変化しようとしている．人口はソ連末期に75万人だったが，現在では48万人と大幅に減少している（ちなみに，サハリン州は北海道とほぼ面積は同じだが，北海道の人口は550万人である）．要は，ソ連崩壊後，一時放置されたような状態になって寂れたわけだが，近年は人口減少率が低下し始めている[3]．

そして，驚かされるのが，州政府予算の急増である．2014年度の州政府は，歳入が当初の予定1084億ルーブル（2926億円）から1318億ルーブル（3559億円）に，歳出が当初1159億ルーブル（3129億円）から1335億ルーブル（3604億円）にそれぞれ修正されて，大規模な補正予算が組まれている．ちなみに，2008年度は，歳入291億ルーブル（786億円），歳出307億ルーブル（829億円）だったので，歳入も歳出も劇的な増加だ．また，州民の平均賃金も2007年には，わずか2000ルーブル（5400円）だったが，2012年度には4万4208ルーブル（11万9391円）に急増している[4]．

しかし，現状では石油・天然ガス開発による利益が，州民の生活水準の向上に結び付いていない．州都ユジノサハリンスクの多くの道路は古く未整備でデコボコが多い．建物はソ連時代の，古ぼけて無機質な集合住宅である．水道は，なんと100年前の日本統治時代に敷設されたものをそのまま使用しているという．日本のインフラ整備は長持ちしていいと，妙に評価が高いそうだ．

14.5. サハリン州「発展戦略2025」

ロシアは強力な中央集権体制である（横手，2015）．サハリン州知事は中央政府の任命であり，州の政策は基本的に中央の意向で進められる．石油・天然ガスの税収の6割は中央政府に入り，州政府が自由に使えるのは4割だ．街を見る限り，州政府が意欲を持って独自の政策を打ち出すつもりはないような印象を受けた．ところが，今回現地でいろいろ話を聞き，資料に目を通していくと，実態はかなり違っていた．

例えば，ウラジーミル・プーチン大統領から，直々に州知事に対して「教育と医療の充実」という指示が出ているのだという．それも今年の冬，サハリン州政府でちょっとした汚職があり，プーチン大統領が州知事を呼び出して「そんな金があるなら，保育園の1つでも作れ！」と叱責したようだ．ウクライナ問題で世界から孤立するプーチン大統領が，直々に「保育園」と指示を出すとは面白い．

州政府にその意欲がなかったわけではない．「発展戦略2025」という州の長期経済成長戦略を策定している．これは，2025年までにサハリン州で「州内総生産を3倍以上，貿易高を6倍以上」という目標を掲げたものだ．

発展戦略の主な課題は，①インフラの未整備状態の解消による社会産業基盤の近代化，②生産部門の技術革新と近代化，③天然資源の高度加工による新しい産業の振興，④近代的な市場経済サービス発展と品質重視のサービスの普及，⑤所有権保護，市場競争性の強化，投資リスクや企業リスクの低減，行政的障壁の低下，行政サービスの向上，⑥教育，保健医療，文化，体育スポーツ，住宅など快適な生活環境形成の社会インフラの改善，⑦高度な労働力への需要に対する職業教育，⑧社会福祉サービスの充実と高度医療セン夕

ーの設立,⑨確かな住宅市場の形成,住宅投資の拡大,の9つである[5]．

14.6. サハリン州の福祉政策・教育政策

サハリン州の福祉政策は,ロシア崩壊後,最低限の生活水準を提供する程度にとどまってきた．しかし,北海油田の収入を福祉国家建設につなげたノルウェーのように,エネルギー収入を福祉の充実につなげたいという発想はあるようだ．それは,医療の向上と,保育園や学校建設のような教育から始められている．

医療については,子どもに対する医療技術の向上に重点的に予算が配分されている．サハリン州では男性の平均寿命が女性より10歳以上短い．それは,幼児の時に男児がなくなることが多いからだという．また,ロシアの医師のステータスの低さが問題だという．要は,医師の給与水準が低く,優秀な人材が医師になることを志さないのだ．その解消のために,医師の給与が大幅に引き上げられている．

教育については,保育園設置の自由化が挙げられる．サハリン州に保育園は159園ある．しかし,近年の経済成長により出生率が上昇し,保育園は不足気味となっている．そこで州政府は,2012年から新しいプログラムを導入した．現在,州内の1～6歳の児童の80％が保育園に通えているが,保育園に通えない残り20％の児童に対しても,週1回保育園で授業を受けられる仕組みを作っている．授業では,数字,文字を教え,小学校入学前に必要な知識,学力を身に着け,保育園に通う子との間で格差が生じないようにしている．また,保育園設置の規制緩和によって,幼児8～25人でグループを作れれば,プライベートで保育園を作れるようにもしている．

サハリン州では中長期的な戦略として,「人材育成」が最重要視されている．石油・天然ガス開発が欧米,日本,モスクワから派遣された人材で運営されているが,地元の人材がほとんどいない現状があるからだ．

ロシア文部省,州政府は,エクソン・モービルの援助を得て,サハリン国立総合大学に石油学部を新設した．石油・ガスの掘削,地質学,道路などインフラ建設,自動車製造の専門家を養成することを目的としている．授業は理論的

な研究に加えて，地質学や測量などの実習が重視される．エクソン・モービルは，実習のために設備，機材を手供している．

サハリン州では，若者が減少しているが，石油学部は人気があり，ロシア全土からの入学者が急増しているという．州はロシア全土から来た学生のサハリン定住を期待している．現在，少しずつサハリンエナジー社に就職する卒業生が増えている．

サハリン国立総合大学石油学部は，さまざまな大学と協力関係を結んでいるという．中国政府，韓国政府は石油学部への留学生に奨学金を出すことを決めているという．今後，石油学部に中韓の留学生が増えていくと思われる．

14.7. サハリン州の様々な建設プロジェクト

医療，教育以外にも，石油・天然ガス収入を使う，さまざまな建設プロジェクトが計画されている．エネルギー開発の高度化のための，高度石油精製工場の建設および既存工場の拡張，州内の幹線道路の整備や鉄道網，港湾の建設，ユジノサハリンスク国際空港の整備，ロシアの国家的メガプロジェクトとしてのサハリン大陸間架橋計画である[6]．少なくとも，ロシアはサハリン州の開発に本気である．劇的に増加するエネルギー開発の収入によって，これからサハリン州は劇的に変わっていくことが予想される．

14.8. サハリン州を巡るロシア，中国，韓国の動き

2015年，プーチン大統領は，アムール州知事として農業改革で大きな成果を挙げたがオレグ・ニコライヴィッチ・コジェミャコ氏をサハリン州知事代行に起用した．コジャミコ州知事代行は，「発展戦略2025」に加えて，新たに「クリル諸島発展の共同プロジェクト」を発表した．このプロジェクトは，2016～25年の10年間で，700億ルーブル（約1500億円）の予算を投じてインフラを整備する計画だ[7]．だが，そのプロジェクトの中に「北方領土」の開発が含まれたことで，日本でも話題となった．州知事代理は「日本も参加するよう今後活発に提案していく．日本にその希望がなければ，韓国，中国などの合弁企業参加を

検討する」との考えを示した．

　そこで，まずサハリン州の近隣である中国，韓国の動きを検証する．まず韓国だが，日本同様「資源小国」であり，エネルギーを確保するために積極的な動きを見せている．既に，ユジノサハリンスク空港改修工事を韓国企業が受注している．また，朴槿恵大統領の肝入りで，サハリン州への医師派遣など医療サービスへの積極的協力を行っている．そして，サハリン国立総合大学と韓国の大学との交換留学プログラムの拡充を行っている[8]．

　一方，中国とロシアは急速に接近している．「ウクライナ危機」によって，欧米からロシアが経済制裁を受けたことで，欧州での天然ガス・パイプライン・ビジネスは，ロシアにとってリスクとなった．したがって，ロシアは極東地域の開発を重要視し始め，中国に接近した．これまで，価格面で折り合いがつかず，10年越しの懸案であった総額4000億ドル（約40兆円）に上る歴史的な天然ガスの供給契約を中国と結んだ．契約に至ったのは，「東ルート」と呼ばれる，東シベリアから極東を通り中国北東部に至るパイプラインである．それに加えて，2本目のパイプラインの新たな計画がある．つまり，西シベリアからモンゴルの西側を通り中国につながるパイプラインが2本建設されることになる[9]．また，中国は，ユジノサハリンスクのインフラ整備計画に積極的に関与している[10]．

　しかし，ロシアの「本音」は，極東地域で中国と完全に組むことではない．シベリアでの中国との協力は，ロシアにとって「両刃の剣」だからだ．シベリアは豊富なエネルギー資源を有する一方で，産業が発達していない．なにより人口が少ない．そこへ，中国から政府高官，役人，工業の技術者だけでなく，掃除婦のような単純労働者まで「人海戦術」のような形でどんどん人が入ってくる．そして，シベリアが「チャイナタウン化」する．いわば，中国にシベリアを「実効支配」されてしまうことになる．ロシアはこれを非常に恐れているのだ（Kaplan, 2012: 154-187）．ロシアは，極東開発は中国だけではなく，日本の参加でバランスを取りたいのが本音なのである[11]．

14.9. 日本はどう動くべきか

前述の通り，12月の日露首脳会談では，日露両政府が調整を続けてきた「8項目の経済協力」について，民間を含めた80件の案件の具体化で合意した．しかし，北方領土問題については，日露双方の法的立場を害さない形の検討による「共同経済活動」の実現に向けて交渉を開始することになったが，おそらく合意には長い時間がかかると考えられる．

そこで，サハリン州の開発への協力を先行して実施すべきであると考える．日露間の8項目の経済協力プランは，サハリン州政府の「発展計画2025」という経済発展計画と，内容的に近い．

まず，ロシアには，「日本企業との深い付き合いは，ロシアの製造業大国への近道だ」との強い期待がある．日本はこれに応えるべきだろう．資源に頼らない産業の多角化は，ロシアにとって最重要課題である．現状，冬季になると豪雪等で，極端に稼働率が落ちてしまうという問題がある．筆者がフィールドワークしたサハリン州には，ほとんど製造業がない．ただし，終戦までの日本統治時代には，製紙工場などが稼働していた．日本の製造業の技術や，工場運営のノウハウがあれば，冬季でも生産性を落とさず，工場を稼働することができるだろう．

また，今回の8項目の合意には，医療・保健での協力が入っているが，これも前述の通り，サハリン州のニーズに合っている．地方の社会保障，福祉，インフラの未整備はプーチン政権の最重要課題の1つである．日本は積極的に関与すべきであり，特にサハリン州での協力を先行して実施すべきだろう．日本の経済協力が，ロシアの住民レベルに還元されて，「草の根レベル」で信頼関係を構築することは極めて重要だ．信頼関係の構築は，首脳レベルだけの問題ではないのである．

14.10. まとめ

近い将来，間違いなく起こることがある．それは，サハリン州（北方領土を含

む）が，石油・天然ガス開発で劇的に発展するということだ．日本，中国，韓国というサハリン州の近隣諸国は豊富なエネルギー供給を受けることになるだろう．そして，輸出からの莫大な利益を，サハリン州は得ることになる．日本，中国，韓国の三国は，ただエネルギーを受け取るだけではなく，サハリン州のエネルギー収入が住民の生活水準の向上に還元されるように，インフラ整備，社会保障，医療，福祉の向上のために，協力すべきであると考える．それが，北東アジアの「エネルギーから福祉の循環型地域ネットワーク」の構築である．

　この，北東アジアの「エネルギーから福祉の循環型地域ネットワーク」は，従来，「産油国→需要国」の一方向で見られ，「紛争要因」と考えられがちであったエネルギー獲得を巡る国際関係についての，1つの代替的な考え方の提示である．それは，エネルギーの収入を福祉政策の充実へ循環させ，産油国・需要国の双方向の関係が築かれて，紛争回避・地域安全保障体制を実現するものである．

　そして，これは極東におけるロシアと日本，韓国，中国の関係に対する提案に留まるものではない．エネルギー依存で脆弱で不安定な経済であり，国際経済の不安定要因となりがちな他の産油国と需要国の関係への提案にもなり得るのである．

注

1) 本章は，三宅綾香氏（立命館大学大学院政策科学研究科博士前期課程）との共同研究を基に，加筆修正したものである．
2) Sakhalin Energy website <http://www.sakhalinenergy.com/en/index.wbp>，2017年1月29日最終アクセス．
3) 北海道庁サハリン事務所（2014）「サハリン州の概要〜2014年版」
4) Ibid.
5) 北海道庁サハリン事務所翻訳「発展計画2025」．
6) Ibid.
7) Sputnik News（日本版），<https://jp.sputniknews.com/business/20150727646103/>，2017年1月16日．
8) サハリン国立総合大学石油学部講演会質疑応答より（2014年9月）．
9) The Financial Times "Putin snubs Europe with Siberian gas deal that bolsters China ties," <https://www.ft.com/content/79eeabb0-6888-11e4-acc0-00144feabdc0>，2017

年 1 月 31 日.
10) 北海道庁サハリン事務所へのインタビュー(2014 年 9 月).
11) The Guardian "Two-timing the Chinese," <https://www.theguardian.com/world/2005/nov/23/japan.tisdallbriefing,>, 2017 年 1 月 31 日.

参考文献
石井彰『天然ガスが日本を救う:知られざる資源の政治経済学』日経 BP 社, 2008 年.
植田和弘「環境経済学から自治体環境政策へのアプローチ」『地方分権』(18), 2000 年, pp. 43-47.
植田和弘「循環型社会像を考える:環境経済政策視点から」『廃棄物学会研究討論会講演論文集 2004 年度』2004 年, pp. 62-65.
上子秋生・大塚陽子(監訳)『多元的な北欧福祉国家』ミネルヴァ書房, 2017 年.
坂本純一「ノルウェーの年金制度」『年金と経済』(33), 2014 年, pp. 151-154.
笹尾俊明「循環型社会経済に向けた今後の論点」『環境経済政策研究』(5), 2012 年, pp. 96-99.
佐藤優『日露外交:北方領土とインテリジェンス』角川新書, 2017 年.
福島淑彦「石油・天然ガス政策」岡沢憲夫・奥島隆康(編)『ノルウェーの政治』早稲田大学出版, 2004 年.
藤和彦『石油を読む:地政学的発想を超えて』日本経済新聞出版社, 2005 年.
松村一「エネルギー政策と環境政策」岡沢憲夫・奥島隆康(編)『ノルウェーの経済』早稲田大学出版, 2004 年.
横手慎二『ロシアの政治と外交』教育振興会, 2015 年.
Kaplan, R. D., *The Revenge of Geography*, Brandt & Hochman Literary Agent Inc., 2012.
Le Billon, P, *The geopolitics of resource wars*. Routledge, 2005.
Stenersen, Ø, and Libæk, I., *History of Norway*. Snarøya, 2003.
Yergin, D, *THE PRIZE*, Simon & Schuster Inc., 1990.

第15章

民主主義を考える

　本章では「民主主義」について考えてみたい．日本では，民主主義を考える時に，日本国内のみをみてしまうことが多いように思う．典型的な事例は，2015年に安保法制が国会で審議されていた時である．ある著名な学者が国会に招致されて，安保法制に関して「国際的な貢献という側面もある」という趣旨の答弁をしたら，その学者が勤務する大学の一部の教員から「大学の恥」と厳しく批判をされてしまった[1]．

　当時，国会の外では安保法制反対のデモが盛り上がっていた．デモに参加していた人たちは，「民主主義を守れ」と叫んでいた．日本が戦争にならないようにすることは当然大切なことだ．しかし，世界に目を向けると，頻発するテロによって，多数の人が命を落としている．「民主主義」が踏みにじられて，国を捨てざるを得ず，難民となって彷徨う人たちがいる．彼らを救うために，日本が何をすればいいかという「国際貢献」を議論することを「恥」としていっさい認めず，自分たちだけが平和であればいいという「民主主義」とは，いったい何なのであろうか (細谷, 2016: 161-186)．そこで，本章では，海外に目を向けて「民主主義」というものを考えてみたい．

15.1. 日本のテロ対策は英国流・フランス流のどちらにすべきか

　2017年の通常国会で，「テロ等準備罪」を新設する組織犯罪処罰法改正案が自民党・公明党・日本維新の党の賛成多数で成立した．民進党，共産党などの野党は「廃案」を訴えていたが，与党側は強行採決した[2]．「テロ等準備罪」の国会審議に国民は白けきっていた．多くの国民はテロ対策の必要性を認識しながらも，「テロ等準備罪」への不安も感じている．野党は与党と協議を行い，妥協を勝ち取りながら，国民の不安を除去していく役割を担うべきだった．

だが，野党はひたすら廃案を求め，「カレーも作れない」「LINEもできない」などと重箱の隅を突き，揚げ足を取るだけに終始した．結果として，維新の党が求める「取り調べの可視化」を付帯事項に加えるだけで，処罰対象となる犯罪の数277は1つも削られることなく，与党案はほぼ無修正で衆院通過してしまった．維新の党を除く野党の怠慢は，万死に値するものと考える．

本来，国会で議論すべきは，国際社会の厳しい現実の下，もはや目を背けることができなくなっている「テロ対策」を強化することで，日本社会がどのように変わっていくか，多角的に検討することではなかっただろうか．実は，民進党はそのための格好の検討材料を国会に提出していた．テロ等準備罪の対案である．しかし，野党がその意味を理解できず，国会内外での議論を起こせず，ただ対案を出しただけとなっていたのは残念である．

（1）英国のテロ対策は情報網・監視体制を駆使し水際で防ぐ

民進党の対案は，「フランス」のテロ対策の思想に近い考え方である．これに対して，与党案は「英国」に近い．ともに民主主義の総本山を自認するといえる英仏は，民主主義とテロ対策のあり方について，全く異なる手法をとっている．

英国とフランスのテロ対策の端的な違いは，英国のロンドン市内やヒースロー空港には「自動小銃を持った警官」の姿がほとんど見られないが，フランスのパリ市内やシャルル・ド・ゴール空港には多数の警官や武装兵が立ち，警戒しているということだ．

筆者が英国に住んでいた時（2000～2007年），ロンドン市内にもヒースロー空港にも自動小銃を持った警官はほとんど立っていなかった．2001年の「9.11」などテロが頻発し，世界中で警戒態勢が強化された時期で，例えば，成田空港に入るためには，見送りに来ただけの人でもパスポートを提示しなければならなかったが（それは現在でも変わらない），ヒースロー空港では駐車場に車を停めてターミナルに入るときに，パスポート提示を求められたことは一度もなかった．

ロンドン市内も一見，警戒態勢は緩く，いつでも簡単にテロを起こせそうな感じだった．だが，テロが頻発するフランス，ベルギーなど欧州大陸に比べれ

ば，発生件数は格段に少ない．英国ではテロはほとんど起きないと言い切っていいレベルである．

それでは，なぜ無防備で隙だらけのように見えながら，テロが起きないのか．端的にいえば，英国の警察・情報機関が，国内外に細かい網の目のような情報網を張り巡らせ，少しでも不穏な動きをする人物を発見すれば，即座に監視し，逮捕できる体制が確立されているからだ．

（2） 平均的なロンドン市民は1日に約300回監視カメラに写っている

英国は「監視社会」である．英国内には約420万台の監視テレビ（CCTV）が設置されていて，これは世界最大の台数である．ロンドン市民が普通に生活していて，1日に監視テレビに捉えられる平均回数は，約300回といわれている．

そして，この監視カメラが捕らえた情報に，携帯電話やPC，ラジオ，電子切符「オイスター」などから得られる様々なデジタル情報を組み合わせて，特定の人物の所在を高精度に追跡できるデータベースを構築しているという[4]．

さらに，英国の警察は，犯罪人データベースに約400万人分のDNAサンプルを所持している．これは世界最大の件数を誇り，フランスの同様のデータベースの50倍である．警察は逮捕した人物からDNAサンプルを取るが，逮捕者が無罪として釈放されても，その人のサンプルはデータベースから消去されないという．いわば，「全市民を容疑者として扱っている」ようなものだと，英国の警察はメディアから批判されてきたくらいだ[5]．

英国の情報網・監視体制は，52人の犠牲者を出した2005年のロンドン同時爆破テロ以降，さらに強化されてきた．テロが発生したのは，情報機関と警察が相互不信に陥り，情報を共有できず，実行犯の動きを見逃してしまったという反省からだ．その後，情報機関と警察の間で綿密に情報交換が行われるようになっているという[6]．

さらに，2015年には「対テロリズム及び安全保障法」が成立し，テロ防止のための脱過激化プログラムが強化された．地方自治体，刑務所，保護観察，福祉部門の職員，学校や大学の教員，NHS（国家医療制度）の医師，看護士は，過激化の兆候を見つけたら当局に報告することが義務付けられた．

英国は，過去4年間で13件の大規模テロを未然に防ぎ，常に500件を調査対

象としているという．要注意リストには約3000人が掲載され，別の300人を監視下に置いている．毎月，テロリストの疑いありとして逮捕される人数は大変な数に及んでいる．要するに，英国のテロ対策とは，警察と情報機関が長年にわたって作り上げてきた情報網・監視体制をフルに使って，テロを水際で防ぐということである（奥久，2015）．

（3） フランスのテロ対策は軍隊・警察の武装強化が中心

一方，フランスのテロ対策は，「目に見える形での治安維持の強化」によってテロを抑止するというものだ．2015年1月に起きた風刺週刊誌シャルリー・エブド襲撃事件を契機にして，フランスでISによる大規模なテロ事件が頻繁に起きるようになっている．フランソワ・オランド大統領（当時）は，頻発するテロに対抗するため，既存の軍隊，警察組織に次ぐ新たな治安維持組織として「National Guard（国家警備隊）」を新設した[7]．

既存の軍隊，警察もテロ対策を強化している．フランス内務省は，軍隊が使用する戦闘用の自動小銃を，憲兵隊と警察の犯罪担当班に装備させる，新しい武装計画を決定した．シャルリー・エブド襲撃の折に，重装備のテロリストと至近距離で対峙した警察官が，これに対処できる装備を持たなかったことで，テロリストを逃がしてしまった反省から決定された．2018年までには警察全体に訓練を施し，全国どこでも20分以内にこの武器を装備して駆けつけられるように配備を進める方針だ．このように，フランスでは，武装した憲兵や警察が，主要駅や街頭を警戒する光景が日常となっている．

（4） フランスのテロ対策を困難にする民主主義の厳格な運用

フランスは，ISのテロの最大の攻撃目標となっているといわれる．2015年以降，238人がテロで死亡している．大統領選の第1回投票前には，パリ中心部のシャンゼリゼ通りでISの戦士と見られる男と警官4人と銃撃戦になり，警官のうち1人が死亡，2人が重傷を負った．テロ犯は治安部隊に射殺され，市民や観光客に犠牲者は出なかったが，大統領選の主要候補は翌日に予定していた選挙集会などの開催を取りやめた[8]．

フランスがISのテロの標的になってきたのは，フランス特有のテロ対策の

難しさがあるからだ．ブルカ禁止法や，全身を覆う水着ブルキニ禁止論争がフランス国内のイスラム社会のフラストレーションを増幅させ，教育格差や就職差別によってムスリムの若者が社会からの疎外感を感じ，アイデンティティクライシスを起こしている（トッド，2016）．その結果，テロリスト組織に加わる若者が少なくない．フランスはテロリストにとって隙だらけなのだ．

だが，フランスでイスラム系移民の社会統合が進まず，テロ対策が困難なのは，実は「民主主義」を厳格に実行しようとするからだ．フランスは，「共和国であるフランスには移民はいない」という建前を取っている．アフリカから来た人も，中東からきた人も，フランス国籍を持つ限り，皆同じなのだということだ．

ところが，その建前があるために，移民の権利を保護したりする法律が制定されていない．結果，マイノリティである移民は単純労働以外の職に就けないなど社会から阻害され続けてきた．その不満の爆発が，テロの背景にある．

また，民主主義の厳格な運用は，監視カメラの設置など，警察・情報機関による情報収集，監視体制の構築の妨げになっている．「内心の自由」など，基本的人権の保護が徹底されているフランスでは，監視の強化によってテロを防ぐという考え方は理解を得にくいのだ．実際，フランス国内の監視テレビの数は，英国の3分の1以下だといわれている．

要するに，民主主義の厳格な実行を追求したために，警察や情報機関の活動が制限されて，結果として，パリ市内やドゴール空港に自動小銃を持った警官や憲兵が多数立つという，物騒な社会となってしまったということだ．

（5） 英国で権力の乱用を防ぐジャーナリズムと政権交代のある政治

一方，英国であるが，政府は英国社会にマイノリティが存在することをはっきり認めている．そして，マイノリティを保護する制度が多数設けられている．その結果，英国ではマイノリティも社会に参加する機会が与えられ，医者と弁護士は多くがインド系であるように，移民は英国社会に根付いて名誉ある地位を占めるようになっている．

これはフランスからすれば，民主主義の「いい加減な運用」ということになるだろう．そして，いい加減さゆえに，国民の「内心の自由」や「情報公開」

などの民主主義の重要な構成要素についても，柔軟な運用をしている．

前述の通り，英国は高度な「監視社会」が構築されている．そして，警察と情報機関は知り得たことの情報源を明かすことはないし，英国民は基本的にそれを特別に問題視していないように思える．

英国で「監視社会」が認められている理由は，権力に対して萎縮することがない強力なジャーナリズムの存在，それを支える政権交代のある政治であろう．

英国は，日本の「テロ等準備罪」が想定するようなテロ対策を実施しているし，特定情報保護法に相当する「公務秘密法」がある．しかし，ジャーナリストなど一般国民を有罪とした事例は過去ない．英国では，政権が権力乱用を安易に行うことはできない．国民がそれを不当だとみなした場合，政権は容赦なく次の選挙で敗れ，政権の座を失ってしまうからである．

（6）「テロ等準備罪」の国会論戦の争点はテロが頻発する世界での日本社会のあり方

日本で，英国のような「監視社会」の構築によるテロ対策が，国民から理解を得るのは難しい．過去の忌まわしい歴史があるからだ．1925年に成立した「治安維持法」は，共産主義の弾圧から始まったが，次第に拡大解釈され宗教団体や右翼活動，自由主義等，全ての政府批判が弾圧の対象となっていった．そして，言論弾圧による権力の暴走を止められず，敗戦への道を進んだ．日本の過去の過ちを繰り返してはならないという批判は，いまだに根強いものがある．

しかし，現状のまま何もしないというのもあり得ないだろう．英国もフランスも，方向性は真逆だが，テロ対策を徹底的に行っていた．それでも，テロを防ぎ切ることはできなかった．東京五輪やラグビーW杯など，世界的なビッグイベントを開催する日本が，テロの標的にならないとは言い切れない．何らかの対策は必要だ．

だが，日本国民が，フランスのように「内心の自由」など人権・民主主義を守るために，街中に自動小銃を持った警官が多数配備されるような社会を受け入れるかといえば，それも難しいだろう．

それでは，日本人はどうすべきなのだろうか．街中には自動小銃を持った警

官が立たず，非常に穏やかな雰囲気を保つが，その裏で網の目のような情報網でテロを防ぐ「監視社会」がいいだろうか．民主主義を厳格に守るが，そのためにテロを未然に防ぐための情報網を構築できず，街中に自動小銃を持った警官が多数立って，テロを抑止しようとする社会を選ぶのだろうか．本来，「テロ等準備罪」を巡る国会論戦は，テロが頻発する厳しい国際情勢の下でどのような社会を望むのかが，争点となるべきではないだろうか．

15.2. メディアは国益に反する報道を控えるべきか？──英 BBC・ガーディアン紙の矜恃に学ぶ

　安倍晋三政権と報道機関の関係に焦点が当たり続けてきた．2014年12月の総選挙公示前，自民党は民放テレビ各局に対して，公平中立な選挙報道を求める要望書を送付した．それは，選挙報道の番組内容について「出演者の発言回数や時間，ゲスト出演者やテーマの選定を公平中立にし，街頭インタビューや資料映像も一方的な意見に偏ることがないこと」を要求したものだった．[9]

　自民党が要望書を出すきっかけとなったのは，安倍首相が出演した TV 番組での発言だったという．この番組では，「アベノミクスで景気回復の実感を得ているか」について「街の声」を集めた VTR を放送した．しかし，VTR に出た5人中4人が「僕は全然恩恵受けていない」などと否定的なコメントをした．これに対して，安倍首相が「事実6割の企業が賃上げしている．全然声が反映されていませんが，おかしいじゃないですか」「これ，問題だ」などと不満をあらわにした．[10]

　だいたい，TV ニュースの「街頭インタビュー」というものは，政府批判の声で溢れていたものだ．だが，この「事件」以降，政府批判は極端に減ったような印象がある．また，国会論戦を伝えるニュースでも，野党議員による政府批判の部分が放送されず省略され，安倍首相の答弁ばかり丁寧に放送される傾向が顕著になった．一国の総理による不満の表明は，実に重たいものだということだろうか．

　また，自民党「情報通信戦略調査会」が，報道番組で「やらせ」を指摘された NHK と，ニュース番組でコメンテーターが官邸批判をしたテレビ朝日の両

局幹部を呼んで，事情聴取を行った．これについては，細野豪志民主党政調会長（当時）が，国会で批判を展開するなど，野党や識者，メディアから，政治的圧力が言論の自由を脅かし，報道を萎縮させると懸念が示された．[11]

(1) 「報道機関は国益に反する報道をしないもの」は「内弁慶保守」にしか通じない，世界の非常識だ

　近頃，気になることがある．それは保守層を中心に，報道機関は「国益に反する報道をしないもの」という考え方が広がっていることである．ご存じの通り，籾井勝人NHK前会長が就任記者会見で「日本の立場を国際放送で明確に発信していく，国際放送とはそういうもの．政府が『右』と言っているのに我々が『左』と言うわけにはいかない．日本政府と懸け離れたものであってはならない」と発言した．[12]要は，公共放送であるNHKは，日本を代表して国益を背負って全世界に放映されているので，公的見解に沿って正しく日本の立場を発信する役割がある，というわけだ．

　この保守的な考え方は，筆者とは相容れないが，世の中には多様な考え方があるという意味で否定はしない．ただ，「報道機関は国益に反する報道をしない，それが世界のスタンダードだ」という考えまでもが，結構広がっているようだ．米国のメディアはロシアや中国に揚げ足を取られるような報道はしない．イギリスのメディアは，たとえタブロイド紙であろうと，フランスが有利になるような報道は控え，逆にフランスも同じように対応している．それが世界の常識だというのだ．

　しかし，それは全く世界の報道機関の実態と異なっている，単なる間違いだ．むしろ，世界の常識から完全にかけ離れた，日本国内の「内弁慶保守」にしか通じない非常識であり，看過できないものだ．

(2) 英国のメディア：BBC ①──チャーチル首相に抵抗し，不利な事実も報道し続けた

　英国の報道機関を事例として提示する．BBC（英国放送協会）は，国民が支払う受信料で成り立つ公共放送という点で，NHKと類似した報道機関である．だが，権力との関係性は，歴史的に見て全く異なっている．

第二次世界大戦時，日本の報道機関は「ミッドウェー海戦で連合艦隊大勝利！」というような「大本営発表」を流し，国民に真実を伝えない権力の片棒を担いでいた．政府と報道機関は一体化し，国民の戦争熱を煽った．

一方，英国では，ウィンストン・チャーチル首相（当時）がBBCを接収して完全な国家の宣伝機関にしようとしたが，BBCが激しく抵抗したため，実現できなかった．もちろん，BBCには，反ナチズムの宣伝戦の「先兵」の役割を担う部分があったが，同時に英国や同盟国にとって不利なニュースであっても事実は事実として伝え，放送の客観性を守る姿勢を貫いていた．戦時中，BBCのラジオ放送は欧州で幅広く聴かれ，高い支持を得ていたが，それは「事実を客観的に伝える」という姿勢が，信頼を得たからであった．そして，その報道姿勢は結果的に，英国を「宣伝戦」での勝利に導くことになったのだ（蓑葉，2002：29-54）．

（3） 英国のメディア：BBC ② ──イーデン首相の圧力に屈せず，公平な報道を貫いた

1956年，エジプトのナセル大統領がスエズ運河の国有化を宣言し，運河の経営権を奪還しようと英仏連合軍が対抗した「スエズ危機」が起こった．アンソニー・イーデン首相率いる保守党政権は，エジプトに対する軍事行動，英国内のエジプト資産の凍結など経済制裁，スエズ運河利用国による国際会議の開催による圧力と，次々に強硬策を打ち出した．

一方，野党・労働党党首のヒュー・ゲイツケルは，イーデン首相の「スエズ派兵」の方針に猛反対し，議会で首相の即時辞任を求める演説を行った．また，左派の指導者であったアニューリン・ベバンが，トラファルガー広場に出て街頭演説を行うなど，ロンドン市内は騒然となった．BBCは，これら野党の動きをラジオとテレビで克明に報道していった．

イーデン政権は，BBCに対してスエズ派兵反対派の報道を控えるように要請したが，BBCは拒否した．政権は，BBCの予算削減をチラつかせたり，編集権を取り上げると圧力をかけたりしたが，BBCは屈しなかった．結局，スエズ派兵の支持を得られなかったイーデン首相は，翌年退陣した．BBCは，権力からの圧力に屈することなく，「事実を迅速かつ公平に伝える」という報

道の大原則を守ったのである（原・柴山，2011：213-214）．

（4）英国のメディア：BBC ③ ——英国軍を「わが軍」と呼ばずサッチャー首相を激怒させた

1982年，「フォークランド紛争」が勃発した．その報道で，BBC は英国の軍隊を「わが軍」と呼ばず，「英国軍」と呼んでいた．これは，「報道の目的は英国軍の志気を鼓舞することではなく，敵・味方関係なく公平に事実を伝えることだ」という考え方に基づいたものだったが，「鉄の女」マーガレット・サッチャー首相を激怒させてしまった．だが，BBC は首相の猛抗議も意に介さず，「『わが軍』と呼んだら，『BBC の軍隊』ということになってしまいますが」と，皮肉たっぷりの返答をした．

フォークランド紛争に関連して，もう1つサッチャー首相の逆鱗に触れたことがある．BBC の討論番組に首相が生出演した際，アルゼンチン軍の巡洋艦ベルグラーノ将軍号を撃沈したことについて質問を受けた．それは「戦う意志がなく帰港しようとしているベルグラーノ号を，戦争を継続させるために攻撃させた．それは首相が指示したのではないか」という質問だった．

首相は「ナンセンス」だと否定し，「わが軍にとって脅威だったから攻撃した」と主張した．しかし，質問者はなかなか納得せず，困惑した首相は，司会者に「次の話題に移ってほしい」という表情を見せた．だが，番組プロデューサーは司会者に対して，話題を変えるなと指示して議論を継続した．結局，首相は数百万の視聴者の前で恥をかく羽目に陥ってしまった．

このように，サッチャー元首相は，首相在任時に BBC とさまざまな問題で対立を繰り返し，両者の間には常に緊張関係が続いていた．サッチャー首相は，規制緩和によって BBC に「広告放送」を導入しようとした．アメリカのメディアのように視聴率主義の市場原理に晒すことで，政権に批判的な BBC を改革しようとした．だが，その試みは成功しなかった．

（5）英国のメディア：BBC ④ ——イラク戦争「大量破壊兵器」の有無を巡るブレア政権との対決

「イラク戦争」を巡って，トニー・ブレア労働党政権と BBC は，更に決定

的な衝突に至った．「ギリガン・ケリー事件」である．

　イラク戦争において，米国と英国が国連や多くの国の反対を押し切ってイラクへの先制攻撃に踏み切った理由は，「フセイン政権は大量破壊兵器を45分以内に配備できる状態にあり，差し迫った脅威である」と断定したからであった．ところが，イラクでの戦闘終結後，その「大量破壊兵器」が，イラクのどこからも発見されなかった．

　BBC の軍事専門記者であるアンドリュー・ギリガンは，「トゥデイ」というラジオ番組で，「ブレア政権は，この45分という数字が間違いであることを，文書に書くずっと前からたぶん知っていた．45分という文字は情報機関が作った最初の文書草案にはなかったが，首相官邸は文章を魅惑的なものにするようにもっと事実を見つけて付け足すように命じたものだ．この話は政府高官からの情報である」と告発した．

　更に，ギリガンは，新聞「メール・オン・サンデー」に投稿し，首相官邸で情報を誇張したのはアレスティア・キャンベル報道担当局長だと名指しした．これに対して，キャンベルが BBC を「うそつき」だとして非難を開始して，ブレア政権と BBC の全面戦争が勃発した．

　首相官邸は，BBC に対して謝罪を要求する手紙を洪水のように送り続けた．また，政府はさまざまな記者会見など，ありとあらゆる公式の場で BBC を繰り返し批判し，「うそつき」というイメージを貼り付けようとした．ギリガンの告発には細部に誤りがあり，政権はそこをしつこく突いてきた．だが，ギリガンに事実の情報を与えたイギリス国防省顧問で生物化学兵器の専門家デービッド・ケリー博士が自殺した．これによって，信頼すべき情報源が明らかとなり，ギリガンの記事が大筋で正しかったことが証明された．

　この事件によって，BBC のグレッグ・ダイク会長は罷免されたが，一方で，信頼性を失ったブレア政権は崩壊した．ブレア首相はゴードン・ブラウン財務相に首相の座を譲り，政界を引退することとなった（Dyke, 2004）．

（6）英国のメディア：ガーディアン――スノーデン事件，キャメロン政権による情報ファイル破壊の強硬手段に屈せず

　英紙ガーディアンは，米中央情報局（CIA）のエドワード・スノーデン元職

員から内部資料の提供をうけ，米国家安全保障局（NSA）と英政府通信本部（GCHQ）による通信傍受の実態を特報したのだ．

スノーデン氏からガーディアン紙が入手して報道した情報は，世界中に衝撃を与えるものであった．例えば，「英国政府が，2009年にロンドンで開かれたG20で各国代表の電話内容を盗聴していたこと，メールやパソコンの使用情報も傍受し分析していたこと」である．これは英国でG8＝主要国首脳会議が開催される直前に暴露されたため，デイビッド・キャメロン保守党政権は面目丸つぶれとなった．

また，ガーディアン紙は，スノーデン氏から入手した文書から，米国政府が英国の通信傍受機関「GCHQ」に対して，3年間で少なくとも150億円の資金を秘密裏に提供していたことを暴露した．そして，ガーディアン紙は，米国が資金提供によって，英国の情報収集プログラムを利用し，一方で，英国が米国内でスパイ活動を行い，その情報を米国に提供している可能性を指摘した．

これらの報道に対して，キャメロン首相は強硬手段に出た．英国には，日本の特定情報保護法に相当する「公務秘密法」がある．スパイ防止・スパイ活動，防衛，国際関係，犯罪，政府による通信傍受の情報を秘密の対象とし，公務員などによる漏出に罰則の規定がある法律だ．この法律に基づき，ガーディアン紙の報道を止めようとしたのだ．

英政府高官が，ガーディアン紙のアラン・ラスブリッジャー編集長に面会を求め，情報監視活動に関する全ての資料を廃棄するか，引き渡すよう要求した．編集長はこれを拒否したが，GCHQの専門家2人が来て，「楽しんだだろう」「これ以上記事にする必要はない」と言いながら，関連資料を含むハードディスクを次々と破壊したのである．

だが，ガーディアン紙は屈しなかった．ラスブリッシャー編集長は，文書データのコピーが英国外にもあるとし，「我々は辛抱強くスノーデン文書の報道を続けていく．ロンドンでやらないだけだ」と強調した．また，編集長は，英政府の行為を「デジタル時代を理解しない暴挙」と断じた．また，ガーディアン紙が国際的なジャーナリストのネットワークの中で行動しているとし，今後，英政府の管轄外で暴露記事を発表し続けることが可能だと示唆したのである（Greenwald, 2014）．

（7） 日本の報道機関は海外報道機関とのネットワークを築き「国益」を超えた「公益」を追求すべき

このように，英国の報道機関は，時に英国政府の考える「国益」に反する報道を行い，政府と激しく対立してきた．その報道姿勢を，階級社会に基づく「反権力」「反体制」だとみなすことはできる．だが，それだけではなく，報道機関として「国益」を超えた「公益」を追求しているものとも，いえるのではないだろうか．

例えば「イラク戦争」である．「イラクに大量破壊兵器が存在しなかった」という事実は，当初ブッシュ米大統領もブレア英首相も認めなかった．だが，ギリガン記者とBBCはこの事実を突き止めて，敢然と国際社会に訴えた．それは，両国の政権からすれば，「国益」に反する許し難い行為だっただろう．しかし，BBCの「国益」を超えた「公益」に基づく報道によって，米国民，英国民，そして国際社会が米英政権の嘘を知り，「イラク戦争」に疑問を持つようになり，それを見直すきっかけとなった．

また，「スノーデン事件」についても，米国・英国の狭い「国益」を考えれば，ガーディアン紙の暴露報道は，許し難い犯罪的行為であろう．だが，そもそも論だが，米国や英国が世界中の個人情報を秘密裏に入手していることを正当化するというのは，「大国のエゴ」そのものではないだろうか．ガーディアン紙の報道は，「国益」という名の「大国のエゴ」を，国際的なジャーナリストのネットワークの中で練り上げられた「公益」の信念から，糾弾しようとしたものといえるのではないだろうか．

英国の報道機関の姿勢は，日本の報道機関にとっても参考になると考える．政府は，報道機関を押さえつけ，政府が考える「国益」を守ることを求める．政府とは，常にそういうものである．だが，その時，日本の報道機関は，政府に屈して国内で萎縮していてはいけない．むしろ，海外に目を向けることである．英国の報道機関を参考にすれば，狭い「国益」を超えた「公益」を追求するネットワークを海外のジャーナリズムと構築することに，1つの活路があるように思う．

15.3. ロシアとの共同研究で改めて知る，日本の「学問の自由・独立」の価値

2015年8月26日から29日まで，ロシア共和国サハリン州を訪問した．サハリン国立総合大学と立命館大学の間で包括連携協定が締結されたことに基づき，エネルギー政策を含めた社会保障政策に関する共同研究プロジェクトを始めるための協議が目的であった．

前述の通り，サハリン州は，石油・天然ガス開発プロジェクトによって劇的に変化し，2008年度から2014年度の間に，州政府予算が約5倍に拡大した．州民の平均賃金は約20倍に急増している．一方で，州民の生活水準は低い．これについてロシア政府は，強い問題意識を持っており，強力なトップダウンで改革を推進しようとしている．

2015年3月に，プーチン大統領は，アムール州知事として農業改革で大きな成果を挙げたがオレグ・ニコライヴィッチ・コジェミャコ氏をサハリン州知事に起用した．コジェミャコ新知事代行は，新たに「クリル諸島発展の共同プロジェクト」を発表し，それに「北方領土」が含まれることで，日本でも話題となった．

(1) サハリン国立総合大学との共同研究の協議で感じた，日本とロシアの学術研究の「文化」の違い

今回のサハリン訪問は，今後石油・天然ガス収入の増加により，劇的に変化していくだろうサハリン社会の学術的な研究をスタートさせることが目的だ．社会保障政策を専門とする同僚とともに，9月27日はサハリン国立総合大学社会学部で，翌28日はサハリン州経済開発省で，サハリン州における社会経済的な現状および課題についてのヒアリング，今後の共同研究プロジェクト計画についての意見交換を行った．

ところが，今回の訪問は，ロシアとの学術研究に対する「文化」の違いによって，思わぬ困難に直面することになった．一言でいえば，いわゆる「計画経済」の考え方に驚かされることばかりだったのだ．

サハリン大学側からは，会議の冒頭から，共同研究プロジェクトの「全体の構成」「スケジュール」「期待される成果」「共同研究参加者のリスト」を明快に示せと要求された．それは，ロシアの大学が外国と共同研究を始めるには，事前に詳細な「研究計画書」を州政府に提出し，許可を得る必要があるからだという．まさにソ連時代からの「計画経済」のやり方そのものだ．

我々は，共同研究参加者，スケジュール，そして研究の成果は，最初に決められるものではないと反論した．まず，サハリン州にどのような社会問題があるかを発見し，その後何を研究するかが決められる．何を研究するかが決まれば，研究への参加者が決まる．そして，参加者が決まってから，どんな事例を方法論でいつまでに研究するか，詳細な計画を立てられるものだと説明した．

また，共同研究のために「問題発見」のきっかけとして，日本社会の現状についてプレゼンテーションを行った．「少子高齢化と社会保障」「人口構成の変化」「家族の変化」「派遣労働者の増加と貧困」について説明し，ロシアと共通点があると思われる問題の例として，「若者が地域に定着しないこと」「自殺者の多さ」などを例示して，サハリン大側の意見を求めた．

しかし，サハリン大側の反応は鈍かった．ロシア社会は，ソ連邦崩壊とその後の2度の経済危機を経験している．その度に「自殺者の急増」「出生率の急減」が問題になっている．また，中長期的な問題として，「地方における，若者の定着率の低さ」「女性と比べて，男性の平均年齢が約10歳低い（ウォッカの飲み過ぎ？）」などもよく知られている．しかし，それらについての言及はなく，曖昧にごまかされるばかりだった．

サハリン大側の反応の鈍さについては，「計画経済は無謬」というソ連以来の伝統が残っているからではないかと思った．要は，「政府が見つけていない問題点を，学者が積極的に発見して，批判的に検証して解決策を探る」ということは，ソ連邦崩壊後25年経った現在のロシアの大学でも通用しないことに気づかされた．「問題発見→問題解決」という，日本では当たり前のアカデミックな文化がなかなか理解されないことに，難しさを感じながら，協議が続いた．

ところが，サハリン大側から，翌日の経済開発省の面談で，「なぜ共同研究を行うのか，なぜ外国に情報提供しなければならないのか」明快に説明しなければならないことを繰り返し言われた．海外との共同研究を始める際，州政府

はこのことを常に問題にするのだという．外国人研究者に対して閉鎖的であるということだが，日本とは違うと思った．日本の役所の場合，日本人への情報提供を躊躇する一方で，外国人には割とオープンに情報提供する時があるからだ．

　協議修了後に懇談した際，サハリン大の教授から「あなた方は普通の日本人ではないね．日本人ははっきりものを言わないが，あなた方はストレートだ」と冗談っぽく言われた．サハリン大は日本の18大学と協定を結んでいるが，そのほとんどは「教育交流」だ．「研究交流」があっても，おそらく原住民の文化・歴史研究である．海外の大学との研究交流はあるが，そのほとんどは研究者・学生の派遣である．日本から来て，「サハリンの社会経済制度を本気で研究しよう」という我々のアプローチは，「計画経済」で育ってきたサハリン大の教授にとっては，珍しいものだったことが，上記の冗談となったようだ．

（2）　サハリン州経済開発省との面談——政府が決めた問題だけ，研究を承認する

　翌28日午前，サハリン大教授の同席で，サハリン州経済開発省で，学術研究の統括責任者である部長と面談した．冒頭，部長から学術研究における経済開発省の役割は，「州内外の学術協力の舞台づくりと管理」であると説明があった．経済開発省では，2015〜2020年の間の学術交流企画のロードマップを作成し，「石油・天然ガス関係の学術交流，シンポジウムの開催」「積雪など災害関係や，海洋環境問題の学術コミュニティづくり」を実行しているとのことだった．

　我々からは，エネルギー資源と社会保障制度について，ロシアと日本を比較する形で現状と共同研究の意義を説明し，研究を始めるにあたって，州政府の持つ社会保障関連の基本データ提供が必要であると訴えた．

　部長は，サハリン州政府が社会保障，福祉，教育，医療などについて「24の問題点」の存在が決定していると発言した．その問題点に沿って研究を行うならば，共同研究を承認できるという．ただし，「複数の問題点に跨る研究テーマは許可できない」「24の問題点に含まれないものを新しく発見することは困る」とも付け加えた．

その理由について，「24の問題点とは，社会全体のバランスを考慮して決められたもので，それ以外の問題について政策を作ると，全体のバランスが壊れるのを恐れる」ということだった．これも，「計画経済」的な考え方だ．「政府が認めた社会経済の問題はいいが，それ以外の問題の存在認めない」ということであり，要するに「政府は無謬である」ということだからだ[13]．

「24の問題点」は，サハリン州のHPに掲載されている[14]．今後，これに沿って，「研究計画書」を作成し，サハリン大経由で州経済開発省に提出することを約束した．ただ，協議自体は，昨日サハリン大から散々言われたような，お堅いものではなかった．部長は経済学の博士号取得者であり，サハリン大で10年ほど教鞭をとった経験もあるのだという．その意味で，基本的に学術研究の重要性に対する理解があった．我々に対しても，「必要な研究の場を提供する」との好意的な発言があった．

少なくとも州経済開発省は，中央政府やコジェミャコ州知事代理から，「改革のアイディアを出せ」と相当なプレッシャーを受けているはずであり，表面的なお堅い姿勢の裏で，海外からの政策アイディアを欲しているのは間違いないという印象を受けた．

（3） サハリン訪問で感じた，学問の自由・独立を享受できることの有難さ

今回のサハリン大，サハリン州経済開発省との協議は，それなりに海外での経験を積んできたつもりの筆者でも，かなり難しいものだった．なにより，ロシア流の「計画経済」を前提とした学問と，我々の考える「学問の自由」「学問の独立」との「文化」の違いは，予想以上に大きかった．

今回のサハリン訪問を通じて，我々日本人が，学問の自由・独立を享受できていることの有難さを改めて，考えさせられた．日本の大学では，学問の自由・独立があまりに当たり前のことであるので，その有難さを忘れて，自らそれを安易に制限しようとすることがある．また，与党政治家や役人には「文系学部は必要ない」と考える者が少なからずいるようだ．

更に言えば，安倍首相は，突き詰めると祖父・岸信介がかつて取り組んだ「統制経済」がお好みのようだ．それは，ロシアのような「学者は，政府が決めたことだけを調べればいい」という考えなのかもしれない．学問の自由・独

立というものは，油断するとすぐに失われてしまい，一度失われれば，取り戻すことは極めて難しいものだということを，我々日本の学者はもっと自覚する必要がある．

注

1）『日本経済新聞』2014年11月6日．
2）『朝日新聞』2017年6月15日．
3）『産経新聞』2017年4月7日．
4）小泉雄介『英国はどこまで人を追い続けるのか．"監視カメラ大国"の最新事情（前編）』<https://newswitch.jp/p/1459>，2017年10月25日，小泉雄介『英国はどこまで人を追い続けるのか．"監視カメラ大国"の最新事情（後編）』<https://newswitch.jp/p/1641>，2017年10月25日．
5）「英国が監視型社会に？ ID カード，データベース計画強行推進に物申す」『ニュースダイジェスト』<http://www.news-digest.co.uk/news/features/3386-against-nir.html>，2017年10月25日．
6）木村正人『テロが日常化したロンドン　地下鉄爆発で18歳逮捕　屈しない市民　IS 掃討もジハード運動は拡大する』2017年9月16日,<https://news.yahoo.co.jp/byline/kimuramasato/20170916-00075837/>，2017年11月10日．
7）"France creates National Guard to battle terrorism," Millitary Times, 12 October, 2016, < https://www.militarytimes.com/news/pentagon-congress/2016/10/12/france-creates-national-guard-to-battle-terrorism/>，2017年10月5日．
8）「パリで銃撃，警官1人と容疑者死亡　オランド大統領「テロと確信」『REUTERS』2017年4月21日，<https://jp.reuters.com/article/france-shooting-idJPKBN17M2TM>，2017年10月5日．
9）『朝日新聞』2014年11月21日．
10）「安倍首相に「言論の自由」あるか 「TV 報道を批判」めぐり論戦」『J-CAST NEWS』2015年3月14日，<https://www.j-cast.com/2015/03/14230365.html?p=all>，2017年10月5日．
11）『朝日新聞』2015年4月18日．
12）『朝日新聞』2014年1月26日．
13）計画経済については，野口（2002）が詳しい．
14）サハリン州 HP「24の問題点」<https://sakhalin.gov.ru/?id=313%EF%BE%8A>，2017年11月10日．

参考文献

奥久慶「イギリスの2015年対テロリズム及び安全保障法:「イスラム国」台頭で変わるテロリズム対策」『外国の立法』265,2015年.

トッド,エマニュエル『シャルリとは誰か:人種差別と没落する西欧』文藝春秋(文春新書)2016年.

野口旭『ゼロからわかる経済の基礎』講談社(講談社現代新書)2002年.

原真里子・柴山哲也『公共放送BBCの研究』ミネルヴァ書房,2011年.

細谷雄一『安保論争』筑摩書房(ちくま新書)2016年.

蓑葉信弘『BBCイギリス放送協会:パブリックサービス放送の伝統』東信堂,2002年.

Dyke, G., *INSIDE STORY*, Sheil Land Associates Ltd., 2004.

Greenwald, G., *NO PLACE TO HIDE: Edward Snowden, the NSA, and the U.S. Surveillance State*. Metropolitan Books, 2014.

第16章

未来の地政学

　地政学は，スパイクマンが「リムランド理論」を提示した1943年から約70年以上，基本的に新たな理論が提示されていない．それは，地政学の国際関係を長期的な流れで読み解く理論としての確かな有効性を示している．ゆえに，国際関係の劇的な変化に対して，地政学がもてはやされ，巷には「地政学本」が溢れている．

　一方，地政学の限界を批判するアナリストは少なくない．端的に言えば，国際関係の変化には，地理という「固定的なもの」では，説明しきれない事象が増えているからだ．[1] だが，本書では「4D地政学」という新たな概念を提示して説明を試みる．

16.1.「空間」における国家間の「動的」な距離感を説明する「4D地政学」

　4Dとは，要するに「四次元」という意味である．端的にいえば，これまで地図という「平面」の上で「固定」された国家の位置関係から国際関係を考察してきた地政学に，「空間」という新たな分析枠組を付け加えることである．そして，空間における国家間の位置関係は不変で固定的なものではなく，国家の持つ軍事的技術力の進歩によってグニャリと曲がって変化する「動的」なものと考える．これが「4D地政学」である．

　それは，かつて地球上で，1つの大陸がプレートの移動とともに分裂して，現在の形となったという「プレートテクトニクス理論」の真逆の働きが，国家の軍事的技術力向上によって，空間がグニャリと曲がることで起こるイメージといえるだろうか．

　もちろん，航空機，ミサイル，ロケットなどの登場は，地政学を無力化した

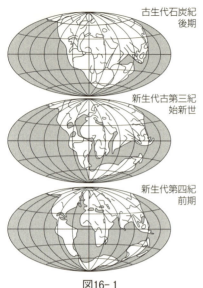

図16-1
(出所) アルフレッド・ウエゲナー『大陸と海洋の起源』第4版(1990年)より

という、よくある批判は承知している。しかし、現在の北朝鮮情勢は、地理的な要素を排除して考えるべきではない。米国と北朝鮮の軍事的対立は、地理的条件に関係なく起こったというよりは、北朝鮮のミサイル開発が次第に進むことで、遂に米国を直接攻撃できるところまで「空間」における距離感を縮めていったことで、米国が動かざるを得なくなったために起こったと考えるべきだからだ。

　従来の地政学では、米国は「New World」と呼ばれ、どの国からも直接攻撃されない離れた位置にあることで、政治的・軍事的に圧倒的な優位性を持っているとされてきた。例えば、東西冷戦の1982年、ロナルド・レーガン大統領はパーシングⅡ(弾道ミサイル)とトマホーク(GLCM, 巡航ミサイル)を西ドイツ、英国、イタリア、オランダ、ベルギーなどに配備した。これはソ連を恐怖のどん底に陥れ、東西冷戦を終結させる一因となった(中川, 2009)。ミサイルの欧州配備により、ソ連は欧州戦域の主戦場になるのに対し、米国は戦場から全く安全な聖域の位置にあるという「地理的な非対称性」により、米国がソ連に対して圧倒的な軍事的優位性を持つことになったからである。

　逆に言えば、米国の圧倒的な地理的優位性が崩れる可能性があるとすれば、それは米国を直接攻撃できる手段を持つ国が出現する時である。その事例が、米国と至近距離のキューバにソ連がミサイルを配備しようとして、米国をパニックに陥れた、1962年の「キューバ危機」である。

　そして今回、北朝鮮はミサイル開発によって米国に対する直接攻撃の可能性を高めたことで、米国の圧倒的な地理的優位性を切り崩すことに成功したといえる。ただし「キューバ危機」などと異なるのは、「平面上」での「固定的」

な距離を埋めることが不可能だった北朝鮮が（例えば，北朝鮮がカリブ海に核配備することは不可能だ），軍事技術力を強化することで，「空間」をグニャリと曲げることに成功し，米国との距離感を埋めたということである．

（1）「4D地政学」で北朝鮮のミサイル開発と米国の軍事行動を考える

具体的に北朝鮮のミサイル開発を振り返ってみる．北朝鮮は1993年に準長距離弾道ミサイル「ノドン」を日本海に向けて発射して以来，次々とミサイル実験を行ってきた．そして，2012年には射程1万キロメートルの大陸間弾道弾（ICBM）「テポドン2号」を発射実験するなど，着実にミサイルの射程距離を伸ばしてきた．また，北朝鮮は2006年以降核実験を5回行っている（2017年10月現在）．ミサイルに核弾頭を搭載する能力を持つのは時間の問題とみなされるようになってきた（会川，2003: 7-20）．

（2）「中国主導の北朝鮮問題解決」が米国のファーストチョイス

今後の焦点は，米国が北朝鮮を先制攻撃するかどうかである．既に，米国や日本の多くのアナリストが論じているように，現時点では先制攻撃の可能性は

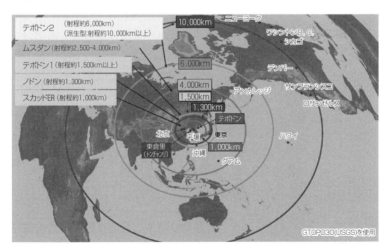

図16-2　北朝鮮の弾道ミサイルの射程
（注）　上記の図は，便宜上平壌を中心に，各ミサイルの到達可能距離を概略のイメージとして示したもの．
（出所）　『平成27年度　防衛白書』より．

低いだろう．北朝鮮は，多連装ロケット砲や長射程火砲など約1万発の火砲を38度線に集中させてソウルに向けている．米国が先制攻撃すれば，北朝鮮が報復し，ソウルが「火の海」になる可能性がある．攻撃開始前には，ソウルに在住する「非戦闘員退避」が不可避であるはずだが，まだ開始されていない．また，北朝鮮の報復攻撃に対する在韓米軍の防衛体制が整っているともいえない．高度ミサイル防衛システム（THAAD）は使用可能な状況ではない．

2018年1月の時点で米国は西太平洋に空母を展開させているが，先制攻撃にはいかにも戦力不足でもある．現在のところ，米国の軍事行動は威嚇の段階にすぎないことを示している．

一方，北朝鮮への軍事的展開の前に行われた，米国によるシリア空軍基地への空爆との関連性はどうか．これは結果論として，ISISと対峙するアサド政権を弱体化させるなど，空爆後の次の一手をどうするかの展望が見えず，トランプ政権の中東戦略の欠如を指摘されてしまっている．ただし，米中首脳会談の最中に空爆を実行したことで，トランプ大統領は習近平主席に対して「本気度」を見せつける効果があったのは間違いない．

2017年4月の首脳会談で，トランプ大統領は習近平主席に，北朝鮮が進める核開発を抑えるよう，中国が真剣に取り組むことを要求したという．そして，中国が北朝鮮を説得できなければ，米国単独で北朝鮮の核施設を先制攻撃することも辞さないと伝えた．その上で，カールビンソンを主体とする空母機動部隊の北朝鮮近海への移動を，実際に開始したのである．

現在，中国は北朝鮮が核・ミサイル開発を断念するよう，これまでとは比較にならない真剣さで説得しているという．金正恩委員長に亡命を促しているという情報もある．つまり，米国の軍事展開は，中国が説得に失敗したらなんでもやるぞという牽制が目的であり，あくまで「中国主導での北朝鮮問題解決」が，米国のファーストチョイスなのである．

（3）「アメリカ・ファースト」の姿勢は不変　日本は最悪事態に備えるべきだ

「4D地政学」が明らかにすることは，トランプ政権がこれまで主張してきた「孤立主義」的な考え方が，実はなにも変わっていないということだ．米国

が動いたのは，北朝鮮のミサイル開発で「空間」における距離感が縮まり，米本土が攻撃される危機が現実となってきたからである．そして，その解決はあくまで中国主導と考えている．要するに「アメリカ・ファースト」そのものなのである．

そう考えると，米国が孤立主義的になっていく中で，日本はこれまでのような米国の保護を受けられず，東洋の一小国として孤立してしまう最悪の事態を想定しておくべきではないだろうか．

端的にいえば，中国主導による北朝鮮の核廃絶，金正恩委員長の亡命，朝鮮半島の南北統一が実現し，在韓米軍が撤退する．日本は中国の軍事的・経済的な膨張に，朝鮮半島という緩衝材なしに対峙しなければならなくなる．更に，トランプ政権と中国の「ディール」による，太平洋二分割の新型大国関係が確立し，在日米軍がグアムまで撤退する．この悪夢のようなシナリオを，決して想定の範囲から排除してはならないのではないだろうか．

16.2. 人工知能と地政学

手塚治虫が『火の鳥・未来編』(1976年)で，人類滅亡を描いている．未来の地球では，膨大なデータを処理して的確な判断を下し，間違いを決して犯すことがない巨大コンピューターが国家の意思決定を行う．人類は，ただコンピューターに従うしかない存在だ．だが，ある時コンピューター同士が対立する．お互いに，「絶対に判断を間違わない」ため，妥協することができない．遂に核戦争に至り，人類は滅亡する．子どもの頃読んだこの話は，単なる「空想」だった．だが，AI（人工知能）の開発が進み，遠くない未来の「現実」となってきている．

（1） AIの発達で人間の限界と機械の優位が明らかに──「人間にしかできない仕事」がなくなっていく

AIが発達する未来は，「ロボットが働いて，人間は働かなくてよくなる」という，バラ色の社会として語られがちだ．しかし，英・オックスフォード大学が13年に発表した論文では，米国の702の職業別に機械化される確率を示し，

「今後10～20年で47％の仕事が機械に取って代わられる高いリスクがある」と結論している[2]．

　従来，「技術的進歩」とは身体を使う「手作業の機械化」を意味してきた．しかし，現代の技術的進歩は人間の領域とされてきた「認知能力を必要とする幅広い仕事の機械化」にも及んできている．これは端的にいえば，人間にしかできないと思われていた仕事も，ロボットなどの機械に取って代わられるということだ．

　すさまじい勢いでコンピューターの技術革新が進んでいる．それを可能にしているのは，脳科学の研究成果の応用である．脳を構成する無数のニューロン（神経細胞）のネットワークを工学的に再現したAIが開発されているのだ．コンピューターは「人間があらかじめプログラミングしたことしかできない」単なる機械から，人間の脳のように「なにかを学んで成長する能力」を備えるものに進化しつつある．その中心となる技術は，「ビッグデータ」による情報分析と「センサー技術」による認識能力の組み合わせである．

　サイバー空間や実世界に溢れる膨大な「ビッグデータ」をコンピューターが処理できるようになることは，非ルーチン作業だと思われていた仕事のルーチン化を可能にすることだ（小林，2015）．

　日本でなじみのある事例は「将棋電王戦」だ．AIを搭載した「コンピューター将棋ソフト」が開発され，気鋭の若手プロ棋士と対戦している．2014年度は1勝4敗でプロ棋士が惨敗した．膨大な過去の棋譜データから最善の手を選び出す将棋ソフトに，プロ棋士が太刀打ちできなくなってきている．新しい将棋の戦法も，将棋ソフトから生み出されるまでに発達してきているのだ（羽生，2017）．

　難病の新しい治療法もビッグデータから発見されている．コンピューターが膨大な医療報告書，患者記録や臨床試験，医学雑誌などから必要なデータを選び出し，医学者では想像もできなかった新しい治療法が見つけ出されている．弁護士，会計士など知的な業務でさえ，その大部分が機械に代わってしまいつつある．法律の分野では裁判前のリサーチのための判例精査，監査法人では会計士の重要な仕事である決算数値の誤りの発見などでも，ビッグデータの活用が始まっている（児玉，2016）．

また，ビッグデータとともに重要なのが「センサー技術」の進化だ．認知能力を備えた機械が，人間にしかできないはずだった，さまざまな管理業務を代替できるようになりつつある．

　「Google Car」に代表される無人で走る「自動運転車」の開発は，タクシーやトラックの運転士の仕事を奪う．病院内で，食事や処方箋を患者ごとに自動的に輸送するロボットや，手術を行うロボットが出現し，医者や看護師の仕事が減っていく．食品加工メーカーでは，品質基準に満たない食品をロボットが測定し，選り分けている．そして，世界各地の水道設備では，水漏れのチェックをセンサーが行っているのだ（シュワブ，2016: 199-201）．

　機械化は，コミュニケーションで人間がやるしかないとされてきたサービス業にまで広がっている．タブレット端末で注文ができるレストランが増え，給仕が必要なくなっている．会社の受付業務や秘書業務も機械対応が増えている．今後，調理，医療，清掃，高齢者介護などのサービス産業でも，ロボットが複雑な作業を担うことになっていくという．

　人間は疲労し，集中力が低下し間違いを犯す．休憩や睡眠が必要だ．また，人間は常に正確に判断するために必要な情報量を持つには限界がある．思考にバイアスがかかることもある．一方，機械は疲労しないし，休息の必要がない．大量の情報を迅速に分析し，正確に判断を下す．思い込みで間違うこともない．AIの発達は，広範囲な業務における「人間の限界」と「機械の優位性」を明らかにしつつあるといえる（松尾，2015）．

（2）「仕事の半分がなくなる」が「死ななくなる」社会を政府はどうコントロールしようというのか

　衝撃的な論文を発表したマイケル・A．オズボーン・オックスフォード大学准教授は「人類にとってこれは歓迎すべきことだ」とし，「かつて洗濯は手作業で行っていましたが，洗濯機の登場でその仕事は奪われました．しかし，それによって余った時間を使って新しい技術や知恵が創造された．こうして人類は発展してきたわけです．現在起きているのも同じことです．ロボットやコンピューターは芸術などのクリエイティブな作業には向いていません．となれば，人間は機械にできる仕事は機械に任せて，より高次元でクリエイティブなこと

に集中できるようになるわけです．人間がそうして新しいスキルや知性を磨くようになれば，これまで以上に輝かしい『クリエイティブ・エコノミー』の時代を切り開いていけるのです」と主張する[3]．

だが，理系の研究者はこれでいいかもしれないが，我々社会科学者の立場では，とてもこんな楽観的には考えられないだろう．AIの発達は，現代社会を悩ませる少子高齢化，失業問題，財政赤字と社会保障費の増大，教育，医療などの様々な社会問題について，従来の常識を根底から覆すかもしれないからだ（岡本，2016）．

これまで，AIについては「理系の領域」だとして，社会科学者は議論から蚊帳の外に置かれてきた．しかし，「人間の仕事の半分がなくなる」という衝撃の未来をどうするかは，我々社会科学者が考えるべき仕事のはずである．大量失業者の発生，格差の超拡大に対応するために，経済政策，産業政策，社会保障・福祉政策，教育政策など，全ての政策について，従来の常識が通用しない社会に対応する覚悟を我々は持つべきである．

（3） AIと地政学 ① ——未来の自動車を巡る中国と日本の攻防

地政学は，AIがもたらす未来の社会と無縁ではない．例えば，今話題の電気自動車（EV）や自動運転の新しい技術である．この新しい技術によって，日本の自動車産業が「岐路に立たされている」と言われている．自動車の販売・整備に自動車を使った貨物・旅客運送を加える自動車関連産業の雇用は，約550万人で，日本の就業人口の1割を占める．また，自動車の輸出は日本の産業全体の輸出の20％を占めている．まさに，日本の基幹産業だといえる．

だが，日本の自動車産業は，世界の自動車産業に起きている，「電動化」「自動化」「共有化」の3つの新しい潮流によって，不安にさらされているのである．これを一言で言えば，自動車が「IT機器」「ロボット」のようなものになっていくということである．

まず，「電動化」について考えてみたい．欧州のEVシフトが加速している．元々は，フォルクスワーゲンのディーゼル車の排ガス不正問題が起きたことで，ガソリン車・ディーゼル車の性能に対して不信感が高まったことから始まった．そして，英国，ドイツ，オランダ，ノルウェーなど欧州各政府が次々と2025年

以降のガソリン車，ディーゼル車の全面禁止を検討しているのだ．これに続く形で，中国，インドというアジアの大国が，2030年ごろまでに販売車を全てEVとする政策を打ち出している（シュワブ，2016）．

　しかし，日本の対応は遅れている．日本の各自動車メーカーは，2030年までにEVやプラグインハイブリッド（PHV）などの割合を新車販売の5～7割にする目標を掲げている．欧州や中国，インドに比べると，EVシフトには慎重な対応だといえる．これは，日本の自動車メーカーには，従来型の燃料車向けの部品などを製造している多数の関連メーカーと取引しているからだ．最も関連メーカーが多いのは，ガソリン車のエンジンである．非常に多くの部品を複雑に組み合わせて製造しているからである．これまでは，そのことが自動車製造への新規参入を阻んできた．これは成長著しい新興国が，なかなか一流の自動車メーカーを育成できない理由となり，日本の自動車メーカーの世界での圧倒的な競争力の源泉となってきた．一方で，自動車メーカーは，これら関連企業の雇用も考えねばならず，それが失われるEVシフトのような大胆な政策転換は打ち出しにくいのである．

　だが，EVのエンジンは基本的に「モーター」である．例えば，プラモデルの自動車についているモーターをイメージしてみるといい．さすがにそこまで単純ではないものの，それに似た巨大なモーターでEVは動く．部品が少なく，関連企業が少ない．しかし，単純な構造のエンジンなので，新興国で製造することも，それほど難しくない．中国やインドにとっても，ガソリン車の製造よりもハードルは高くないのだ．

　次に「自動化」である．今後，自動車は，IT機器やロボットのような存在に近づいていく．人間が運転しなくても，センサーやAIが，人の目や頭脳の役割を担い，周囲の状況を把握しながら自動で走るようになる．2020年代のうちに，主要な車メーカーが，人の手を介さない完全自動運転の技術を確立する見通しとなっている（シュワブ，2016）．

　そして「共有化」である．現在，米ウーバー・テクノロジーズや中国の滴滴出行（ディディチューシン）など，スマホアプリを使った配車サービスが急成長している．一般の人が，客を運ぶ「ライドシェア（相乗り）」のサービスも発展し始めている．1つ指摘したいのは，自動運転と共有化は相性がいいというこ

とだ．自動運転は，この配車サービスと結びついてこそ，コスト削減となり発展していく．「自動化」と「共有化」は相乗効果によって，更に成長していくだろうと考えられる（宮崎，2015）．

　この自動車産業の3つの新しい潮流は，異業種からの自動車産業への参入という現象を起こしている．「電動化」には家電メーカーなどが強い関心を示している．従来，日本の自動車メーカーは，圧倒的な技術力で新規参入を拒絶してきた．しかし，EVはエンジン車に比べ3割も部品が少なく，単純な組み立てで製造できる．心臓部の電池は大量生産すればするほどコスト削減が進む，量産品なのである．これは，長年に渡る「職人芸」で技術を蓄積してきたガソリン車のエンジン製造とは全く違っている．

　新規参入を考える家電メーカーには，いまや斜陽産業となった日本の家電メーカーもいるが，むしろ日の出の勢いの中国の家電メーカーのほうがより積極的である．電気自動車ならば，難攻不落の日本の自動車メーカーと競争できると，やる気満々なのである．

　一方，自動化では，ネット検索大手のグーグル，百度などが新規参入者となる．自動運転やシェアの分野では，ITやサービス利用者がもたらすビッグデータが重要になってくる．そこで，ITなど異業種からも新興メーカーが続々と押し寄せていて，既存の自動車メーカーもその協力を仰がなければ，開発競争に勝ち抜けない状況に陥ってしまっている．将来，トヨタ，日産，ホンダがグーグル，百度の下請け企業になるという，従来の「常識」が全く通用しない世界が出現する可能性があるのだ．

　そして，ここからが特に地政学的な問題となるのだが，中国が国家戦略として「電動化」「自動化」を推進していることが重要である．中国の自動車市場は，日本の6倍，年2800万台が売れる世界最大の市場である．その中国が，2019年から，EVを売るようにメーカーに迫る規制を導入すると発表した．これは，一見「環境政策」を装ってはいる．だが，中国が狙っているのは，日本が開拓できていないEVで主導権を取るということである．ガソリン車の製造では絶対に勝てない強力な日本の自動車メーカーを倒す好機だと考えているのである．もっとも，EVが本当にどこまで普及していくのかは，まだ不透明なところがある．日本の自動車メーカーが慎重な姿勢を崩さないのには，圧倒的

な経験，実績に基づく冷静な判断だと，信頼していいのかもしれない．だが，地政学的に考えると，近接する最大のライバルである中国が，難攻不落の日本の自動車産業を倒すための秘策として打ち出していることを，軽視してはならないのではないだろうか．

（4） AIと地政学 ② ——人口問題で先進国と新興国の関係が大逆転する

日本政府が最も懸命に取り組んでいる課題の1つが「少子高齢化対策」である．とにかく，子どもの数を増やそうと必死なわけだが，AIの発達で仕事の約半分がなくなり，大量の失業者が発生する社会で，単純に人口を増やそうという政策が成り立っていくのだろうか（シュワブ，2016: 49-50）．むしろ，人口については，無理に増やしたら大変なことになるのではないだろうか．

それよりも，急成長するアジア・アフリカなど新興国の「人口爆発」がより深刻な問題となる可能性がある．例えば，米国やドイツなどでは，人件費のかからない次世代ロボットに工場の製造ラインや物流の現場を任せる「考える工場」を産学官共同の国家プロジェクトとして研究している．

これが実現すれば，新興国の労働コストの優位性はなくなり，製造業は先進国に回帰し，高付加価値の雇用「製品設計」「工程管理」「製品の販売」「マーケティング」などが新たに創出される．一方，これまで先進国の製造業の下請けを果たしてきた新興国から工場が消え，雇用が失われる．そこでは，爆発的に増加を続けるロースキルの労働者が路頭に迷うことになる．

これまで，人口増加は新興国の成長の源泉だった．ところが近未来に新興国は，人口爆発問題をコントロールできず，経済・社会が大崩壊する懸念があるではないだろうか．AIは，「衰退する先進国」と「急成長する新興国」という構図を，大逆転させる可能性があるのだ．

この問題をより難しくするのが，実はAIとともに急激に発達する「再生医療」だ（山中他，2017）．iPS細胞の開発による山中伸弥（京都大学教授）のノーベル賞受賞によって，再生医療の発達はバラ色の未来の象徴と考えられがちだ．だが，語弊を恐れず言えば，「人体の組織が欠損した場合に幹細胞などを用いることによりその機能を回復させる」再生医療の発達とは，「人間が簡単に死ななくなる」ことを意味する．それは，一見疑いようもない良いことのように

思えるが，先進国に未曾有の高齢化社会を，新興国に人口大爆発をもたらす側面もある．「人間の仕事の半分が失われる」時代である．これを政府は，どういう政策でコントロールしようというのだろうか．

（5）「新自由主義」も「社会民主主義」も全く通用しない「完全失業」社会の出現

まず政府が考えるのは「教育政策」だろう．政府はAIの発達に対応するための教育改革の必要性を認識してはいる．従来の「暗記・記憶が中心で，"坂の上の雲"に向かって，しっかりしたルール，マナーを持ち，求められた指示通りにやる」という人材育成から，「主体的に課題解決に当たり，クリエイティビティを発揮」する人材育成への改革である．その方向性が間違っているわけではない．

ただ問題は，教育をいくら変えたとしても，果たして若者の何割が，AI時代で生き残る「高次元でクリエイティブなスキル」を身につけられるのかということだ．そんなに甘くはないだろう．大学教育に携わる実感からではあるが，おそらく日本の若者全体の2割がいいところではないだろうか．では，残りの8割はどうなるのだろうか．

「新自由主義」的な考え方に立てば，市場メカニズムに基づく競争が，社会全体に活力をもたらすとする．どんどん「クリエイティブな人材」が活躍していけばいい．そして，どうしても競争に勝てない人にだけ，最小限のセーフティネットを用意する．だが，この考え方を「AI時代」に当てはめられるのか．現代と比べて失業者が桁違いに多くなる社会で，せいぜい2割の活躍が社会全体に行き渡っていくなどありえない．最小限のセーフティネットを敷けば万事解決とは，絶対にいかないだろう．

一方，「社会民主主義」的な考え方はどうだろうか．福祉，社会保障，医療，介護，教育など再配分政策を充実させて，「平等」「完全雇用」の福祉国家を目指す政策が，これとは正反対の「完全失業」とでも呼ぶべき社会の出現に有効でないのは明らかだ．なにより，再配分政策の前提となる高い税率の税金など「完全失業」では全く持続可能性がない．無理に平等を追い求めれば，財政赤字は天文学的数字となってしまう．全ての国家が破産してしまうことになる

（岡本，2016）．

（6） ナショナリストのヘイトスピーチがロボットに向けられる未来図

現在，世界的な潮流として，ナショナリズムの台頭がある．例えば，英国独立党（BNP）やフランス国民戦線（FNP）は，「移民が国民の雇用を奪っている」として，移民排斥を訴えている．だが，「移民」がナショナリズムの真の敵なのだろうか．長期的な視点でみれば，産業革命以来の「機械化」こそ，人間の仕事を劇的に減らし続得てきたことが，より重要な問題であろう．

そして，AIの発達で「人間の仕事の半分がなくなる」時代には，ナショナリストは誰が本当の敵なのか，はっきりと認識することになるだろう．一方，ナショナリストのヘイトスピーチを敵視する「リベラル陣営」にとっても，「雇用維持」に対する最大最強の敵は機械・ロボットということになる．

ナショナリストのヘイトスピーチや労働組合のデモが，工場の機械やロボットに向けられる未来図を想像してみてほしい．まさに，手塚治虫のSF漫画のような未来社会が出現するということだ．AIの劇的な発展に対しては，従来の全ての常識が通用しなくなる．まさに，ゼロから社会のあり方を考え直すことが，社会科学者に求められていると言えるのではないだろうか．

注

1） 現代の国際社会・安全保障において地理が重要かどうかは，様々な議論がある．例えば，Morgenthau（1948），Kaplan（2012），Bracken（1999），Brzezinski（1997）など．
2） Frey, Carl Benedikt and Michael A. Osborne, "THE FUTURE OF EMPLOYMENT: HOW SUSCEPTIBLE ARE JOBS TO COMPUTERISATION?," <https://www.oxfordmartin.ox.ac.uk/downloads/academic/The_Future_of_Employment.pdf>，2017年11月10日．
3） 週刊現代『オックスフォード大学が認定　あと10年で「消える職業」「なくなる仕事」』2014年11月1日号．

参考文献

会川晴之『独裁者に原爆を売る男たち：核の世界地図』文藝春秋，2003年．
ウエゲナー，アルフレッド『大陸と海洋の起源』竹内均（訳），講談社（講談社学術文庫），1990年．

岡本裕一郎『いま世界の哲学者が考えていること』ダイヤモンド社，2016年．
児玉哲彦『人工知能は私たちを滅ぼすのか』ダイヤモンド社，2016年．
小林雅一『AI の衝撃：人工知能は人類の敵か』講談社（講談社現代新書），2015年．
シュワブ，クラウス『第四次産業革命：ダボス会議が予測する未来』日本経済新聞出版社，2016年．
手塚治虫『火の鳥2　未来編』朝日ソノラマ（月刊マンガ少年別冊），1976年．
中川八洋『地政学の論理』徳間書店，2009年．
羽生善治『人工知能の核心』NHK 出版（NHK 出版新書），2017年．
松尾豊『人工知能は人間を超えるか』KADOKAWA（角川 EPUB 選書），2015年．
宮崎康二『シェアリングエコノミー：Uber, Airbub が変えた世界』日本経済新聞出版社，2015年．
山中伸弥（監修）・京都大学 iPS 細胞研究所上廣倫理研究部門（編集）『科学知と人文知の接点：iPS 細胞研究の倫理的課題を考える』弘文堂，2017年．
Bracken, P., *File in the East: The Rise of Asian Military Power and the Second Nuclear Age*, HarperCollins, 1999.
Brzezinski, Z., *The Grand Chessboard: American Primacy and Its Geostrategic Imperatives*, Basic Books, 1997.
Kaplan, R. D., *The Revenge of Geography*, Brandt & Hochman Literary Agents, Inc., 2012.
Morgenthau, H., *Politics Among Nations: The Struggle for Power and Peace*, McGraw Hill, 1948.

終　章

　本書は，国際政治・経済をめぐるさまざまな問題や政策課題を，地政学の理論を使って読み解こうとしてきた．特に，世の中の多くの人が疑うべくもないと思っている「通説」を批判する「逆説」を提示し，その論理的な説明を試みようとする「頭の体操」を行ってきた．本書がここまで議論してきた逆説は，以下の通りである．

（１）　日本の奇跡的な高度経済成長は，「世界の警察官」米国に守られ，日本からの輸出を「米国の市場」で買ってもらったからだ．それは，米国の戦略によるものだった．
（２）　米国に守ってもらい，豊かになることで，世界の多くの国は，資源と安全を求めて，隣国と紛争しなくてよくなった．多くの国は沿岸警備程度の海軍を持つだけでよくなり，世界史上最も平和な時代が訪れた．
（３）　英米系の国際石油資本と産油国の関係は，資金と技術の提供に基づいた「Win-Win」の関係であった．産油国の「資源ナショナリズム」は政治的パフォーマンスであり，実際は国際石油資本と共同開発を行ってきた．
（４）　天然ガスを巡る国際関係では，ロシアなど産出国が圧倒的な政治力を持つことはない．一度パイプラインを建設すると，売り先を変えられず，産出国が供給を止めたら自殺行為だ．産出国と需要国の関係は対等だ．実際，ロシアはパイプラインを政治的意図で止めたことはない．
（５）　原子力は米国が圧倒的な支配力を持つように見え，実際米国は第二次世界大戦後，原子力を独占するつもりだった．だが，国境を越えて展開するウランや化学企業のロスチャイルド財閥の動きを防げず，ソ連の原爆・水爆開発，英仏の原子力発電開発を止められなかった．

（6） 日米の原発輸出は，ロシアによる原発輸出で核拡散が拡大することを防ぐという地政学的な意味がある．従って，原子力産業が経営危機に陥っても，簡単にやめることはできない．

（7） トランプ米大統領の「米国第一主義（アメリカ・ファースト）」は，個人的な思い付きではない．党派を超えた米国の国家戦略である．その背景には，「シェール革命」で米国が石油の輸入国から輸出国に変わり，「世界の警察官」を続けることに関心を失ったことがある．

（8） EU離脱で単一市場の自由貿易圏を失う英国は衰退するとみられているが，実はEUから自立できる潜在能力がある．英国が持つ「英連邦」というネットワークは，資源大国の南アフリカ，カナダ，オーストラリア，ナイジェリア，人材大国のインド，急成長する東南アジア，今後「世界の工場」になるアフリカ諸国を含み，巨大な成長が期待できる．

（9） EUは「ドイツ独り勝ち」になっている．EUの単一市場は輸出主導経済のドイツに多大な恩恵を与えてきた．一方で，他の加盟国はドイツからの輸入品を買い続け，財政危機に陥り，若者をドイツに奪われている．これらの国が経済危機に陥り，その不満がナショナリズムに変化すれば，ドイツの「生存圏」は安泰ではない．

（10） プーチン大統領の「大国ロシア」の演出は虚構である．NATO，EUの東方拡大で，かつてベルリンまであった影響圏はクリミア半島まで後退した．中央アジアも失った．ランドパワー・ロシアはシーパワーの戦略に完敗している．資源依存の経済も脆弱性を度々晒している．

（11） アジアインフラ投資銀行（AIIB）への参加など，中国に対しては，経済面での「積極的関与戦略」によって，市場経済化，民主化を促していくことが重要だ．

（12） 中国は一枚岩ではない．コスモポリタン的思考を持ち，欧米の市場経済・民主社会で生きてきた華人社会と，日本は協力関係を築くべきである．また，華人は中国共産党の意思決定に関与できるだけの，様々な条件を備えている．

（13） アベノミクスなど，斜陽産業の圧力を受けた日本政府の「円安政策」は，「円の国際化」を阻んできた．一方，中国は「人民元の国際化」を

トップダウンで着々と進めてきた．このままでは，近い将来アジアの金融・通貨市場を中国に支配されることになる．

(14) 日本の成長戦略は「日本企業の支援策」ではない．日本国内の雇用を増やして経済成長するには，海外から日本企業が帰ってくることを期待するよりも，外資の「アジア地域向け研究開発拠点」や「高品質部品の製造拠点」を日本に誘致すべきである．

(15) エネルギー安全保障は，いかに資源を獲得するかばかりに集中しがちである．産出国との関係も，資源開発に資金提供など，どう協力するかを考えがちだ．しかし，産出国と信頼関係を構築するには，産出国の収入が，インフラ整備や福祉の充実に使われるような支援を行うべきである．

(16) 本来，「テロ等準備罪」を巡る国会論戦は，テロが頻発する厳しい国際情勢の下でどのような社会を望むのかが，争点となるべきだった．街中には自動小銃を持った警官が立たず，非常に穏やかな雰囲気を保つが，その裏で網の目のような情報網でテロを防ぐ「英国流」のテロ対策がいいか，民主主義を厳格に守るが，そのためにテロを未然に防ぐための情報網を構築できず，街中に自動小銃を持った警官が多数立って，テロを抑止しようとする「フランス流」の社会を選ぶかが，本当の争点だったはずだ．

(17) 世界のジャーナリズムは，「国益」という名の「大国のエゴ」を，国際的なジャーナリストのネットワークの中で練り上げられた「公益」の信念から，糾弾しようとする．政府に屈して国内で萎縮しがちな日本の報道機関が参考にすべきことだろう．

(18) 「学者は，政府が決めたことだけを調べればいい」という考えが広がると，学問の自由・独立はすぐに失われる．一度失われれば，取り戻すことは極めて難しい．日本の大学では，学問の自由・独立があまりに当たり前のことであるので，その有難さを忘れて，自らそれを安易に制限しようとすることがあるので気を付けるべきである．

(19) 北朝鮮のミサイル開発に米国が介入を始めたのは，北朝鮮が大陸間弾道弾を開発し，米国を直接攻撃できる可能性が出てきたからである．つまり，米国は「アメリカ・ファースト」の枠内で行動しているだけであ

る．米国は，北朝鮮が「米国にミサイルを向けない」と確約すれば，日本向けに核兵器が配備されても，北朝鮮問題から手を引く可能性がある．
(20) 自動車の「電動化」「自動化」「共有化」は，日本の自動車産業の圧倒的な優位性を崩す可能性がある．日本の自動車産業は，Googleや百度の下請け化するかもしれない．それ以上に重要なのは，中国が日本の自動車産業を支配するために，これを国家戦略として進めていることである．
(21) 人工知能（AI）は人間社会を根本的に変えてしまう．人間の仕事の47％がAIに取って代わられる可能性があるという．先進国と新興国の関係は変わる．先進国の少子化は問題ではなくなり，新興国の人口爆発がより深刻な問題となる．

　本書はこれらの逆説に，論理的な説明を与えられているだろうか．それは読者の皆さんの評価にお任せしよう．
　本書の執筆を終えようとする今，トランプ氏が大統領選に当選した夜のことを思い出している．いろいろなテレビを観て，インターネットの評論を読んでいた．そのほとんどの識者が非常に意気消沈しているのが印象的だった．多くは，クリントン氏の勝利を予想していた．しかし，実は予想ではなく，クリントン氏に勝ってもらわないと困るという「願望」に過ぎず，トランプ氏の勝利で起こるだろう大きな変化から顔を背けたかっただけだと思う．
　あえて大胆に言えば，この1日で，国際政治学の全ての権威は失墜した．なにが起こってもおかしくない時代になった．権威も，しきたりも，常識も全く通用しない時代になった．自分の頭で考えていくしかない時代が来たのだ．
　最後に，我々が常識に捉われず，これから考えるべきことを1つ提示したい．トランプ氏は「日本の核武装を容認する」と言った，初めての大統領候補だった．そして，「戦後，初めて日本の『完全独立』を容認する大統領」が現れたのだといえる．もちろん，それは日本にとって大きなリスクだ．しかし，大きなリスクだからこそ，頭を使い，知恵を絞れば，これまでにない巨大な好機が訪れるといえるのかもしれない．今こそ，常識にも権威にも囚われず，日本はどうすべきか考え抜く時である．

あ と が き

　私は，1999年に8年間勤務した伊藤忠商事株式会社を退社し，2000年9月に英国・ウォーリック大学大学院修士課程に入学した．1年間の課程を修了したら日本に帰国するつもりであったが，恩師である大学院研究科長のジッグ・レイトン＝ヘンリー先生，指導教官のローザ・ミューレ先生から思いがけず「博士課程で研究を継続したらどうか」と勧められた．2002年1月から始めた博士課程は，指導教官の交代など困難を極め，博士論文を提出して日本に帰国できたのは，2007年7月だった．

　しかし，約7年間の苦しい研究生活を送った英国は，一方で私の「第二の祖国」となった．伊藤忠商事を退社した私は，日本社会において「全てを失った」状態と言っても過言ではなかった．家族や親族のみならず，友人と思っていた人たちからも冷たい視線を感じたこともあった．だが，逃げるように英国に行ってみれば，非常に気が楽になった．単に知り合いがいないということではない．個人主義の英国人は，他人のことを基本的に気にしない．大学でも街でも，必要以上に気を遣う必要はなかった．また，「30歳を過ぎて会社を辞めて，大学院で学ぶ」ということは，当時の日本ではとんでもないことだったが，英国では別に珍しくなかった．英国の会社には，終身雇用も年功序列もなく，転職は当たり前だったからだ．基本的に上下関係のないフラットな社会で，教授と学生が「ファーストネーム」で呼び合うのが当たり前なのにも驚いた．私はローザに代わって指導教官となったドミニク・ケリー先生を「ドム」と呼んだ．彼に，わからないことを気軽に何でも聞けたことは，苦戦が続いた私の研究にとって，どれだけ助けになったことか．感謝してもしきれないものがある．

　日本からはネガティブなイメージで見られがちな英国の「階級社会」も，大学の廊下で教授と掃除婦が談笑するなど，日本では考えられない光景が日常的で，イメージとは違ったものだった．階級が違っても，変な優越感やコンプレックスがない．違う階級の人は，別の世界に生きている人という感じで，上下関係ではなかった．私も，毎日のように通った大学内のカフェで，従業員だったイタリア系のフランコというお爺さん（故人）に，「私の息子」と呼ばれ，可

愛がられた．日本社会特有の，ある種の息苦しさに疲れていた私は，英国社会に救われ，人間的に再生したのは間違いない．

　英国は，多様な人種，宗教の人が混在している，いわば「人種のるつぼ」と呼ぶべき社会でもあった．特に，旧植民地の国や地域との関係が様々な形で残っていたのは興味深かった．英国の大学院には，旧植民地の国や地域を中心に世界中から優秀な学生が来ていた．ある国から来た学生は，「自国の大学を卒業した後，英国の大学院を修了することが，国家エリートになる道だ」と話してくれた．彼らが大学院の学びを終えた後，就職していく先が，また興味深かった．本書でも取り上げた BP や HSBC などの多国籍企業は，世界中に支店を持ち，英国人だけではなく，世界中の人材が働いていた．そもそも，BP はイラン，HSBC は香港が発祥の地である．私は伊藤忠時代，鋼管の石油化学プラント用の鋼材を販売する部署で働き，主要な客先は日本のプラントメーカーであった．中東や東南アジア，ロシアなどの石油・ガスのビジネスに一定の知識と経験を持っていたが，英国のそれは，歴史に根差した世界的なネットワークの広がり，深さが全く違うことを知った．それが，本書を貫くテーマである，常識と非常識が逆転した「逆説」の基となる「多角的なものの考え方」「多様な価値観」を身につけることにつながった．本書の完成にあたって，私はなによりもまず，「第二の祖国・英国」と，そこで出会った人たちに感謝をしなければならない．

　2017 年 7 月に日本に帰国した私には，日本の学会とのつながりは何もなく，どのようにポスドクの仕事を見つけたらいいのかわからなかった．そんな私に手を差し伸べてくださったのが，当時早稲田大学に在籍されていた寺田貴先生（現，同志社大学）であった．寺田先生に紹介されてお会いした早稲田大学グローバル COE「アジア地域統合のための世界的人材育成拠点」（GIARI）のリーダー・天児慧先生は，鋭くも温かい視線を私に向けながら，「君のことはよくわからんが，仕事はやりそうだな」と，私をメンバーの末席に受け入れてくれた．GIARI では，浦田秀次郎先生，篠原初枝先生，植木千加子先生，勝間靖先生，黒田一雄先生，松岡俊二先生，梅森直之先生，青山瑠妙先生ら，多くの先生とアジア地域統合の共同研究に参加する機会を頂けた．元々英国で国内政治について研究していた私は，GIARI で世界水準の国際政治経済学を学び，

研究の幅を大きく広げることができた．

　また，GIARI には，その名の通り世界中から優秀な若者が集まっていた．彼らと「世界的人材」となることを目指し切磋琢磨したことは，間違いなく私にとって貴重な財産となっている．特に，スティーブン・ナギ先生（現，国際基督教大学）とは，お互いが大学教員として職を得てからも，非伝統的安全保障の共同研究を行い，香港，マカオ，米国などの学会でセッションを組んで研究報告をした．お互いが指導する大学院生の研究交流会を継続し，今や研究・教育における「盟友」と言っても過言ではない．「集まり散じて人は変われど，仰ぐは同じき理想の光」の早稲田大学校歌の歌詞の通り，GIARI の仲間たちは世界中の大学で教鞭を取っているが，今でも同じ理想を持った同志であると思っている．

　そして，私に「あんたけったいな人生やから，一緒に仕事したらおもろいと思って」と言いながら，立命館大学政策科学部で仕事をする機会を与えてくださった村山晧先生を絶対に忘れてはならない．そして，学者として海のものとも山のものともわからない「けったいな」私を温かく迎えてくださった佐藤満先生，重森臣広先生，そしてウォーリック大学の先輩でもある大塚陽子先生ら政策科学部の先生方には，いくら感謝しても感謝しきれない．

　政策科学部では，2011年から「エネルギー国際戦略論」という授業を担当し，それは現在も「国際政治経済論」と名称を変えて継続している．エネルギー安全保障は，元々私の専門分野ではなく，最初は担当することを躊躇した．だが，今では担当して本当によかったと思っている．実は，政治学を専門分野に，伊藤忠での石油化学プラント向け鋼材販売の経験，英国で得た様々な知見を加えた授業は，私の知識・経験を総動員できるものとなったからだ．政治学，法学，経済学，経営学，都市計画，環境学などを組み合わせた学際的で新しい学問領域である「政策科学」に取り組むことで，私は学者としてカバーできる分野を，劇的に増やすことができた．

　そして，宮脇昇先生とのエネルギー安全保障の共同研究を行えたことは，得難い経験となった．宮脇先生には，多くの研究報告や共著本執筆の機会を頂いた．特に，科学研究費助成事業の基盤研究（C）「資源通過国の資源紛争当事者化についての研究」（2015-18年度）に研究分担者として参加できたことは重要

だった．私は，どちらかといえば英国などシーパワー国家を中心に研究してきたが，宮脇先生との共同研究からは，ユーラシア大陸のランドパワー国家についての知見を得ることができた．それは，本書の内容に大きく反映されていることは言うまでもない．更に，宮脇先生を通じて，山本武彦先生（早稲田大学名誉教授，立命館大学 OIC 研究機構上級研究員）にお会いすることができた．山本先生からは，独学だった私の地政学に対して，研究報告の度に地政学の大家としての重厚な助言を頂けた．「なかなかよく勉強されている」という山本先生の言葉は，私にとって大きな励みとなり，本書の執筆を決断するきっかけとなった．

　本書の多くの部分は，ダイヤモンドオンラインの連載が初出である．隔週での連載は 2008 年 7 月に始まった．当時，学者として氏素性もわからない若手だった私を，ダイヤモンド社に紹介してくれた高瀬文人氏，執筆者として起用するという大胆な決断をされた当時の編集長・田上雄司氏，担当として長年支えて頂いている細川一彦氏に感謝したい．この連載が始まった頃，ウェブ論壇はまだ海のものとも山のものともわからなかった．今や，著名な論客・識者が多く参戦する既存メディアを超える巨大な媒体となったが，その創成期からずっとかかわれたことは，私の学者としての密かな誇りである．

　本書の刊行は，晃洋書房の西村喜夫氏のご尽力なくしてはあり得なかった．丁寧かつスピーディな校正作業など，不慣れな私がなんとか本としての体裁を整えて慣行にこぎつけることができたのは，西村氏のサポートのおかげである．心から謝意を表したい．刊行に際しては，「立命館大学学術図書出版推進プログラム」の助成を頂いた．この助成金を獲得することを強く勧めてくださった，野村慶人氏など立命館大学 OIC 研究機構のスタッフの皆様に深く感謝したい．

　最後に，私事になるが，これまで私を支え続けてくれた方々に感謝の言葉を贈りたい．私が留学に行くことを決めた時，推薦状を書いて頂くなど，様々な形で支えてくださった佐藤泰介元参議院議員，秘書の公文寿氏（故人），留学中に日本に一時帰国して東京でフィールドワークを行った際，支援してくださった嶋内英三（故人）・博子・博愛氏に対して，感謝の言葉を申し上げたい．

　また，同時期にウォーリック大学に留学していた，野村康氏（現，名古屋大学），安高啓朗氏（現，立命館大学），井口正彦氏（現，京都産業大学）らと切磋琢磨

できたことは私の財産である．彼らは，現在も研究のパートナーであり，一生の盟友である．

　そして，30歳にして会社を辞めるという暴挙を犯した私を信じ続け，7年間の長きに渡って支えてくれた，父・上久保政夫，母・世津子に心から感謝の思いを伝えたい．妻・一美は，日本の学問の世界で師匠がおらず，一匹狼的になりがちな私をいつも叱咤激励してくれる．私の生き方の最大の理解者である．また，大食漢でワーカホリックな私の健康管理に，いつも気を配ってくれている．娘・美宇の成長は，本書を書き上げた最大の原動力である．義父の尾内善四郎（京都府立医科大学名誉教授）は，私に学者としてあるべき姿を常に示してくれている．義母の尾内千可子は，実の息子のように大きな愛で私を包んでくれている．

　ここに書き切れない方々も含め，私の人生にかかわったすべての人に，言い尽くせない感謝を込めて，本書を捧げる．

　　2018年1月31日

　　　　　　　　　　　　　　　　　　　　　　　　　　上久保　誠人

人名索引

〈ア 行〉

アイゼンハワー，ドワイド　65
アインシュタイン　67
チョウ，アグネス　161
麻生太郎　179, 181
アブラモヴィッチ，ロマン　53, 142
安倍晋三　86, 150, 186, 194, 222
イーデン，アンソニー　214
伊藤敏隆　185
マクロン，エマニュエル　134
オズボーン，マイケル・A.　231
オバマ，バラク　22, 88, 139
オランド，フランソワ　140, 209
温家宝　179

〈カ 行〉

岸信介　186, 222
金正恩　228, 229
キッシンジャー，ヘンリー　17
キャメロン，デイビッド　101-103, 106, 140, 217
クラウゼヴィッツ，カール・フォン　129
黒田東彦　174
ケイシー，ウィリアム　47
ケネディ，ジョン・F.　18
黄之鋒　161
江沢民　159
コービン　109
ゴルバチョフ，ミハイル　73

〈サ 行〉

サウド，イブン　37
榊原英資　173
ザッカーバーグ，マーク　192
サッチャー，マーガレット　215
サムエル，マーカス　33
サルコジ，ニコラ　82
サンダース，バーニー　109

コービン，ジェレミー　107
習近平　22, 156, 159, 180, 228
周小川　178-180
周庭　161
朱鎔基　159
正力松太郎　66
ジョンソン，ボリス　101-105, 111
スノーデン，エドワード　216
スパイクマン，ニコラス　10, 12, 225

〈タ 行〉

武谷三男博士　65, 66
竹中平蔵　185
チャーチル，ウィンストン　35, 37, 214
チャベス　51
手塚治虫　229, 237
ドゥーギン，アレクサンドル　145
鄧小平　157, 159, 177
ド・ゴール，シャルル　68
トランプ，ドナルド　23, 89, 99, 192, 228, 240

〈ナ 行〉

中曽根康弘　66, 67, 170
ナセル　41, 214
新浪剛史　185
ニクソン，リチャード　17
仁科芳雄博士　65

〈ハ 行〉

ハウスホーファー，カール　13, 145
朴槿恵　202
橋本龍太郎　172
八田達夫　185
ヒトラー，アドルフ　13, 39
プーチン，ウラジーミル　52, 89, 118, 139, 140, 144-146, 194, 199, 201, 219, 240
フセイン　48
ブッシュ，ジョージ・W.　88
ブラック，メアリー　160

フリードマン，ミハイル　52
ブレア，トニー　215
ベレゾフスキー，ボリス　52, 53, 142
ホドルコフスキー　52, 53
ホメイニ　45

〈マ　行〉

マッキンダー，ハルフォード　10, 12
マッティ，エンリコ　41-43
三木谷浩史　185
メイ，テリーザ　104, 107, 109
メルケル，アンゲラ　134, 140
毛沢東　157
モザデク，モハメド　40, 44
籾井勝人　213

〈ヤ　行〉

山中伸弥　235

ヤマニ，アハマド・ザキ　44, 45
ユー，リー・クワン　156
湯川秀樹　65-67

〈ラ　行〉

羅冠聰　161
李嘉誠　156
李克強　159
李鵬　159
ルービン，ロバート　52
ルペン，マリーヌ　134
レーガン，ロナルド　18, 28, 170
ロックフェラー，ジョン・D．　32
ロレンス，トーマス　36

事項索引

〈アルファベット〉

Apple　192
BBC（英国放送協会）　5, 212-215
BP　44, 48-52, 54, 98, 116, 153
EU 単一市場　105, 106, 131, 240
Facebook　192
HSBC　116
IPPC（気候変動に関する政府間パネル）　76
LNG（液化天然ガス）　58
NHK　212, 213

〈ア　行〉

アジアインフラ投資銀行（AIIB）　3, 152, 180, 240
　——に対する日本の対応　3
アジア共通通貨（ACU）　169, 174, 175
アジア債券市場　174, 175
アジア通貨危機　169, 172, 173, 179
アジア通貨基金（AMF）構想　173
アジア通貨単位（ACU）　175
安倍政権　87
アベノミクス　185, 189, 212, 240
雨傘運動　160
アメリカ・ファースト　23, 27, 89, 92, 99, 163, 192, 228, 229, 240, 241
アメリカの同盟国　63
アモコ　51
アラビアのロレンス　36
アラムコ　37
アレバ（AREBA）　80, 81, 84
アングロ・イラニアン石油　37, 39, 40
アングロ・ペルシャ石油　35, 37, 38
イタリア国営石油会社（ENI）　41-43
一帯一路構想　146, 150, 152
イラク戦争　215, 218
イラン　41
　——革命　45
　——危機　40
　——国営石油会社　41, 42
　——・パーレヴィ王朝　37
ウィンブルドン現象　115
ウエスチンハウス（WH）　80, 81, 85
ウクライナ　60
　——危機　54
　——問題　19, 60, 118, 138, 195, 202
失われた10年　172
失われた20年　187
海亀派　158
ウランカルテル　68, 75-77
英国　41
　——のAIIB加盟　152
　——のEU離脱　110, 124
　——の「EU離脱」　101, 103, 117, 133, 240
　——の「三枚舌外交」　35
　——の社会　2
　——のテロ対策　207, 241
「監視社会」——　208, 211
英米系地政学　10, 12, 149
英連邦　118, 240
エクソン　44
エクソン・モービル　49, 50, 52, 54, 98, 197, 201
エコノミスト　5, 111, 115
エジプト　41
エネルギーから福祉の循環型地域ネットワーク　194, 196, 197, 204
円　168, 169, 171
円高恐怖症（シンドローム）　171
円の国際化　169, 170, 172-176, 180, 181, 240
円安政策　176, 181, 240
オイル・メジャー　68
欧州ソブリン危機　131, 132, 135
欧州を目指す難民　134
大蔵省→財務省を参照
オーストラリア　240
「資源大国」——　77, 83, 119

251

オープン・ブレグジット　105, 109
オスマン・トルコ　35-37
オリガーキー　52, 53
オリンパス　191

〈カ 行〉

ガーディアン　5, 143, 144, 216, 217
改革開放政策　177
核開発競争　73
核拡散　85
核拡散防止条約（NPT）　71
核軍縮　75
核燃料サイクル　69
学問の自由・独立　219, 241, 222
華人ネットワーク　156, 158, 240
ガス開発　98
ガスプロム　53, 198
ガルフオイル　38
ガルフ石油　32
環境と開発に関する国際連合会議（地球サミット）　76
韓国の地理的条件　2
基軸通貨　168
規制改革会議　185
北大西洋条約機構（NATO）　16
北朝鮮のミサイル開発　227, 241
キューバ危機　226
共産主義ブロック　28, 30, 47
京都議定書　76
ギリガン・ケリー事件　216
金融ビッグバン　175
グーグル（Google）　192, 231, 234, 242
クリーン・エネルギー　76, 77
グリニッジ標準時中心の世界地図　4
クリフエッジ　109
グローバル30　162
計画経済　110, 220-222
経済財政諮問会議　185
経済産業省　186
経済制裁
　　対イラク──　48
　　対イラン──　48

原子力産業　67, 75, 77, 79, 80, 84, 86
原子力の平和利用　63, 87, 88
　第1回原子力平和利用国際会議「ジュネーブ会議」　67
原子力平和利用演説　65
原発開発　63
原発事故　70
原発大国
　──日本　78, 79, 83, 86
　──フランス　68, 78, 82
　──ロシア　78, 89
原発は地球にやさしい　77, 81, 84
原発輸出　85, 240
権力闘争　103
航行の自由　24
高速増殖炉「もんじゅ」　83
5カ国クラブ　68
国際金融界　49
国際原子力機関（IAEA）　67, 71
国際通貨基金（IMF）　180
　IMFのSDR（特別引出権）制度　178
　IMFの特別引出権（Special Disposal Right = SDR）　179
国際通貨政策　168
国家戦略特区　185
　──諮問会議　185
コノコ　51, 52
コノコフィリップス　50

〈サ 行〉

サイクス・ピコ協定　36
再生医療　235
財務省（大蔵省）　169, 170, 172, 174
　──国際局　173
サウジアラビア　45
サウジアラムコ　44, 49
サハリン1　197
サハリン2　197
サハリンエナジー　198, 201
サハリン国立総合大学　219
サハリン州　194, 199, 200, 203, 219
サリム（Salim）グループ（インドネシア）

156
産業革新機構　186
産業競争力会議　185
産油国の脆弱性　96, 141
シーパワー　11, 14, 16, 20, 63, 90, 92, 101, 128, 133, 138, 140, 148-150, 240
シェール革命　32, 92-94, 96, 98, 163, 240
シェールガス　92, 94
シェール石油　92, 94, 98
シェブロン　50, 51, 54, 98
シェル　44, 48, 52, 54, 198
シオニズム運動　36
資源ナショナリズム　40, 44, 51, 54, 153, 239
時代力量　160
シティ　52, 117
自動運転　232
シャープ　185, 187, 190, 191
　　──買収　190
社会の「分断」　2, 107, 108
シャルリー・エブド襲撃事件　209
上海協力機構　20
ジョンソン氏　102, 103
シリコンバレー　192
新・宮沢プラン　173, 175
人工知能（AI）　229, 232, 235, 236, 242
　　将棋電王戦　230
新石油秩序　47, 51
人民元　168, 169, 176
　　──の国際化　169, 176, 178-181, 240
スーパー・グローバル・ユニバーシティ事業　162
スーパーメジャー　49, 50, 98
スエズ運河　33, 40, 41
スエズ危機　41, 214
スコットランド独立運動　102, 108
スタンダードオイルカリフォルニア　38
スタンダードオイルニュージャージー　38
スタンダードオイルニューヨーク　38
スタンダード石油　32, 34
スノーデン事件　216, 218
スリーマイル島原発事故　70, 75, 77
生存圏　13, 99, 128, 132, 136, 145, 163, 240

成長戦略　185, 241
勢力均衡　12, 13, 23, 162
世界展開力強化事業　162
世界の警察（官）　48, 99, 239
世界の工場　47, 50, 131, 157, 177, 240
世界の「ブロック化」　136
石油ショック　44, 45
石油輸出国機構（OPEC）　42, 44-46, 48, 49
ゼネラルエレクトリック（GE）　79, 81
セブンシスターズ　35, 37, 42, 43, 46, 49, 128
尖閣諸島　21
ソ連　51
ソ連の原爆開発　63
ソ連崩壊　19, 29, 46, 75

〈タ 行〉

第一次世界大戦　14
第五福竜丸事件　66
第三世界　43
太子党　158
第二次イラク戦争　48
第二次世界大戦　15
大日本帝国　14, 38
太平洋二分割論　22
第四次中東戦争　44
台湾プラスチックグループ（Formosa Plastics Group）　156
タケダ　191
タタ財閥（インド）　111, 112, 188
タックスヘイブン　117, 118
脱原発政策　77, 78
チェルノブイリ原発事故　70, 75
チェンマイ・イニシアティブ（CMI）　174, 175
地球環境問題　76
チャイナ・ドリーム　158
チャルーンポーカパン（Charoen Phokphan = CP）財閥（タイ）　156
中国共産党　154, 156, 157, 181
中国人民銀行　178, 180
中国の「核心的利益」　21
中国の経済リムランド化　22, 149, 150, 180,

240
中国の石油産業　51
中国の戦略　23
朝鮮戦争　30
テキサコ　32, 38, 51, 54
デモシスト（Demosisto）　161
テロ等準備罪　206, 211, 241
電気自動車（EV）　232, 233
天然ガス　57, 59, 94, 142, 195
ドイツ　132
　――経済　131, 134
　――統一　19, 29
　――の国家統一　15, 35
　――の地政学　12
　――問題　128-130
東欧諸国の民主化　19, 29
東京市場　172
東西冷戦　16, 28, 47
東芝　80, 81, 85, 187, 191
東南アジア条約機構（SEATO）　17
独ソ不可侵条約　15
特別引き出し権（SDR）　180
トタル　44, 50, 98
トタルフィナエルフ　48
トヨタ　234

〈ナ 行〉

なし崩し離脱（クリフエッジ）　106
ナショナリズム　134, 237, 240
ナチス・ドイツ　13, 38
ニクソン・ショック　17
日英同盟　14
日独伊三国同盟　15, 40
日米安全保障条約　17
日米原子力協定　87
日米原子力研究協定　66
日露首脳会談　194, 203
日露戦争　14
日産　234
日ソ中立条約　15, 40
日中関係　148
日本学術会議　66

日本の高度経済成長　30
日本版ビッグバン　172
ニューヨークウォールストリート（街）　47, 52, 171, 172
ノルウェー　196

〈ハ 行〉

ハード・ブレグジット　106, 111
ハートランド　11, 15
パーレビ王朝　45
百度　234, 242
パイプライン　59, 61, 142, 144, 195, 239
パグウォッシュ会議　67
バクー油田　33, 34, 38, 43
パナソニック　190
パナマ文書　118
パブリックディプロマシー　120, 121
ハリバートン（ブッシュ家）　50, 52
バルフォア宣言　36, 37
反核運動　71
ピークオイル論　96
日立　79, 81
ビッグデータ　230, 231
ひまわり学生運動　160
フィナンシャル・タイムス　5
フォークランド紛争　215
福島第一原子力発電所事故　81, 83, 85
部分的核実験禁止条約　67
プラザ合意　171
フランスのテロ対策　207, 209, 241
ブリティッシュカウンシル（British Council）　120, 121
プルサーマル計画　84
プルトニウム　83
プレートテクトニクス理論　225
ブレグレット（Bregret）　109
ブレトンウッズ体制　40
ブロック化　163
紛争回避　23, 25, 196, 204
米国　54
　――が築いた国際社会体制（国際秩序）　28, 32

——の戦略（国際戦略）　16, 170
——の同盟国　16, 28, 31, 182
米中国交回復　17
北方領土問題　194, 203
香港立法会　161
ホンダ　234
鴻海（ホンハイ）精密工業　185, 187, 190

〈マ・ヤ・ラ行〉

マクマホン書簡　36, 37
マネーロンダリング　118, 142, 157
三菱重工　80, 81, 84
南シナ海問題　21, 24
メガバンク　49
モービル　44, 48
モザデク　42
ユーコス　51, 53
4D 地政学　225
ラッセル・アインシュタイン宣言　67
ランドパワー　10, 14, 16, 18, 20, 63, 90, 92, 128, 132, 138, 140, 148, 149, 233, 240
リーマンショック　53
リオ・チント・ジンク社　63, 68, 70, 76, 77, 119
李嘉誠グループ（長江実業グループ）　156, 157
リトビネンコ事件　142
リムランド　11, 16, 149, 150, 225
ロイヤル・ダッチ・シェル　33, 34, 38, 39, 50, 98, 116
ロシア　51
　大国——　140, 144, 145, 240
　——・サハリン州　197
　——革命　39
　——のクリミア編入　139
　——の原子力産業　89
　——の石油産業　33, 38, 43
　——の戦略　20, 138
ロスチャイルド　49
　——財閥　33, 63, 68, 76, 239
ロックフェラー　49
　——財閥　34
ロビイング　155
ロンドンシティ　47, 171, 172
湾岸戦争　48

著者紹介

上久保 誠人（かみくぼ　まさと）
1968年，愛媛県生まれ．早稲田大学第一文学部卒業後，伊藤忠商事勤務を経て，英国ウォーリック大学大学院政治・国際学研究科博士課程修了．Ph.D（政治学・国際学，ウォーリック大学）．現在，立命館大学政策科学部教授．主な業績は，「選挙とやらせと財政再建：英国・キャメロン政権と安倍政権の比較」宮脇昇他編『やらせの政治経済学：情報の不完備性と政治的演出』（ミネルヴァ書房），2017年．

逆説の地政学
——「常識」と「非常識」が逆転した国際政治を，
英国が真ん中の世界地図で読み解く——

2018年3月30日　初版第1刷発行　＊定価はカバーに表示してあります

著者の了解により検印省略

著　者　上久保　誠人Ⓒ
発行者　植　田　　実
印刷者　田　中　雅　博

発行所　株式会社　晃　洋　書　房
〒615-0026　京都市右京区西院北矢掛町7番地
電話　075(312)0788番(代)
振替口座　01040-6-32280

装丁　クリエイティブ・コンセプト　印刷・製本　創栄図書印刷㈱
ISBN 978-4-7710-3024-4

JCOPY 〈(社)出版者著作権管理機構 委託出版物〉
本書の無断複写は著作権法上での例外を除き禁じられています．複写される場合は，そのつど事前に，(社)出版者著作権管理機構（電話 03-3513-6969，FAX 03-3513-6979，e-mail: info@jcopy.or.jp）の許諾を得てください．